Lessons of the HOLOCAUST

ホロコーストに教訓はあるか

ホロコースト研究の軌跡

マイケル・R・マラス 著

真壁広道 訳

MICHAEL R. MARRUS

Foreword by Margaret MacMillan

えにし書房

ランディに捧げる

ホロコーストに教訓はあるか　目次

序　言

マーガレット・マクミラン

地雷が埋められているところを歩いていかなければならないとしたら、私はマイケル・マラスのような人に道案内をしてほしいと思う。マラスは穏やかで、用心深く、賢い。マラスであれば踏み出す前に地雷の位置を完璧に調べ上げておくにちがいない。複雑で、かなり感情が絡む分野であるホロコーストの歴史を探求する歴史学者として、マラスはまさに人々の望みを体現した案内人だ。勇気があり思慮に富んだこの本でマラスが言わんとしていることは、ホロコーストを学んだからといって、素晴らしい未来へと導いてくれる明確な教訓を得られるわけではない、それを期待する人々を満足させるものではない、ということだ。――だが、マラスの考え方に関心を持ち、敬意を払うことが今求められているのだ。

マラスは本書で、ホロコーストから道徳的ないし倫理的教訓を求めることについては、他者の手に委ねる、としている。そんなマラスの目的は、控えめだが、きわめて重要だ。ドイツがヨーロッパ・ユダヤ人を抹殺しようとしたことの恐ろしさをマラスは過小評価していない。また、ヨーロッパ・ユダヤ人の抹殺が、人道に対する罪としてだけでなく、歴史のなかで現実に起こった出来事として理解するよう努めなければならないとも述べている。ホロコーストについて語るとき、自分が何を話しているのか内容を理解する必要がある。多くの人々がやっているように、史実をひもとかずにホロコーストを取り上げて断定的に意味づけすることもできる。しかしそれでは、ホロコーストを理解しようとしても、知識を自ら放棄してしまうことになる。マラスにとって理解するということは、できるだけ多くの証拠を集め、そこで繰り広げられているさまざまな説明を真摯に受け止める姿勢のことだ。

マラスは、アナロジーによってホロコーストを他の歴史的な出来事と結びつけて考えることに慎重だ。やり方による、とマラスは言う。すなわち、アナロジーによって可能性を拡げて考えたり、疑問点を整理できることもあるが、一方で、愚かにも柔軟性のない考え方に陥ることもある。マラスは、ホロコーストの原因を単純に説くことに与しない。たとえば、ダニエル・ゴールドハーゲンが説くドイツに深く根を下ろした反ユダヤ主義からホロコーストが展開したという説はある。しかし、マラスが指摘するように、一九一四年以前、反ユダヤ主義が最も広がりを持った国だといわれているフランスとロシアでは、ユダヤ人の集団ジェノサイドが行われなかったという事実がある。

歴史学者はさまざまな可能性と複雑な説明に寛容でなければならない、とマラスは論じる。その通りだと私は思う。また、人々は歴史に対して自分自身のルーツを拠りどころとし、それぞれの感慨をもって解釈する、とマラスは主張する。事実、マラスは自分の立ち位置を英語圏の世界の経験主義的な伝統にしっかりと置いている。歴史について何か語ろうとするとき、その主張はすべて確実な証拠に裏づけられていなければならない、という。マラスはフランスでフランス史を研究したが、フランス語圏の歴史学者がとかく好む、グランドパターンに惑わされなかった。彼らのなかには、記憶を最も重要視し、過去の出来事から明確な道徳的教訓を引き出す必要があると主張する者もいた。しかしマラスはその主張——現場に居合わせた人々の記憶こそ起こった出来事を正確に表す——に常に懐疑的だ。記憶は、柔軟に形を変え、移ろいやすく、歴史とは違うものだ。私たちは今日、それをよく知っている。また、記念碑など過去を記憶するためのモニュメントを重視する者もいる。歴史学者は常にそうしているのだが、記憶と記憶化した記念物こそ真の歴史であるとする考えにも懐疑的でなければならない。

だが、フランス革命やアメリカ南北戦争を眺めるように、ホロコーストのことを考えるのは簡単ではない。一つは、ホロコーストは七十年前の出来事で今なお生々しい記憶が横たわっている。二つには、これが最も重要なのだが、ホロコーストには唯一無二のものが存在しているからである。卓越した歴史学者アーノ・マイヤーはホロコーストを「二十世紀前半に生じた西洋文明の深い断層と窮境を根本から示すもの」と表現したが、その通りだ。

ホロコーストが本来持つ性質のゆえに、私たちは人間として説明したくなるのだ。なぜホロコーストが起こったのか。なぜ、これほど多くの普通のドイツ人が邪悪な人々に転じたのか。その理由を解明できれば、私たちは人間の性質の内にあるこのようなおぞましい弱点を取り除く、あるいは克服する手立てを見つけることができるのかもしれない。このような考え方は、確かに、また、十分理解できる。このような恐ろしい出来事には教訓があるにちがいない、教訓は人類が未来に犯しうる失敗を予防するフクチンの役目を果たすにちがいない、そして、どこかにきっと贖罪のメッセージがあるにちがいない、と。そこから今後、新たなホロコーストが発生しないように先んじて手を打つ必要があると、研究論文だけでなく、哲学者や神学者、政治家、そしてただ不安を抱いているふつうの人々が話の題材として使ってきた。

何年もかけて、ホロコーストから教訓を引き出そうとする試みが数多く行われた。しかし、マラスが指摘したように、そこで得たものはあまりにも曖昧で、役に立たなかった。オタワに建設予定のナショナル・ホロコースト・モニュメントは、ホロコーストの教訓を国民の意識のなかにとどめることを目的としている。ウェブサイトの声明文には次のように書かれている。「現在および未来のカナダ人にこの残虐行為のルーツと原因を教えることにより、二度とジェノサイド行為が行われないことを願う」。歴史学者はまだ、ホロコーストのルーツと原因について合意に達していない。マラスが指摘するように、歴史学は、過去の姿をできるだけ完全な形で手に入れようとする終わりのないプロセスだが、出来事の原因が何か、合意を得ることはまた別問題である。

本書は、過去何十年にもわたる多くのホロコースト研究に関する歴史書であると同時に、歴史学者としてのマラス自身の個人史でもある。マラスがトロント大学やカリフォルニア大学バークレー校の学生だった一九五〇年代後半から一九六〇年代は、ホロコーストという言葉そのものがほとんど使われていなかったし、研究もほとんどなされていなかった。このテーマに関する最初の大作の一つは、ラウル・ヒルバーグが一九六一年に発表した本だが、その題は『ヨーロッパ・ユダヤ人の絶滅 *The Destruction of the European Jews*』だった。本書の中でマラスは、ホロコーストというテーマに没頭するようになった経過をたどる箇所がある。ハンナ・アーレントやエミール・ファッケンハイムらの、ホロコーストを意味付けしようとしていた作品にマラスはのめりこんだ。そして、ホロコーストが人間の歴史上類のないものなのか、あるいは他の大量殺人と比べることができるのかといったことにかかわる議論を探求した。自民族の虐殺にかかわったユダヤ人共犯者はいなかったのか、あるいは、ホロコーストを許したのは他の世界が複雑だったからなのかといった研究を熱心に調査した。その結果マラスは、現在の知識や価値観で過去を判断してはならないし、また、その時代にユダヤ人と非ユダヤ人が直面していた圧力について考えなければならないと本書で述べている。マラスの研究は常に文書と原資料に立脚している。本書によって歴史とは何か、私たちは理解することができる。

マラスは道徳的な教訓や非難といったものを重視せず、そうしたことは他者に委ねることを好む。もちろん、人間がよりよい存在として生きる努力をすることを、マラスは否定しない。しかし、ホロコーストを声高に言う者が現れたとき、その言葉の真相を知らなければならない、と繰り返し注意を促している。私たちは、政治家や各界の指導者たちが自分たちの現在の目的のために、過去を、ホロコーストを利用しているかどうか、見分ける力をつけることが必要である。たとえば、二〇一五年十月にイスラエル首相ベンヤミン・ネタニヤフは、ヒトラーにホロコーストを提唱したのは当時のエルサレムの大ムフティー（イスラム教スンニ派の宗教指導者のトップ）だったと述べた。しかし、これは正確ではない。過去の事実をイスラエルおよび世界中のその支持者からの政治的な支援を確実なものにすることを意図していた。二十世紀の大歴史学者トニー・ジャットは次のように述べている。「私たちはホロコーストの記憶をたった一つの国――イスラエル――を守ることに堅く結びつけてしまったので、その道徳的意義を地方問題化している危険がある」。

過去半世紀を通じて、特に西洋において、多くの人がホロコーストを意識するようになったが、同時に、私たちはあまりに一般的で、現実的には意味のない教訓を引き出す危険を冒している。たとえば、記念碑や博物館を作り、ホロコーストがいかに人権を蹂躙したかを明かしている。しかし、ではなぜドイツ人が、当時ヨーロッパにいた幾多のユダヤ人を殺害したのかという説明は十分にできていない。それらはせいぜい、歴史上の他の大虐殺と比較し、稀薄な教訓を引き出す程度の役目しか果たしていない。二〇一五年秋、ワシントンにあるアメリカ合衆国ホロコースト記念博物館は、ウェブサイト上でヨーロッパの難民とナチス・ドイツのユダヤ人の窮状を比較する資料を掲載した。また、いわゆる教訓のなかには、ホロコーストを矮小化する危険が常に内包されている。過日、メイン州にあるホロコーストおよび人権センターで開かれた研究会では、いじめと「倫理的リテラシー」がテーマになった。

ホロコーストの研究を通して、人間はより寛容になるのだろうか。マラスがとくに強調するのは、私たちが大量殺人について――不寛容だとか偏屈といったものとはまったく別物として――憶えておかなければならないということだ。カナダとアメリカ合衆国も含めて、欧米諸国は、十九世紀から二十世紀にかけて確かに多民族を侵略してきた。しかし、ホロコーストほどの、大規模殺人には至らなかった。「ホロコーストから私が学んだ第一の教訓は、教訓に用心することだ」とマラスは断言する。ホロコーストを研究することによって得られるのはせいぜい、人は多様性があるという事実を以前より理解できるようになることだと、マラスは謙虚に認めている。すなわち、知らないよりは知っている方がよい、ということだ。マラス自身がホロコーストに関して記した本書は、歴史学というもののあるべき姿なのだが、同時にこの作業を通して、人間的であるとはどういうことか、マラスは理解を深めてきた。過去を探求するということは、旅が終わったあとは、家を出る前より賢くなっている、ということだ。マラスは昔から素晴らしい〝パイロット〟だった。本書の立ち位置は公平で、深い洞察力に富んでいる。本書を通してマラスはホロコーストを知ることの難しさとその意義を私たちに教えてくれている。

Lessons of the HOLOCAUST

ホロコーストに教訓はあるか

——ホロコースト研究の軌跡

第1章　一般向けの教訓と個人としての教訓

ちょうど半世紀ほど前は、英語圏の家庭の本棚には、聖書と辞書、その他何冊かの本と並んで、ウィル・ダラントとエリエル・ダラントの夫婦が書いた全十一巻からなる『文明の話 *The Story of Civilization*』が置かれていたものだ。今思うと、どこの家庭でも常備している痛み止めの薬のようなものだったのかもしれない。人類の歴史を肯定的に捉えた内容の本だった。ダラント夫妻の本は未完だが（二人とも一九八〇年代に亡くなった）、当時のミドルブロー・カルチャーの勝利ともいえる。一九三五年から一九七五年にかけて出版され、全巻合わせると四百万語、一万ページを超えるボリュームになる。ブック・オブ・ザ・マンス・クラブを通じ、何百万という家庭がこの本を定期講読していた。クラブ加入のおまけとして配布された本も含めると、合わせて千三百万部印刷された。『文明の話』はベストセラーの指標となり、最終的な発行部数は合わせて約二七百万部にのぼった。ピューリッツァー賞（一九六八年）と、大統領自由勲章（一九七七年）を受賞したことにより、公にも認められるようになった。ダラント夫妻は歴史を大衆に開放したという意味でも巨匠として、絶賛された。

ダラント夫妻は一九六八年にも、短編『歴史の教訓 *The Lessons of History*』を出版したが、同じように好評を博した。『文明の話』とテーマは共通するが、テンポがいい。人類の歴史に停滞はあっても、結果的によい方向に向かう。『文明の話』も、『歴史の教訓』も。ヒトラーが君臨した第三帝国時代のホロコーストやヨーロッパ・ユダヤ人の迫害と殺害については何も触れていない。それどころか『歴史の教訓』はナチズムに関して一切触れない。二十世紀のなかで一番重要な歴史上の出来事であるにもかかわらず、これが省略されていることに不満を述べた者は、私が知る限りだが、誰もいない。次のことも私が知る範囲でのことだが、ウィル・ダラントの妻で共同執筆者のエリエル（旧姓チャヤ・カウフマン）は西ウクライナのプロスクロフの出身で、ユダヤ教の律法学者の孫に当たるユダヤ人だ。しかし、近代史のこの恐ろしい出来事には目を瞑っている。

ダラント夫妻が書き落としたことを、本章ではじめに記すことにする。なぜなら、ホロコーストの教訓と、私たちが歴史上重要だと考えていることの多くは、いまでも未解決の問題だからだ。現代を生きる私たちには多くの課題があるが、その内容はさまざまで、時と場合、立場によって受け止め方が異なる。そのうえ、歴史の教訓がテーマになると、見解の相違からさらに激しい論争が起こる。話をさらに進めると、こうした教訓については一般的によく言われているのだが歴史学者はこの問題を面倒に思って避けている。歴史学者である自分には関係ない、という姿勢だ。実際、高い専門性を持つ歴史学者となると、歴史学者としての高い技量があることそれ自体に敬意が払われているから、あえて歴史の教訓を取りあげようとは思わないのだ。言い換えると、自分のテーマを熟知している歴史学者は、歴史の教訓について——また、教訓が存在するのかどうかということについて——一般の人々よりずっと懐疑的になる傾向がある。

およそ三十五年にわたり、私はホロコーストの歴史を読み、書き、教えてきたが、そのなかで、ダラント夫妻があえて省略した問題について私は提唱してきた。ホロコーストの歴史から何を学ぶことができるか、ということだ。「歴史の教訓」など、今では流行らないのかもしれない。しかし、ホロコーストの教訓は至るところで引用されている。当然だろう。人類史上、類いない恐ろしい話なのだから。何百万ものユダヤ人を地球上から抹殺しようという、人種差別に根ざす悪意に満ちた計画だった。男も女も、子どもも老人も、ヨーロッパ中のユダヤ人がきわめて残忍な扱いを受けたのだ。ユダヤ人だということがわかるとすぐに検挙され、劣悪な状況に曝され、病気になっても、寒さに凍えても、飢えに苦しんでも、放置されたままだった。家財道具から着るものまで一切合切を奪われ、拷問を受け、殴られ、銃で撃たれ、トラックに乗せられ、特別仕立てのガス室に送られ、何十万人も殺された。合わせておよそ六百万人が殺された。時が経ち、私たちにはこの問題を考え、研究する時間がある。こうしたことは私たちに何を訴えようとしているのだろうか。実際に起こったさまざまな事象だけでなく、殺人を行った人々——直接責任があった人々だけでなく、命令を出した人々、煽り立てた人々、支援した人々、傍観した人々——について、何を取り上げたらよいのか？　そして、豊かな者と貧しい者、若者と年寄り、病人と健常者、神を信じる者と信じない者など、文化的にさまざまな背景を持ったユダヤ人が、さまざまな形で全大陸に広がっていただ、そうした人々が犠牲となった。彼ら犠牲者について、取り上げるべきものは何か。

大なり小なり、歴史には学ぶべき教訓があると多くの人々は思っている。確かに、そうした教訓を持つことができれば、私たちはよりよく生きていけるだろう。第二次世界大戦中のヨーロッパ・ユダヤ人の虐殺があった、そこには特別の教訓がある——この悲劇を研究すれば、その教訓が明らかになると多くの人々が期待するのも当然だろう。私が言う教訓とは、過去を調べることによって導き出すことのできる、いわゆる「警告」だ。すなわち、ホロコーストの歴史から演繹した掟と、他の状況下で行われた国家による大量殺戮との比較から演繹した掟の二つを指す。こうした教訓は、聖典の一部として理解する「教訓」とも、研究すべき他の資料として理解する「教訓」とも異なる。むしろ、本書で扱うホロコーストの教訓は、ホロコーストの歴史から溢れ出た掟だということだ——要するに、このテーマを深く考える歴史学者らの研究の成果なのだ。

私たちは権威ある人々の公的な発言や記念事業、学校の教科書などを通して、ホロコーストについて見聞きすることが多い。それは、私を含め歴史学者がやっている歴史分析というより、一般に主張されていること——たとえば、「私たちはホロコーストの教訓に注意すべきである」とか「私たちはホロコーストの教訓を無視してはいけない」——など。

漠然とした説の一部となってしまっていることもよくある。ホロコーストの教訓について本を書いているという話をすると、多くの人はすぐ何かカテゴリーに当てはめて理解し、こんなに語り尽くした話に新たに付け加えることなどあるのかという顔をする。ホロコーストは使い古されたテーマだと考えている人もいる。ホロコーストの教訓はもう語り尽くされたではないか、と。また、ホロコーストをもとに諸説を展開する歴史研究者も多い。つまり、このテーマに取り組むのは、一般の人々の期待や願望に応えたり背いたりすることであって、本当に歴史を理解する態度とはほど遠い。こうした教訓話をよく聞かされているから、今さらそれを深く解き明かすことに価値を見い出そうとしない歴史研究者は、私のことを変人だと見ているかもしれない。だが、私は解明すべきだと考える。突き詰めると、ホロコーストの教訓とはいったい何か、教訓は時代や場所によって変わるのか、ということを。

歴史から教訓を学ぶことに対する疑問は、ホロコーストだけでなく、歴史そのものの核心部に対して向けられていると私は思う――なぜ過去を研究するのか、歴史から何を学びたいと思っているのかという疑問については特にそうだ。教訓にはさまざまな意図が含まれている。しかしどれも、特別な重要性や有効性を持っているわけではない。もっと言うと、教訓は、つくられた時期や場所、またそれをつくった人に左右される。教訓の基になるホロコーストの解釈にも、さまざまな異論がある。たとえば、ホロコーストの教訓は、ユダヤ人はさまざまな形で常に嫌われているから自分だけを頼みにすることだ、と論じる者もいる。またそれとは別に、統合が取れているように見えても、マイノリティーは傷つきやすいから、特別の保護を必要とするということがホロコーストの教訓だと主張する者もいる。どちらが正しいのか。両方とも正しいと言えるのか。さらに重要なのは、こういう形でホロコーストから学んだと思われるものを公式化することは間違っているのではないか、ということだ。興味深いことに、最も重点的に、かつ体系的にこのテーマに取り組めば取り組むほど、こうした教訓を確立するのはきわめて難しいとますます強く感じるようになる。それによって、専門家は自分たちの能力不足を恥じ、こうした問題を公式化することができないことに対し居心地の悪い思いを感じることが多い。同様に、新たなホロコーストといえるような悲劇が起こるだろうかといった類いの質問に眉をひそめる。私が参加した講演会で、登壇者が未来に関する質問を受けないように努めたり、教訓は何かと問われたのにうまくはぐらかして答えないようにしたりする場面がたびたびあった。私自身も、講演を行った者が「私の専門は過去に関することなので、未来のことには答えられません」と質問を却下したのを何度も聞いた経験がある。

ホロコーストに関連のない分野では、このように分別をもって用心するのが適切な態度だと考えられている。今日では「歴史の教訓」について主張したり、過去の研究を通して未来を予測できると主張したりする歴史学者はまずいない。自分の研究からあえて教訓を引き出そうとする歴史研究者はエキセントリックだと思われるか、どうしようもないほど古臭いと思われがちだ。一般的な命題を後知恵としてつくるのが歴史学者だと思われているかもしれないが、普遍的と思われる教訓を引き出し自分の研究に権威づけを行おうと思っている者はまずいない。こうした教訓が普遍的に受け入れられるべきだと主張する者など、もっと稀だ。たとえば、近代史を専攻する歴史学者のなかで、フランス革命やロシア革命、あるいは帝国主義やジェンダー関係などの研究から、歴史の教訓を引き出す者など、まずお目にかかれない。さらに言うと、教訓を引き出さない歴史学者は怠慢だ、と不満を言う者もまずいない。そういう時代のものを読む人々も普通、専門家がある事象の歴史研究から今後人類がどう行動するべきか、という類いの指針を追求しないことがわかっているし、それぞれの専門分野にはそれ以外に理解すべきことがあることを、重々承知しているのだ。

だが、一般の人々は、ことホロコーストとなると歴史研究者とは違う。ホロコーストには特別の教訓が存在するという強いこだわりがあるようだ。ホロコーストは人類史上の明白な命題で、そこに教訓が存在する。したがってどこの国の人間であれ、ホロコーストを研究する者は果敢に教訓を引き出すくらいのことをしなければならないと思い込んでいる人が圧倒的多数だ。ホロコーストの専門家のくせに教訓を放棄している者は優柔不断だと切り捨てられ、道徳が欠如している証だと批難されることさえある。ホロコースト教育にかかわる人々は、実際こうした批判に同調することが多い。インターネットで「lessons of Holocaust」と検索すると、九百万ものウェブページがヒットする――強い意欲があり、コンピューターのスキルがある学生でも、全ページをくまなく見ることなど不可能だ。ホロコーストに関連する博物館やコミュニティー・センター、記念碑に謳い上げられている文面を一つ一つ丹念に徹底的に調べていくと、ホロコーストの教訓に言及する言葉が無数に見つかる。他ならぬ、ワシントンＤＣにあるアメリカ合衆国ホロコースト記念博物館は、第一の目的として、教訓を教えることに重点を置き、最新の教育プロジェクトの一つに「教訓を持ち帰る Bringing the Lessons Home」というタイトルをつけている。(*) 他にも、たとえば、カリフォルニアを拠点に展開している「生存者ショアー・ビジュアル・ヒストリー財団」がある。これは一九九四年に映画監督のスティーブン・スピルバーグが創設したものだ。そこでは世界中のホロコースト生存者をインタビューした膨大な映像記録を保管している。機関は、「何万人というホロコースト生存者の体験を保存することにより」「人類がこの恐るべき時代の教訓から学ぶことができるようにする」のが務めであることに主眼を置く。これ以外にも多くの例があり、そのなかのいくつかは本書で言及する。人々は、ホロコーストの教訓があると信じているようだ。

この理由の一つには、ホロコーストが他の歴史上の出来事とは性質が違う、ということにあるのだろう。歴史学者のアーノ・マイヤーはかつて、ホロコーストのことを「二十世紀前半に生じた西洋文明の深い断層と窮境を根本から示すもの」と言及した。おそらく、誰もがすぐわかるジェノサイドだからだ。同様に、コラムニストのジョナ・ゴールドバーグは次のように述べている。多くの人々は、第二次世界大戦があまりにも身近すぎるために歴史と思わない、あるいは、わかりきっているものと考える。昔にあった悲劇を追体験したいと思う人はいないだろうが、歴史から得られた教訓として傾聴するのは耳に心地よいのかもしれない。さらに言うと、このテーマについて話す、大学や研究機関の研究者たちの多くが、自分たちとは考えを異にする聴衆に向かって話をしている様子が私にはわかる。ホロコーストについて語るとき多くの人は、大衆に対し大切な道徳を普及させようと努め、自分たちの理解できる範囲を超えて仮説を伝えるべく躍起になる傾向がある。また、小学校や中学校の教師のなかには、具体的な証拠の裏づけがないにもかかわらず、想像力を膨らませ、より良き市民としての生き方はこうだということを児童・生徒たちに教えなければならないという義務感に駆られている者もいる。

特にホロコースト関連の仕事をしている人々は、ホロコーストそのものを心底恐れているから、その恐怖を埋め合わせるものを探したいという、どうにもならない精神的なプレッシャーがかかっている可能性もある。人間の品位に対する信頼を回復させるにはどうすればよいか。あるいは、それを成し得た人物を模範として取り上げるにはどうしたらよいのか——こうしたことが結果として、わかりやすく倣うことのできる教訓になることもあるのかもしれない。アメリカの作家スーザン・ジャコビーは、ホロコーストの教訓を探求するときの出発点には宗教的なものがあると論じる。「ホロコーストから一般的な道徳的教訓を引き出せるという発想は、悪いことのあとには必ずよいことが続くはずだという宗教概念を土台にしている。つまり、どんなに恐ろしいものであっても、すべては創造主による偉大な計画の一部だ、というものだ。そうでなければ、このような〝大洪水〟のあとに恵み深く高いところにあるものの存在を信じ続けることができない」。結果として、ホロコーストを扱う人たちは、多くを語らないにしても、研究成果から得た教訓を提示することが求められていると感じるのだろう。実際、私自身も普段の生活のなかで、何か特別な学習目的をもって、寛容、人種差別反対などを訴える、ホロコースト関連の公教育や記念行事、追悼行事、そしてホロコーストに関連する市民運動に参加していることがある可能性もある。

ホロコーストに教訓があるという主張が行われると、聞いて嫌な思いをする者もいる。それは、主張を行う人々が、あえて批判しようと思わなくとも、恐るべき過ちを暴くホロコースト関連機関と一体になってしまっているからだ。ホロコーストの教訓を広めるべく活動する者が、道徳的権威を振りかざす傾向があることを私たちは記憶しておく必要がある。ホロコーストという大きな不幸を伴う絶望的な出来事がもたらすジレンマや葛藤に向き合う環境に身を置いているため、彼らはそうした行動をとることもある。たとえば、反ユダヤ主義の高まりがユダヤ人に対する大衆的暴力の前触れとなったのか。特殊な、暴力的な政治上のレトリックをジェノサイドの前触れと読むべきなのか。困窮した犠牲者を助けるため、今私たちはどこまでやらなければならないのか。Xの争いあるいはYの国に軍事的に介入すべきなのか。……ホロコーストの歴史を理解することは、こうした問題を解く鍵になり得る。ホロコーストの物語はさまざま伝えられているが、正しい行動につながる考えは水面下に隠れているように思える。こうした資料に通暁し、道徳的にもタフになれば、正しい道が開かれてくるのだろう。ホロコーストを否定する者が強い立場にあると感じることなどまずないと理解できよう。

私は週に何度か、トロント大学のマッシー・カレッジで「幸福であるには賢くなければならない」という言葉で結ばれた訓示を読む機会があり、そのとき教訓について考えることもある。この訓示はスペイン系アメリカ人の哲学者でエッセイストのジョージ・サンタヤーナの作品から引用された文章で、マッシー・カレッジのダイニングホールにある壁に彫られている。この訓示は、晩餐のために正装した学生と教授連がいつも列をつくるところに刻まれている。この訓示を見ていると、この言葉を学問を奨励しているということだけでなく、学問に関連する概念と結びつけて考えるようになる。ホロコーストに結びつけて考えることも多い。ホロコーストは今や歴史の教訓の核心部分だと考えられている。サンタヤーナの言説のなかで最も有名だと私が考えているものを次に挙げておく。「歴史を記憶できない者は過ちを再び繰り返す」。サンタヤーナの金言のある部分はホロコーストの教訓そのものと考えられるようになっている。ヨーロッパのユダヤ人を迫害した出来事が「記憶され」なければ、またこの教訓が顧みられなければ、ホロコーストに匹敵する激変が生じる可能性があるという警告だ。この引用によると、私たちに必要なのは理解することではなく、起こったことを「記憶する」ことだ、ということに留意してほしい――「記憶」という言葉の意味は通常、恐ろしい不正や苦痛をいったん理解し、あとで改めてさらに深く理解し直すことを指しているのだが。さらに言うと、このような教訓が存在するという主張には、教訓を広めることが焦眉の急だという感覚を伴うことも多い――事実、このような教訓に気をつけていないと、恐ろしい結果を招く恐れがある。歴史は声を出し続けているのに、私たちはその声を無視するという危険を冒しているのだ。

次にまた別の教訓を紹介したいが、あまり明確に表現できないタイプのものだ。それは、ホロコーストでどのような虐殺がなされたか詳細に教えれば、人々がより賢く、より人間らしく行動するようになる、という教訓だ。ワシントンでは、軍人や警察官が研修の一環として、この目的のためにアメリカ合衆国ホロコースト記念博物館を繰り返し訪問している。ここで行われることが想定されている理論的解釈——結局、ホロコーストが非道だということを十分教わる人々が、かつて加害者の立場にあった人々だったということ——に私は困惑してしまう。自分が働いた悪事を知れば知るほど、人は悪い行いをしなくなる、という保証などどこにもないのだ。歴史学者でエッセイストのウォルター・ラカーは回想録のなかで、ドイツとソ連の全体主義体制下で大半を過ごした自分の人生を踏まえ、このテーマについて省察している。このような「歴史の教訓」——他者に対する残酷な行為を根気強く教えること——によって、人間が賢くなる保証はない、とラカーは考える。ラカーの見解は、非道な行為に苦しんだ結果、悪事を行ってはいけないという強い感覚を身につける者もいるが、その逆の者もいる、ということだ。歴史の教訓は、あらゆる教訓と同じで「誤解され、誤って適用されることもある」のだ。

私は研究者としての人生の多くをホロコーストに費やし、さまざま形で関与してきた。ホロコーストというテーマについて蓄積されてきた知識や深い考察について、私は軽んじる気はない。このテーマは私たちの時代の土台を成す出来事の一つだと思う。ホロコーストを通して善悪について考えることができる。さらに、善と悪の間にあるグレーゾーンと表現される大きな空間を思考する道徳的な指標にもなり得、私はこの点を重視している。また、ホロコーストを研究することは公益につながるとも思う。だが、私はホロコーストの教訓——もっと的確にいえば、決まった形式の「ホロコーストの教訓なるもの」——を形づくる公式が存在する、という考えには反対だ。簡潔に言うと、このような教訓は断定的になりがちだが、残念なことに、歴史は、現在に生きる私たちに向かって説諭調で語りかけたりしない。私がホロコーストを研究する目的の一つには、命令を発し何百万という人々を虐殺する権力に、あまりに慌てて人々がすがりつく前に、一歩引いて冷静に考えるきっかけをつくることにある。もう一つは、近年多くの国の歴史学者がヨーロッパ・ユダヤ人殺害を研究し、目覚ましい成果をあげているから、それに人々がもっと関心を持つように奨励することだ。この調査を通して私は、ホロコーストの複雑な構図と、そこから整然とした教訓を導き出せるという公式があること、および教訓からよりよい行動ができる、という希望的観測がいかに難しいかということを明らかにするつもりだ。

さて、人類がいかに歴史を〝使用〟し〝誤用〟してきたか、*Dangerous Games*（邦題『誘惑する歴史―誤用・濫用・利用の実例』真壁広道訳・えにし書房）という粋な題の本がある。著者の歴史学者マーガレット・マクミランは、「過去は現在使いたいと思っているものなら何にでも利用できる」と、過激な表現をしている。マクミランは歴史を誤用することに注意を促し、「理解や支持や支援」を求めて歴史に向かうときに、十分注意するべきだと警告する。「歴史研究は、私たちに謙虚であること、懐疑的であること、自覚を持つことを教えること以上を望まなければ、役に立つものもある」とマクミランは書いている。「私たちは自分自身の仮定と他者の仮定を検証し、どこに証拠があるのか、他の説明があるのか問い続けなければならない。私たちは歴史の名において行われる大きな主張に、また真実を一気に暴いたと主張する人々に用心しなければならない。結局、私の唯一のアドバイスは、歴史を使用すること、楽しむこと、しかし、いつも注意して扱うことだ」。私も同様だ。遠い過去の出来事を考えるとき、私たちは容易に、これらの教えの真理に気づかされるだろう。古代のギリシャやローマ、近代ではヨーロッパ啓蒙思想の偉大な思想家たち、そして産業革命の起源といったことから学ぶものについてさまざまな論争があっても、現代の私たちは平静に受け止められる。しかし、難しいケースもある。近代に誕生したセルビアは何世紀にもわたりオスマン帝国に支配され、今なお一三八九年のコソボの戦いの結論を引きずっている。セルビアナショナリズムはイスラムの脅威に対抗して生まれ、セルビア独立の要として、また、危険を明確に指摘するものとして捉えられ、今なおセルビア国民に深くかかわりを持ち続けている。他の例をあげると、私はカトリックの伝統主義者に会ったことがあるが、彼はフランス革命を世俗主義の始まりであり、その後も人間性と教会の権威を貶めたものと捉え、今でも有害な影響を与えていると思い込んでいる。それにもかかわらず、一般的に過去の時代のものになればなるほど、教訓の持つ潜在的な力は緩和され、論争的でなくなり、多くの場合私たちの時代にはさほど当てはまらないこととして理解されるようになる。

しかし、近い過去についてはそうは言えない。外から見ている者からすると、特に惨劇については、呆然となるような災いから本質的なメッセージを取り出すのはまず不可能だと思える。歴史学者のアロン・コンフィーノは「根本的な出来事」と呼んでいるものの機能について述べている――フランス革命や第二次世界大戦のホロコーストのような出来事から生じる社会の大きな断絶のことだ。コンフィーノは、根本的な出来事は「グローバルで象徴的な権力」にかかわると定義する。それは経験した者が、地球が動揺するほど重要だと考える出来事で、その出来事が歴史に残すものは、短く根源的で移ろいやすい。性質上、これらの出来事は大きな関心を惹きつけるだけでなく、絶対的に理解することを求める。いや、理解するだけでなく、人々がそうした出来事を受け入れる必要があるというのだ。この出来事にとらわれた人々は普通、こう感じる――このような出来事が「私たちに語りかける」ものを知りたい、

「この出来事が持ち去ったもの」を知りたい、と。

苦しんだ人々のことを、まだ遠くない過去に死んでしまった人々のことを、その死が無駄にならないように知っていたい。こうした変動のなかから、よいものが生まれてきてほしい。悪事に関与した責任者を公の場で裁きたい。悪行に苦しんだ人々が受けた損害を賠償してほしい。こうした思いから、責任者を調査し、法的な裁きを行い、英雄的な行為を讃え、盗まれた財産を回復し、犠牲者と生存者に支援を拡げるといった行為があとに続く。彼らの言葉を傾聴したり、回避できる可能性があった恐ろしい出来事ついて説明させることもある。こうしたことがすべて、結果的に教訓として蓄えられる。

やがて、悲劇を起こした出来事も歴史の大きな流れの中に統合される。時が流れ世代が変わるにつれて、最も恐ろしい虐殺さえ、歴史の事象の一つと考えられるようになり、直情的な見方は和らぐと私は思う。議論を重ね理解が豊かになり、時流に合った歴史文化と歩調の合う、バランスの取れた評価と推論を行うことが必要になる。グローバルな関心を集めるくらい重要な研究テーマであれば、最初に抱いた見方が、グローバルな正義感と理解にゆっくりと変わっていく——最初の段階で抱いた印象の価値や継続性も、特殊な悪事の解決とは関係がなくなるものだ。

一九八〇年代半ば、『歴史のなかのホロコースト *The Holocaust in History*』のなかで、私は、ホロコーストは次第に歴史のなかに取り込まれると論じた。私が言いたかったのは、ホロコーストにかかわった人々と、さまざまな理由でユダヤ人の惨劇に引き込まれた人々の生きた記憶がだんだん薄れて、第二次世界大戦というもっと大きな歴史の一部と捉えられるようになる、ということだった。少なくとも私のなかでは、ホロコーストに対する関心が薄まるのではなく（事実はまったく逆である）、ホロコーストの歴史が歴史を学ぶうえでの方法論に収斂するのを受容する、という意味だった。年代と歴史の文脈に必要な注意を払って客観的に叙述すること、文書と他の証拠にきちんと依拠した説明をすること、不可能でないにしても時が経つにつれて難しくなっていくのだが、間違った行為を行った者の子孫に対し金銭などによる補償を求めないこと。そして最後に、一般に受容されているデータに耐え得る説明をすること——他の関連する出来事に由来するデータを含めてのことだ。

本書を通じて、このプロセスが教訓のことだけが気になっている一般の人々の神経を逆なでする可能性があるということを示すとともに、ホロコーストの歴史学者がユダヤ人の悲劇を理解するのにあたりなぜ、洗練された自由な研究によって得た理解を好むのかということについてを説明するつもりだ。ホロコーストの歴史を批判的に見て、ホロコーストが現在の問題を解決する方法を示さなかったとしても、それでもすべての歴史と同じように、ホロコーストから学ぶべきことが数多くあると私は思っている。

ホロコーストの教訓に関する本書は、私の個人的な見方を出発点としている。私はホロコーストを研究する歴史学者となり、数十年間に渡ってこのテーマを教え、講義を行ってきた。その経験をもとにまとめている。私が歴史書と出会ったのは一九五九年に始まる。今から半世紀以上も前、トロント大学に入学した頃のことだ。私は「ホナーズ・コース」と呼ばれる学部生の専門研究コースに入ることができた。修了するまで四年かかる三十近いプログラムがあった。三年で修了できる「一般コース」あるいは「パス・コース」と呼ばれる、それほど専門的でないコースと対極に位置していた。ホナーズ・コースが最初に導入されたのは一八七〇年代で、ホナーズの学位には「イギリスの言語と文学」「芸術と考古学」「数学、物理学、化学」それに「家庭経済学」（女子学生用）といった伝説的な（私には）プログラムが含まれていた。当時は誰にもわからない理由がいくつかあって、最初の一年は、私たちが略して「社会と哲学」と呼んでいた社会および哲学研究から始まる七つのコースを全員が学び、その後の三年間は専門の研究をすることになっていた。専門分野は幅広く分かれており、たとえば「政治科学」「経済学」「哲学」「心理学」などがあった。私が選んだのは「近代史」だったが、不思議にも思うのだが「近代」にはローマ帝国滅亡以後の時代がすべて含まれていた。皆と同様にして一年間、人文社会科学の導入的な内容が含まれる「社会と哲学」を学んだあと、歴史探求の導入となる講義が素晴らしく居心地がよいと感じて、私はすっかり居座った。三年間、歴史以外はほとんど勉強しなかったし、二年目・三年目の履修は少ししか選択しなかった。だが、最後の年の四年目になると選択肢がたくさんあった。そのなかから十人程度の学生が集まり、一年間特別なテーマに絞って研究するゼミナールを選び、高度に専門的なことを学ぶのだ。数多くのテーマのなかから研究テーマを選ぶことが許されていた。これらのコースを担当する教師を、私はまるで神様のように感じられたものだ。好き嫌いにかかわらず、私たちは教師たちの教養の広さと深さに震え上がった。私が選んだテーマには、次のようなものがある。私がこれまで出会ったヨーロッパの学問の歴史のなかで最高の導入テーマとなったジョン・カーンズの「自由と権威——十九世紀の伝統」。ウィラード・ピーペンバーグが丸々一年展開した一六四〇年から一六六〇年にかけてのイギリス革命に関する講義。ドナルド・クレイトンが行ったカナダ史のゼミナール。クレイトンは怒りっぽいカナダ主義者で、こうした部門の座長を務めていた（実際にどんな役職に就いていたのかわからないがそう思えた）。クレイトンが持つカナダ史の知識レベルに達するには、どこまで精進しなければならないのか、と私たちはいつも考えたものだ。このような高度に専門的なプログラムに取り組んで意味があるのかと自問したくなるのも当然だった――私は、自分で憶えている限りだが、こういう屁理屈に近い質問をあえて避けていた。私は悩み、考えたものだ。読むべきものが多すぎたし、時間が不足していた。一年ばかり過ぎて、私は餌にかかったのだ。

歴史の大学教授になりたいと考えたのだ。一生をかけて近代史に取り組み、ときには「社会と哲学」に首を突っ込み、それで給料を貰うということほど、素晴らしいキャリアはないと私は考えた（自由奔放な六十年代当時は、この職に就くだけでよい仕事にありつけて十分な稼ぎが得られるということを露ほど疑わなかった。七十年代になってすべてが変わったが、私には直接の影響がなかった。というのは、その頃にはトロント大学で仕事ができていたからだ。私は一九六八年に博士号をとって戻っていた）。私はこの学問に情熱を燃やし、その気持ちは近代史の仲間の学生も、指導者の多くも共有していた。学部生のとき、私は社会的にも評価されている「ヒストリー・クラブ」という集まりに招待されさえした。このクラブでは選ばれた学生と指導者たちが、毎月決まった日の夜に教授の家に集まり、議論をし、本を読む。普段のプログラムと同じことをやるのだ。付け加えるが、当時のトロント大学はイギリス至上主義で、それと歩調を合わせて、イギリス人学者の作品とイギリス史を、言うなればイギリスの学会の経験主義的な文化を私たちは重点的に吹き込まれた。本書の後半部分で、当時私に特に強い影響を与えた学者たちに頁を割いて言及するのはそのためだ。

トロント大学卒業後、私は美しいキャンパスのあるカリフォルニア大学バークレー校の大学院に進んだ。季節が変わると雪と氷に覆われる陰鬱な環境のなかで、絶望的なほど真剣に学問を考えるトロントから、陽の光にきらきら輝き文化的にも進み、時に政治騒動が持ち上がる、少々汚れた北カリフォルニアにやってきた――同僚たちも、そして私も大きな強い愛着を感じている「六十年代のバークレー」を忘れることはないだろう。バークレーの学会の雰囲気は私がトロントで想像していたオックスブリッジ流の世界とそう違わず、新たな学究生活の拠点は、多少島国的で自己満足の空気が漂っていたトロントの学部とはまったく別物だった。バークレーのキャンパスは当時の文化的、政治的急進主義につながっており、学生たちが社会的、政治的大義のために――私たちの場合にはアメリカの公民権とベトナム戦争だった――集まる最初の機関の一つだった。付け加えると、私はそんなにしょっちゅうというわけではないが、そこに参加していた。さらに重要なのは、アカデミックな雰囲気が道徳的、政治的論争と密接に絡んでいたことで、それは才気溢れる哲学部の学生マリオ・サビオが先頭に立って進めた一九六四年のバークレー・フリー・スピーチ運動でピークに達していた。

最近、講義のためにバークレーのキャンパスを訪問した。そのとき私は、大学の中央図書館に飾られたサビオの写真を見た。当時のデモの記念写真で、奪ったパトカーの屋根の上で演説をする姿が写っていた――何と、足には靴下を履いていた！　デモを行いパトカーを囲んだ学生が、車に傷をつけたと思われたくないという発想からそんな行動を取ったのだ。一緒に飾ってある写真に、私も写っていた。私はスポーツジャケットを着てネクタイを結んでいた。当時デモを行っていた学生は普通、そんな恰好をしていたのだ。

私は一九六三年から一九六八年までバークレー校に籍を置き、修士号と博士号を取得した。その間の一年はパリに調査に行った（一九六八年のフランスの学生の蜂起〈訳注・五月革命の発端〉を見逃したのは残念だった。ちょうどその時は、学位論文を書くためバークレー校に戻っていたのだ）。バークレー校の仲間とともに、私はラディカルな学生自治と真剣な学問研究を両立させようとした。トロント大学とは正反対で、学生たちは歴史以外の分野のものを広範に、特に社会科学を読むよう奨励された。振り返ってみると、私がホロコーストに近づくきっかけになったと考えずにはいられなくなる。ハンナ・アーレント、ブルーノ・ベッテルハイム、エリ・ウィーゼル、プリーモ・レーヴィといった作家を通して、私はこのテーマを探求し始めた。こうした人々の作品はホロコースト研究の初期のもので、言うなれば、近代ユダヤ史にかかわるものだった。私は大学院でホロコーストやユダヤ史を専門に学んでいたわけではなかった。それどころか、ホロコーストを研究している者はヨーロッパにも北米にもいなかった。このテーマを専門にしている研究者を、私は一人も知らなかった。イスラエル以外の国でホロコーストを研究コースに置いている大学はなかったし、教えることのできる者もいなかった。トロント大学の近代史にも、バークレー校のコースにも、包括的な博士課程の試験にも、ホロコーストのテーマにかかわるものはまずなかった。イギリスの小説家イアン・マキューアンは絶滅収容所のことを「人間の堕落を普遍的な形で示すもの」と述べたが、それ以前の時代だったのだ。

私はバークレー校で主に近代フランス史を研究対象としたが、同時に、ドイツ史やヨーロッパの他の地域の歴史についても、レイモンド・ソンタグ、ハンス・ローゼンベルク、ウォルファング・ザウアー、カール・ショースキー、マーティン・メイリア、リチャード・ウェブスター、ジェラルド・フェルドマンといった今をときめく研究者たちとともに研究した。私たちの近代史研究のなかで反ユダヤ主義は重要なテーマとして確たる位置を占めていたし、ドイツ史研究者にとってはドイツの特殊な歴史、すなわち、ドイツは近代に至るまで特殊な権威主義的な道を歩んだとする考え方を研究することに情熱を傾けていた。しかし私が思い出すことができる資料のなかには、ヨーロッパ・ユダヤ人の虐殺について明確に述べ、私たちの歴史観に影響を与えるものは何一つなかった。若くて聡明なフランス文学研究者シース・ウォリッツは当時、シカゴ大学から来たばかりだった。ウォリッツはその後、テキサス大学オースティン校でイディッシュ語の権威としてユダヤ研究の講座を持ち、現在は引退している。そのウォリッツがバークレー時代、私に関係のあるテーマについて話し合うためにフランス人の作家を何人か紹介してくれた。だが、概ね小説でこの問題を扱っている人たちだった。ウォリッツが教えてくれたことで憶えているのは、彼の話と博士論文のテーマ、そしてプルーストの『失われたときを求めて』に含まれたユダヤ人問題で、私はすっかり魅了された。

私がトロント大学から持ってきたわずかな本のうちの一冊が、ハンナ・アーレントの『全体主義の起源 *The Origins of Totalitarianism*』だった。アーレントはドイツ系ユダヤ人の政治哲学者で、一九四一年にナチズムから逃れアメリカに亡命した。手垢がつくほどこの本を読み込み、今では書棚にしまってある。頁を開くとアンダーラインが何本も引かれ、注釈が書き加えられている。一言も漏らさず読んだことを憶えている。私も同僚も、この本を重要だと考えた。しかし、今でもこの本を振り返って考えることがよくあるのだが、一九九〇年代に読み直したとき、この作品を自分は完全に理解できないと感じたことを告白しておきたい。アーレントの文章は濃密で、読みにくく、長くねじれて実体のない高度に抽象的な公式に満ちていた。振り返って考えると、アーレントの影響力は、歴史的理解を深めることにつながったというより、私たちが根本的に重要だと考えたテーマを扱ったことにあったと思う。バークレー校にいた三年目、私はアーレントが書いたアイヒマン裁判のルポルタージュ『イェルサレムのアイヒマン *Eichmann in Jerusalem*』を読んだ。この本は「ニューヨーカー」誌に掲載された記事を基にして書かれた。私はこの本が引き起こした論争を詳細にたどった。そして一個人としてのアイヒマンと、ヨーロッパ・ユダヤ人の絶滅においてユダヤ人評議会（Judenrate）が果たした役割についてのアーレントの説明を追いかけた。私はホロコーストに関する他の作品も読んでいたが、奇妙なことにそれまで一つのテーマとして結びつけて考えていなかった。ラウル・ヒルバーグの『ヨーロッパ・ユダヤ人の絶滅 *The Destruction of the European Jews*』が、一九六一年にシカゴのクアドラングル・ブックスから二段組版で、七百九十ページという分厚さで出版されたが、私はバークレー校を去ってトロント大学に戻るまで丁寧に読んではいなかった。

私はドレフュス事件の時代におけるフランス系ユダヤ人について博士論文を書いた――アーレントの作品から引き出したテーマである。論文は一九六八年に完成し、一九七一年に『同化の政治学 *The Politics of Assimilation*』として出版したが、この論文のなかで、私はホロコーストにはほとんど言及しなかった。今となっては少々時代錯誤だと思わざるを得ないのだが、私は序文で、あえて次のように言いた――フランス系ユダヤ人には強い同化意識があり、後に第二次世界大戦で生じた悲劇に直面したときに抱くことになる感情が、当時はまだ涵養されていなかった、と。自分の出自に悩みながら十八世紀後半から十九世紀初頭にサロンを主催したドイツ系ユダヤ人、ラーヘル・ファルンハーゲンについて記したアーレントの名著（*Rahel Varnhagen* : Lebensgeschichte einer deutschen Jüdin aus der Romantik. München）を読み、当時の私はそう考えたのだ（この問題に取り組む学生のなかで、アーレントの才気あふれる最終章「人はユダヤ人であることから離れることはない」を避けて通ることができた者はいなかった）。だが、私が言及したのはその程度で、戦争の時代を体系的に検証するという思いには至らなかった。

一九六八年にトロント大学に戻ったあと、私は社会史の研究を行った。当時はダイナミックな分野で、特にフランス史においてはそうだった。友人でトロント大学の同僚でもあった社会史家のネッド・ショーターが私にそれを勧めてくれ、指導をしてくれた。チャールズ・ティリーやリチャード・コブやナタリー・デイビス、それに日頃から歴史研究を実践していた他の研究者の影響を強く受けた。ユージン・ウェーバーは当時カリフォルニア大学ロサンゼルス校（ＵＣＬＡ）にいたルーマニア出身の聡明な歴史学者で、彼も私にとっては重要な師である。一九二五年にブカレストで生まれ、戦争中はイギリス軍に従軍したのちケンブリッジで学んだウェーバーは、洗練された都会風の会話が上手で、私が出会ったなかで最も博識な歴史学者のうちの一人だった。叙述がすばらしく上手で、ウェーバーの学生だった人物は次のように評している。ウェーバーは「芝居をやっているみたいに、悲しそうな様子をしてみせたり、辛辣で面白おかしい様子をやってみせたり、いかにも知識人らしい特徴的な気質だった」と。人の往来が多いパリのリシュリュー通りにあるビブリオテク・ナショナル近くのカフェで、ウェーバーと一緒に昼食をとったものだ。ウェーバーに倣い、私はフランスの民話をもとにした資料や地方史を広く読み、酒やダンス、地方の宗教表現の歴史に関する本を出した。私の研究テーマのひとつに、十九世紀に出現した余暇があったが、当時は直接的な実体験がなかった。

ところが、私の学問の焦点は突然変わった。バークレー校を去って十年後、由緒あるフランスのコンセイユ・デタに所属し、フランスの出版社エディシオン・カーマン＝レーヴィの編集者を務めたこともある友人の故ロジェール・エレラがパリからやってきた。そして四十代後半の著名なアメリカ人歴史学者で、コロンビア大学で教えている（短い間だがバークレーで私の師だったこともある）ロバート・パクストンと一緒に、第二次世界大戦中にフランスのユダヤ人に何があったか書いてみないかと持ち掛けてくれたのだ。実現すれば、フランス人にとってまったく新しい読み物になるとロジェールは主張した。彼はカーマン社で、「ディアスポラ」と題した立派なシリーズを編集していた。そのなかで、ドレフュス事件当時のフランスのユダヤ人について書いた私の本をフランス語に訳し、掲載してくれていた。他にもユダヤ人をテーマとした有名な作品のいくつかをフランスの読者に紹介していた。

当時、近代ヨーロッパ史の研究者にとって、パクストンは雲の上の人のような存在だった。パクストンは一九七二年に『ヴィシー・フランス、古い体制と新しい秩序 *Vichy France, Old Guard and New Order*』を出版したが、これは戦時中のフランスを扱う歴史学を大転換させた。「パクストニエンヌ革命」と今日では呼ばれるようになったフランスのナチス協力体制が、フランス民族主義者や権威主義者の目的を遂げようと積極的に関与したことを明らかにするため、ドイツの文書資料に当たっていた。それは、フランスの歴史学者をはじめとする多くの人が、これまで考えてきたことを超越していた。私とパクストンは、フランスのユダヤ人を迫害して結果的に七万六千人を超えるユダヤ人をフランスから追放し、そのうちの三パーセントを死に追いやったことにフランスが関与したことを叙述した。共著は一九八一年にフランスで出版され、その数ヵ月後にはアメリカ合衆国で『ヴィシー・フランスとユダヤ人 *Vichy France and the Jew*』という題で出版された。この本はフランスでもアメリカでも大好評を博し、生まれつつあったホロコースト関連史のなかで重要な地位を占めるようになった。

ホロコースト史を専門にするうえで、私がこの本の最終章に「相対的な見方」という見出しの項を設けたことは、重要だった。この章で私はユダヤ人迫害に協力した大陸中のさまざまな体制を網羅するため、フランスの出来事と他のヨーロッパ諸国の出来事とを比較したのだ。私たちは、起こった出来事の前後のつながりが決定的に重要だという姿勢で論じたのだ。このような考察を通して、私のフランスのホロコーストに関する考察は、一九三〇年代の難民問題、「最終解決」の起源、ドイツによる占領の性質、カトリック教会とバチカンの役割、ユダヤ人の抵抗など、ホロコーストを中心軸として多様化した。私がホロコースト史に取り掛かることになった経緯は、大まかにいうと以上のようになる。一九七〇年代後半から一九八〇年代初期にかけて、ホロコースト研究が全世界で始められるようになった時代のことだ。私はこのテーマに深くかかわり、ヨーロッパやイスラエル、北米の研究者の手による著作を読み漁った。

私は各地を訪れた――妻のランディと、一九七三年以後はトロントで生まれた双子のジェレミーとナオミ、さらに一九七九年からはオックスフォードで生まれたアダムを連れて。子どもたちが小さい頃は荷物を持っていくのも大変だった。最初はパリに落ち着いた。六階に部屋を借りた小さなアパートはエレベーターがなかった。キッチンは小さく、お湯が出なかった。数年後、私たちはオックスフォードに移った。セント・アントニーズ・カレッジでは、私たち夫婦が学問を続けていくために必要な配慮をしてもらった（重要なことだが、オックスフォードでは当時女性学生、研究者を歓迎していた）。当時学長を務めていたのが、スペイン史を専門とする親切な歴史学者レイモンド・カーだった。彼のもとで、一九七〇年代の最後の二年間は、地元や外国からたくさんの優秀な同僚がいたにもかかわらず、私は多額の奨学金――期待はしていなかったのだが――をいただき、素敵な料理とお酒に恵まれた。ハイテーブル〔ハイテーブルは学長らが特別研究員や来客と食事をするための特別な席で、他と区別している〕のところにあるロープの意味を知り、正装してカレッジの銀器に盛られた料理やろうそくの灯り、ポルト酒など、アカデミックなセレモニーをわくわくする思いで楽しんだ。私が知りうる限りだが、こうしたものの結果、全体がすばらしく上品な雰囲気になって、会話に刺激が加わった。後に友人となったイスラエル人の中国学者で、現在テルアビブ大学の学長をしているアロン・シャイに会ったのは、私がポルト酒とタバコを前にしてのことだ。ずっとあとになってからのことだが、トロント大学の同僚は、私が大学の運営にかかわりホスト役を務めるときに催すディナーでは、オックスフォード風を何とか真似ようとがんばっていたことに気づいたにちがいない。私がオックスフォードに倣ったのは、アカデミックな部分には何ら意味がないのかもしれないが、一緒にテーブルにつく同僚との関係を円滑にするためだった。

　エルサレムもまた大きな影響力があった。パクストンと私が書いたヴィシー政権に関する本が出てから数年後のことだ。私は「マチョン」（ヘブライ語で機関を意味する）と呼ばれていた、ヘブライ大学の高等研究機関のゼミナールに一年間参加した。そこにはイスラエル人、アメリカ人、ヨーロッパ人の研究者もいた。この研究機関の客員研究員のなかには、イェフダ・バウアー、イスラエル・ガトマン、ドブ・クルカ、ソール・フリードランダー、リチャード・コーエン、ディナ・ポラット、クリストファー・ブラウニング、それにバーナード・ウォッサースタインがいた。私たちは毎週恒例のゼミナールで会い、ホロコースト史について重要な問題を議論し、時には外部の人々を招いて話を聞いた。こうした挑戦的で刺激的な討論を通して、『歴史におけるホロコースト *The Holocaust in History*』を一九八七年に上梓した。この本は今や体系化されつつある資料収集に関する内容を扱ったもので、さまざまな言語に翻訳された。この本を出版したことで、私はホロコーストに関する研究者の国際会議に参加し、他の研究者や教師や学生たちと直接やり取りができるようになり、そこで多くを学び、今日に至っている。

一九八〇年代半ばから、私は教師として、著述家として、ホロコーストを中心テーマに定めた。数年のうちに、ホロコースト研究は国際的な地位を確立した。一九八八年、私はオックスフォードで開かれたホロコースト研究者の最初の国際会議に参加した。「未来のために記憶する」という題が会議の名に添えられた。ユグノーでホロコースト研究を推進していた、上品で貴族的なエリザベス・マックスウェルが司会者だった。エリザベスの夫は、メディア王のロバート・マックスウェル——がむしゃらな個性の持ち主で、戦時中には英雄となったが、金融家となって失敗した——で、エリザベスに協力していた。エリザベス・マックスウェルは、エリ・ヴィーゼル、クロード・ランズマン、フランクリン・リッテルといった著名人に配慮しながら、ホロコーストの専門家を一堂に集め、アカデミックな発表会を開くとともに、オックスフォードにあるマックスウェルの屋敷のディントン・ホールで晩餐会を行った。こういう会合に出席すると、ホロコースト研究が持つ国際的な香りを強く感じたものだ。この分野に対する関心が強くなるにつれて、私は三大陸で行われる会議やシンポジウムに数多く出席するようになった。自分で企画したものはごくわずかだったが、数多くの学会機関で講義を行うため、別の研究者たちを訪ねた。私は一年間、UCLAでソール・フリードランダーが主催する一九三九クラブ講座で指導を行った——これはイスラエル以外で、ホロコースト歴史講座として最初に予算措置が取られた講座ではないかと思う。私が友人ピエール・サウベージと最初に出会ったのは、たぶんそこだったと思う。サウベージは映画製作者でエミー賞を受賞したことがある。『精神という武器 *Weapons of the Spirit*』というドキュメンタリー作品は、迫害されたユダヤ人を救出した人々を理解するうえで、大きな役割を果たした。

故ジョージ・モッセは、私と同世代のヨーロッパの歴史学者から広く尊敬を集めていた。彼は、私が当時定期的に会って話をしていたなかの一人だ。一九一八年にベルリンで生まれ、移民世代のなかでは最年長で、敬愛されていたドイツの研究者の一人で、ドイツで最も裕福な家庭の末裔で、ナチスが接収するまでドイツで最もリベラルな新聞の一つ「ベルリナー・タゲブラット」紙をはじめとする出版帝国の社長だった。私は出席した会議やエルサレムで、よくモッセに会った。そのなかでも特に、ドイツの精神史の研究者で、ウィスコンシン大学でモッセの教えを受けたハンナとスティーブン・アシュハイム夫妻の家で会うことが多かった。誰もがモッセのことをジョージと呼んでいた。ジョージは自分のことを、ホロコースト専門の歴史学者ではない、といつも言っていたが、表に出さないものの、このテーマをずっと探求し続けてきたのは確かだ。間違いなく、モッセは私にとってお手本だった——情熱的に客観性を追求し、理想を体現した人物だった。少しあとになると、私はアメリカ合衆国ホロコースト記念博物館でホロコースト研究者たちと継続的に会うようになった。博物館では、私は高等ホロコースト研究センターのアカデミック委員会のメンバーだった。ジーブ・ヴァイスがシカゴのホロコースト教育財団で行っていた仕事を私は手伝い、さまざまな歴史の会議と、現在アネット・ヴィヴィオルカが座長を務めるパリの「ショア記憶保存財団」の研究委員会に参加した。

一九九〇年代初め、カリスマ的なイギリスの人類学者ジョナサン・ウェバーに誘われ、私は研究者のグループに加わった。そしてポーランドの博物館当局者と何度か会合を持ち、アウシュヴィッツ・ビルケナウ収容所の人々の記憶をどう保存するかということについて、ユダヤ人関係者と協議した。一九九〇年五月にヤーントン・マナーにあるオックスフォードのヘブライ語およびユダヤ人研究センターで、その後は現地の収容所で会議を開いた。そこで私たちは、ベルリンの壁が崩壊した後に出てきた、博物館学がとり組むべき課題――絶望的なほど時代遅れとなったソビエト時代の展示と歴史叙述、傷つけられた宗教感情などのほか、収容所の歴史に対する、もはや政治的に通用しなくなったポーランド民族主義の立場から行った解釈とソ連の解釈――こうしたことを前に議論しなければならなかった。私たちはポーランド当局者に私たちの考えを示しつつ、彼らの見方についても話を聞き、収容所が生んだ複雑な観念に取り組んだ。私たちは荒廃した大きな収容所をどのように修繕するか話し合い、旧ソ連圏以外――イスラエルや西ヨーロッパ、アメリカなど――から新たに大勢の訪問者を受け入れる準備をした。私たちのグループは、この史跡を見たユダヤ人が傷つく可能性があるのではないかと強調した。不幸なことだが、過去にはユダヤ人の気持ちが無視されてきたのだ。一方で、博物館当局者から、私たちは彼らが感じる不安についても話を聞いた――たとえばポーランド人にとって、戦争初期にドイツが自国民を迫害したことを象徴する場としてアウシュヴィッツ収容所（ビルケナウではなくて）の意味が重要であること、埋葬地に対する考え方がカトリック教徒とユダヤ教徒で根本的に違っていること、人の髪の毛を束にしたような展示品を見ると苦痛を感じる、ということだった。こうした展示品はすでに経年劣化してひどい状態になっているから、展示して公開するより適切に埋葬してしかるべきだと思うユダヤ人もいるのだ。研究者グループの参加者には、セルジュ・クラフェル、デビッド・セサラーニ、アネット・ヴィヴィオルカ、ロベルト・ヤン・ヴァン・ペルト、アントニー・ポロンスキ、ジェームズ・ヤングらがいた。こうした問題を話し合えば、近代の博物館学では意見の対立が起こるのは確実だった。なかには民族感情にかかわる最も難しい問題も含まれており、各人が生きてきた伝統を基にさまざまな主張がぶつかり合った。私たちが仕事をしていたまさにそのとき偶然に、アウシュヴィッツに近接するカルメル派修道会が八メートルほどの高さがある十字架を立てたことで、国際的な論争が起こっていた——数年間解決がつかず、収容所と廃墟の象徴的な意味について、それぞれの考え方が衝突した。

一九九〇年代の終わり、ホロコーストが行われていたときにバチカンがどのような役割を果たしたか検証してほしい、という依頼があった。そこで私は、国際カトリック—ユダヤ歴史委員会に参加することにした。研究者六人に加えて、ニューヨークからユダヤ人共同体のリーダーで年長のシーモア・リーチと、ユダヤ教とキリスト教の関係改善に尽力してきたアメリカ合衆国カトリック司教会議の中心スタッフであるユージン・フィッシャーの二人が、コーディネーターとして参加した。ユダヤ人と宗教的に良好な関係を結ぶことをめざしたバチカンの委員会が、ユダヤ人の宗教と共同体および政治を幅広く代表するインターナショナル・ジューイッシュ・コミッティー・フォー・インターレリジャス・コンサルテーションズ〈ＩＪＣＩＣ、きれいな言い方ではないが「イッチ〈痒い〉—キック〈蹴る〉」と言われた〉とともにこの調査を立ち上げたのだ。この学会には他に、次の人たちが参加した。少々棘のある言い方をする歴史学者であるが、昔からの知り合いだったヘブライ大学エルサレム校の故ロバート・ウィストリッチ。見た目はぱっとしないベルギーの研究者で、当時ブリュッセルの自由大学と少々つながりを持っていたベルナール・スチェキー。ピオ十二世とホロコーストに関する重要な本を書き、もの静かで尊敬の念を人に抱かせる雰囲気を持ったシートン・ホール大学のジョン・モーリー。ヴァージニア大学の教授でアメリカのカトリックを専門とする攻撃的な性格のジェラルド・フォガティー・S・J。穏やかで、ユダヤ教とキリスト教の対話に深くかかわった、ユダヤ人を先祖に持つオーストリア生まれの神学者のエヴァ・フレイシュナー。

ホロコーストが行われていた間、バチカンが何をしたのかきちんと説明する役目を負っていた私たち委員会の仕事は、さまざまな人がメンバーに入り、現実にも物的な支援がなく、組織として成り立たなかったことから、うまくいかなかった。カトリックのメンバー三人とユダヤ人のメンバー三人は、三つの大陸でそれぞれ生活していたのだが、この複雑な問題に何とか取り組もうとしているようにみえた——少なくともバチカンは、バチカン国務省の名で編集し、一九六五年から一九八一年にかけて出版された十一巻に及ぶ長い文書資料『第二次世界大戦に係るローマ教皇庁の法令および文書 *Actes et documents du Saint Siege relatifs a la Second guerre mondiale* 』を検証しようとしていた。ずいぶん前に、私はローマから、ブルーグレーの紙で束ねられた、イエズス会の編集者が選んだという何百という文書の入った十一巻を小分けにした小包を送ってもらっていた。スタートは幸先よいものではなかった。あとでわかったのだが、驚かせてくれるような興味深い文書は一切なかったのだ。仕事が終わった段階でも、バチカンが出した戦時中の文書は公開されなかった。バチカンは、調査は使用許可した長い文書に限定せよと主張した。一方、ユダヤ人メンバーがカトリックの同僚たちの支持を得、他にも文書を公開するよう要求した。

私たちの苦労の多くは、こうした駆け引きに関することだったのが後に明らかになった。それでも、私たちが一緒に文書を読み、議論を行うときには、それぞれ誠意をもって応じた。この手の問題を扱うときにはたいがい論争が起こるのだが、そうはならなかったのだ。バチカンの制約に縛られていたのは残念だが、私たちは仲よくやっていたし、互いに学び合うところが多かった、と少なくとも私は感じた。結局、この取り組みは挫折した。それぞれの委員が既出の資料では答えられないままだった多くの問題を提示する仮報告書を出して、バチカン文書の公開を求めるにとどまった。

この頃ヨーロッパの各国政府は、ヒトラー帝国の一部を構成していたナチ協力者の団体が行ったユダヤ人財産の強奪とユダヤ人迫害の実態を調査するため、二十余りの委員会を起ち上げていた。しかしこの調査が、それらの委員会とごくわずかしか関係を持たなかった、ということも付言しておかなければならない。これら委員会は取り扱う範囲も構造も違っていたが、どの委員会が行う調査も、ほぼ調査スタッフが付き、著名な研究者を集め、潤沢な資金を持っていた。このうち最も重要なバージャー委員会は、戦時中のスイスの果たした役割、特にスイスの銀行が果たした役割を調査した。そのメンバーには、スイスのほかに、イスラエル、ポーランド、アメリカ合衆国の歴史学者が含まれており、二千二百万スイスフランの予算が用意され、チューリッヒとベルンに二十五人のスタッフがいた。さらに、四十人の調査員がパートタイムでこのプロジェクトに協力した。バージャー委員会は公文書であろうが、私文書であろうが、自由にアクセスできたうえに企業に対し、委員会の作業に関係する文書の廃棄をはっきりと禁じた。六年の作業を経てフランス語、ドイツ語、英語で出版された最終報告は五百ページを超える大作で、戦時中のスイスの状況を理解するのに大いに貢献した。

バチカンの調査が内部でうまくいかず、インフラが欠如していたことに加えて、私たちの委員会は、当時も気付いていたのだが、カトリックとユダヤ教をめぐる政治問題に入り込んでしまっていた。メディアでも私たちの間でも、戦時中に教皇が行った受福と裁可に権威を与える「聖座」をどう扱うのかという議論が当時活発に行われていた。私たちはイエズス会神父のピーター・ガンペルとも協議をしたが、彼はピオ十二世の「列聖を申請」していて、それを実現するために何年も奔走していた。バチカンが戦時中に出した文書集を引き合いに出して、ガンペルはこの問題は明白だと断言した。「教皇が一切の区別なく、できるだけ多くの人命を救おうと努めたことがわかるのは一目瞭然だ」と述べたのだ。私たちは彼の説に同意できなかった。彼は文書問題については、バチカンに気を遣うばかりで、多くのことを見ようとしないように思われた。この問題について、私たちの委員会の動きは、当時いくつかあった真実を求める他の委員会とまったく違っていた。私たちの委員会は明らかに新たな証拠として耐え得る文章を入手させてもらえなかった。私たちの委員会の問題の核心にあったのは、信頼性はいうまでもないが、公表済みの文書だけでは限界があるということだった。制約があるために、常に疑念が消えなかったのだ——調査にあたる団体がどんなに緩い団体だったとしても、不健全としかいいようのない状況だった。言うまでもないことだが、こんな状況のために、一九六〇年代にまで遡る戦時中の教皇の行動をめぐって行われた論争には不信感を拭い去るどころか、高まるばかりだった。

それでも、この委員会には楽しい思い出がある。二〇〇〇年にバチカンを訪問し、サン・ピエトロ大聖堂に隣接する優雅で厳粛な雰囲気のゲストハウス、サン・マルタ館に滞在できたのは、特によい思い出だ。バチカンを訪問していた間、十億人を超えるカトリック教徒をまとめるバチカンの組織構造を見た。当時、私がトロント大学で経験していた大学という大きな組織の運営と非常によく似ていることに気づいた。教皇は学長、枢機卿は副学長、司教は学部長（当時私はトロント大学の学部長だった）に似ていた。司祭は教授に似ていたし、教区をあずかる司祭とカトリック教会全体に仕える聖職者の関係についてもそう言えた。講座を持ち自立した裁量権がある教授と、学部に組み込まれて働いている教授の関係と同じだった（私たちの委員会にはそれぞれ一人ずついた）。もちろん、内部に政治力学が働いていた。日々動いている数多くの部分を一つの機関として機能させるのは生半可な技ではない。部外者は、あまり深く考えることもせず権力はいつもトップダウン方式だと誤解しがちだ。横向きの力や下から上に向かって動く力を無視しやすい。しかし、バチカンも大学と同じで、単純ではないのだということを学んだ。私たちが会った聖職者たちはあまり多くを語らなかったが、バチカンに、ピオ十二世を讃えたいという熱心な思いをガンペル神父と共有する者がいないのは間違いなさそうだ。バチカンでの待遇は少々悪かったと言わざるを得ないが、おそらく、私たちの仕事の成果に疑念を抱いていることが反映していたのだろう。

それでもなお、一瞬にして理解が深まる機会が何度かあった。私がよく憶えているのは、委員会とアルゼンチン出身の高齢の聖職者、ホルヘ・マリア・メヒア大司教とのやり取りだ。彼はバチカンの秘密文書を管理し、ユダヤ人と対話を行ったカトリックの先駆者で、尊敬を集めていた。当時バチカンの文書官のトップで司書も務めていたメヒアは、ブエノスアイレスで約二十七年間、旧約聖書と聖書で使われたヘブライ語や古代ギリシャ語を教えた経験があった。メヒアには、一九八六年にヨハネ・パウロ二世によるローマのシナゴーグ訪問を企画した経験もあった。教皇がこうした訪問を行ったのは近代になって初めてのことだった。「台下は私どもにどんなことをしてくださいますか」と私は尋ねたことを憶えている。文書を公開するよう、要求を押し通そうとしたのだ。大司教は私にウィンクして言った。「お祈りいたします」。

ホロコーストの歴史にかかわった私は、一九七〇年代に台頭してきたこの分野研究の波頭に乗ることができた。四半世紀たってソ連が崩壊したことで、旧共産主義圏の文書が公開され、研究が一気に高まった。基礎的な調査を自らすることができなかった私たち研究者は、絶大なる恩恵を受けた。その結果、ホロコーストの歴史は歴史の一分野として成熟し、研究者からなる国際的な学会が誕生した。豊富な研究資料や素晴らしい出版物が次々に現れた。才気溢れ、さまざまな言語を自由に扱える若手研究者を養成する必要から、頭がよくて強い関心を持った学生が数多く集まるようになった。

この数十年、私が関心を持ってこのテーマに取り組んだ時期が、ホロコースト関連の研究書が爆発的に世に出るようになった時期と偶然に重なったのは幸運だった。それだけでない。ホロコーストの歴史を北米の研究者が考えるようになるはるか前、私が大学で最初に歴史学に出会ったときから始まったホロコーストの歴史という学問の生成過程を経験したことも幸運だった。私の本棚には、研究誌、専攻論文、伝記、調査、地図、論文集、百科事典、文書資料のコピーが乱雑に詰め込まれている。ファイルキャビネットには、コピーを取った記事や切り抜き集などの資料がいっぱいだ。思い切って減らしてしまおう、あきらめよう、捨ててしまおうとする気持ちをなだめ、いろいろな事情を乗り越えて、何とか生き延びたものばかりだ。研究者という少し高い地位を明け渡した今となっては、次々に現れてくるエネルギー溢れる若い研究者たちにすぐに遅れを取ってしまうことになるのだろう、と痛切に感じている。若い研究者の持続力には驚くばかりだ。

正式に退官したのは二〇〇九年だが、その前の数年間、私はトロント大学の「ホロコースト研究に関するチャンセラー・ローズ・アンド・レイ・ウルフ講座」を持つことができた。そのおかげで、同大学などで、数世代に広がる学部生と大学院生を前に講演を行うことができた。思えば、その講座を教授として立ち上げたのは私だったのだ（現在は、友人のドリス・バーゲンが引き継いでいる）。この分野を急速に広げるうえで私が行ったことは、新しい方向性をいくつか打ち出したことだ――具体的に言うと、私は法学の学位を二〇〇五年に取得し、ホロコースト関連の戦後の訴訟問題と償還と賠償問題を研究した。おかげでよいことがあった。優秀な大学院生が次々に私のあとに続き、これらに関連したテーマで博士論文を書いてくれたのだ。

本書では、歴史学者として自分が深く理解してきた分野のなかで思ったことを記したい。ホロコーストの研究が、私がこの研究にかかわった歳月のうちにどのように成熟し、広がりを持ち、進化して、陽の当たる国際事業となったのか、ということについてである。それゆえ、ホロコーストの歴史からどのようにして中心となる主張を役立てるように、すなわち教訓を説くことができるようになったのかということを中心に論じる。

＊最近の博物館計画の文書案を見ると、「教訓」を前面に出すのをやめたようにみえる。だが、「考えられないことが起こり得るし、人間の性質上、私たちは誰もが権力の乱用に陥りがちだということを警告する」ものとホロコーストを捉えている。「他者が劣っている」と思い込み、行動しないでいること含め、いかなる行動をも正当化する力があるとしている。

第2章　歴史の教訓

ホロコーストの教訓を取り上げると歴史の教訓について考えざるを得なくなる。この問題は輝かしい業績を築いた人々がこれまで何世紀にもわたって深く考えてきたテーマなのだ。言い換えると、ホロコーストの教訓が存在するという立場をはっきりさせると、私たちは過去から教訓を引き出すことができる能力がある、と認めることになる。つまり、ホロコーストは歴史のなかに存在する過去の一部なのだから、教訓を生む歴史と生まない歴史があるという理屈は原則として成立しない。教訓を識別し、各人がそれを応用して歴史の進む道をつくることができる、という考え方に思想家は異議を唱えた。啓蒙主義の時代、この問題には根底に宗教的な意味合いが含まれていたので、これを深く考える人々もいた。人間が歴史をコントロールできるとすると、神の領域を犯すことになると考えた人々もいた。一世紀半ほど前には、人間が神に代わって歴史の出来事を形づくるとする考えは新奇な見方で、激しい論争を引き起こした。近代以前の人々の多くは、歴史が進む道は神の摂理によって定められたもので、一人ひとりの人間が特定の結果に影響を及ぼすことなどあり得ないと信じられていた。この考え方に抗い、神学によらない歴史を系統立てて説明したいと考えた人々もいた。政治思想史研究者のジョン・ポコックの言う「宗教とかかわりを持たない状況、偶然の出来事、変化を複雑に叙述した歴史。神の力を引き下ろして人間が基本的な道具として使える歴史」を追究しようとしたのだ。やがて、神の意図から独立して歴史の流れを形づくることができると多くの人々が思うようになり、そのためには過去の教訓を理解し、応用することが必要だとなった。

次に、歴史の成り立ちについて、また、人が何も存在していないまっさらなところで歴史を動かすのか、それとも何か固定したパラメーターの範囲内で歴史を動かすのか、といったことについて真剣な議論が行われた。伝統的に、知識人はあらかじめ決定している歴史の方向を概観し、識別するためのパターンを推測することに大きなエネルギーを割いた。十九世紀から二十世紀にかけて、オズワルド・シュペングラーやアーノルド・トインビーといった作家は、人間の過去を大きなパターンで捉え叙述した。彼らは帝国と体制の興亡を描き、どのように帝国が生まれ、内部でどんな争いがあったのか、そして体制がどう崩壊していったのか、その軌道を検証した。こうした歴史の構造を提示した目的のひとつは、人々に事態がどういう方向に向かうのかを教えることだった——すなわち、未来予想図を示すことだった。一方で、事象を演繹して歴史の流れを読むことなど不可能だと絶望する人々もいた。このような大きな予想図は絵に描いた餅で、過去の出来事から教訓を引き出せるという主張もそれと同じだと考えた。大理論家の歴史は壮大で力強いものだったが、普通の人々が考える歴史は地味で短いものでよかった。大学者で非現実的なところがあるオルダス・ハクスリーは、晩年になって、あなたが歴史の教訓だと考えているものについて世界に向けて話してほしいと懇願されたことがある。「優雅に簡潔に」、彼はこう答えた。「一生、人の問題にかかわってきたのに、最後になって『もう少しだけ親切になってはどうか』と言うしかないと気づいたというのは、ちょっと困ったことだと思う」。ハクスリーのコメントにはどこか安らぎがあり、心に訴えるところがある。おそらく、質問の答えが思ったよりも単純だったので、ほっとしたのだと思う。文明の興亡が向かう先など、私たちが悩んでも仕方がないと思い、安心するのかもしれない。同じく心に訴えてくるのは、イスラエルの政治家アバ・エバンの結論だ。エバンはかつて、こう言ったことがある。「人と国はあらゆる選択肢を経験して初めて、ようやく賢く行動できる、と歴史は教えてくれる」。どんなに偉大で著名な人であっても、凡人と同じように道に迷う可能性がある、という話を私たちは聞きたいのだと思う。あるいは、もっと正確に言うと、迷子になってしまう道などない、と断言してもらいたいのだろう。

サンタヤーナの有名な格言「過去を憶えていることができない者は、過去の過ちを繰り返す」は、過去から学ぼうとしない危険性について述べた、人生の手本となる権威ある言葉となり、警告として、聖歌のように吟唱されている。あまり知られていないことだが、サンタヤーナの言葉が大作『理性の生命 *The Life of Reason*』の文脈からざっくりと切り離されて、そもそも意図した概念に対して歴史をどう使うか深く考える人々から異議を唱えられていることだ。過ちを犯すことのないよう、歴史研究のうえでの警告として一般に理解されているが、サンタヤーナの言葉は、人間が特殊な目的のために歴史を利用することを禁止するものとして捉えるのではなく、過去の経験を得ることによって知識を獲得するやり方を説明したものとして捉えるべきだ、と批判者たちは述べる。サンタヤーナが「憶えている」という言葉を使ったのは、警告の合図にちがいないのだ、と。

歴史は個人や集団的な記憶とはまったく異なることに注意しておきたい。歴史と記憶についてのフランスの権威ピエール・ノラは、この二つは同義語であるどころか、しばしば対立すると指摘する。「記憶は生き物であり、土台となる生身の社会に支えられる。記憶は絶えず進化し続け、記憶と忘却の弁証法に曝され、無意識のうちに形を変え、操作や盗用に曝されやすく、長い休眠状態に陥りやすく、定期的に甦る」。歴史は逆に、「もはや存在しないものの再構築であり、常に問題をはらみ不完全である」。歴史の研究には客観性が必要で、理解のための探求が含まれる。探求の結果、一般の人々の記憶から消えてしまったかもしれない過去を合理的に再構築したものが生まれる。そこには、証拠の取り替えや比較、分析が含まれている。凝視と出版を通して、人々に伝えることができる。歴史は専門家の間でも素人の間でも論説の一部であり、ともに真実に責任を負うものだ。一方、記憶は主観的で、部分的で、時代とともに変化に曝される。記憶は欠けた記憶の一部を取り戻すために、また、特殊な目的のために、過去を理解しようとするものとは違う。記憶は磨いていくもので、つくるものではない。侵入してくるものであって、引き出されるものではない。アイデンティティーの一部であり、議論や比較や分析の対象ではない。

近年、歴史学者の間では、ある出来事を記憶している人々を理解する手段としての記憶の研究が盛んである。フランスの研究者アンリ・ルッソは次のように述べる。記憶は「客観的で理性的なやり方ではなく、人がこの過去を保存し、特にどの役割を与えるのか特化せずにある一定の役割を与えることによって、過去を生かしておくということを暗黙に理解したうえで、過去を提示する」。さらに、記憶は「その過去とは一致しない」とルッソは書いている。記憶は「再構築あるいは再構成された姿で、イメージ、言葉、感情の複雑に入り組んだ迷路の周りで、一人ひとりの心のなかでつくられる」。心理学者のダニエル・シャクターはこれに追加して、過去を再構築するに当たって「私たちは感情、信念、あるいは経験のあとで得た知識を追加することもある」と指摘する。歴史学者のトニー・ジャットは、かつて次のように書いた。最終的に、記憶は「本質的に論争を好み、党派的なものだ。ある人が認識したことを他の者は省略する」と。以上のことからわかるように、記憶は過去をそのままの形で閉じ込めたものではないのだ。

それゆえ、サンタヤーナの言葉を薦める人々が歴史を教訓の源と捉えるときに頭に思い描くのは、起こったことを実際に記憶することではなく、歴史学者が過去の研究から引き出した結論であり、それを反芻しているのだ。だから、もちろんこれが問題の出発点である。歴史学者なら誰でもわかっているように、歴史は解釈の対象で、そこから普遍的に受容できる教訓を引き出そうとする努力は危険な企てであることが判明するからだ。これは、私が歴史を学び始めたばかりのトロント大学での一年目の頃に得た経験から学んだ、最も早い段階の教訓だった。「ホナーズ・コース」の「社会と哲学」の最初の年に経験した輝かしい思い出の一つなのだが、前章で書いたプログラムは、傑出した中世史家バーティー・ウィルキンソンを含む指導者が行うヨーロッパ史を大きく概観する講義シリーズだった。憲政史を専門とする著名な歴史学者でマンチェスター大学からトロント大学に来たウィルキンソンには一般受けするところがあり、歴史のなかの人物——シモン・ド・モンフォール、ジャンヌ・ダルク、ジョン・ウィクリフ、オリバー・クロムウェルなど——について語るシリーズを、日曜日の午後、トロントの人気のあるラジオ放送局ＣＦＲＢで放送したことがあった。大講堂でウィルキンソンが、自分の本が「ニューヨーク・タイムズ」紙の書評でいかに不当に批判されているかについて、講演したことがあった。それが私の印象に強く残り、何年も経った今でも思い出す。「私のことをアナクロのリベラルだと述べたのです」

とウィルキンソンは言っていた。当時の私は、中世の憲政上の言葉でリベラルという言葉がどのような意味を持っているのか少しもわかっていなかったし、ましてやアナクロのリベラルなどわかりようもなかった——だが、当時印象に残ったのは、教えてくれている教授が「ニューヨーク・タイムズ」紙の挑戦を受けるほどの人で、歴史学者はその立場から反論し議論もできる、ということだった。

サンタヤーナの格言は、発見したものを歴史学者がどのように処理すればよいかという根本的な問いにつながる。教訓にまで高めるような歴史を私たちはどう理解すればよいのか。私たちはどちらの解釈を選択するのか。正しい問いかけをせずに私たちが見落とした教訓もあったのではないか。私たちは間違った答えを手にすることもあるのではないか。アメリカの歴史学者アーサー・シュレジンジャー・ジュニアはかつて、過去のことを「誰にでもご褒美が詰まっている巨大な宝探し袋」と呼んだ。その意味は、知的な探索を数多く積んで、証拠に懸命に向き合えば望む答え——あるいは教訓——にたどり着くことができるということだ。これがおそらく、サンタヤーナの格言は実際にはあまり役に立たないということが、すでに他の理由から達した結論に威厳をつける手段以上のものではないのかどうか、自信を持てないものだ」。悪くすると、ある解釈に権威づけを行うことが市民の義務だと考えてしまい、そうなると、批判的な考察の可能性を閉ざしてしまう危険もある。これを踏まえて、人気のある歴史学者オットー・フリードリヒが、かつてこう皮肉を述べたことがある。「過去を忘却できない者は過去を誤認していると非難される」。

過去から引き出して用いられている教訓を検証すると、よりよく生きようとした過去の人間が、どのようにして過ちを犯してしまったのかを思い起こさせられる。チューダー朝を研究する最も有名な歴史学者ジョフリー・エルトンは、かつて衝撃的な実例を示したことがある。エルトンと同じ背景を持ち、同じ世代に属する人々（エルトンはユーレンベルクという名のユダヤ人研究者の家に一九二一年に生まれた。一家は一九三九年にドイツからイギリスに逃れた）にとっては、ヨーロッパ大陸に君臨した好戦的なプロイセン、そして後のドイツほど重要な歴史上の問題は存在しなかった。エルトンは「過去から学んだ、危険な小さな（ドイツという）言葉」について思いをめぐらせた。戦後、エルトンは次のように述べた。

プロイセンとナチスの帝国主義的な野望により二つの世界大戦が起こり、ドイツを復活させることが世界の平和を再び脅かすことになるという概念が広がっている。だが、一八七〇年、ドイツが（今日では）悪名高き好戦的な国プロイセンのリーダシップの下に統一されたとき、一般の反応はまったく違っていた。ドイツの統一は二世紀に渡ってほぼ何の障害もなく行われたフランス侵略のあとで、ドイツ統一はこれまでの平和に対する障害を形づくっていた国に対する勝利の結果として受け止められた。それゆえ、当時からしばらくは、ドイツ統一は喜ばしい出来事と（フランス以外では）広く認められ、後には脅威を与える存在となったビスマルクは、当時は大きな賞賛を受けた。

こうして見ると、時の経過とともに、重要性を失う教訓もあれば、新たな教訓が出てくる場合もある。歴史を学び始めた多くの人に衝撃を与えるのは、歴史には予言する能力がないという現実である――。「歴史は私たちに何を教え得るのか」と著名なフランスの思想家ジャック・エリュールは疑問を投げかけ、「歴史を理論化できると思い込む虚栄心だけだ」と自答している。

歴史的な回想と歴史から引き出した教訓が、好ましい形で人の道にかなった結果につながるかというと、必ずしもそうではない。このことを認識して、マーガレット・マクミランはこう警告する。「歴史が与えてくれる教訓やアドバイスは数多く存在するから、望んでいるものを拾って選択するのは簡単だ」と。今日の世界の多くの人々にとって、歴史の教訓は行動を呼びかけるナショナリストの声と重なっている――勝った戦いあるいは負けた戦いの古代神話、苦難にあった殉教者、仇敵を生きながらえさせたあり得ない釈放のことを「思い出す」ように求めるのだ。歴史の教訓は復讐を求めることもある――絶滅が差し迫る恐怖を伴うこともある。今日においても、クラクフの町のポーランド人はマーケット・スクエアにある聖マリア教会の尖塔から流れる、「ヘイナル・マリアツキ（聖マリアのトランペットコール）」の歩哨が吹くトランペットの調べを耳にする。これは十三世紀に由来するものだ。当時は異教徒のタタール人による攻撃に対する警告と、召集のための合図だった（ポーランドでは正午のラジオ放送で、この曲が五つの調べで流れ、突如中断する。伝説によると、敵の矢がラッパ師の喉を貫いたとのことだ。放送は国全体に、そして世界に次のようなメッセージを送る――ポーランドが危機に瀕している、と。この五つの調べをポーランドの国民的なアイデンティティーの象徴だと捉え、「ヘイナル・マリアツキ」はポーランドがさまざまな異民族に蹂躙され常に脅かされ続けてきたことを示す証だとみる者もいる。私は最初にこの調べを聞いたとき、背筋が凍る思いがした。今では、地下鉄の到着を告げるメロディーのように、ポーランド人はさりげなく聞き流している）。同様にナショナリストが集まって大声を張り上げるのが、アイルランドのプロテスタントが一六九〇年のボイン川の戦いを「忘れるな」と主張する場面だ。イングランド国王ウィリアム三世となったオレンジ公ウィリアム率いるプロテスタントが、カトリックの前国王ジェームズ二世の勢力を押し返し、アイルランドにおけるプロテスタントの優位を確立したときのことだ。テキサスのアラモを「忘れるな」という声もある。これは、一八三六年、サン・アントニオ付近でメキシコ人の攻撃によりアメリカ人の要塞守備隊が虐殺された戦争を思い出し、立ち戻れとする声だ。歴史学者のマックス・ヘースティングズは次のように述べている。「自分の国がリベラルで民主的な国だったとしても、大多数の国民は、民族の神話を過度に重要視するあまり、事実以外のものを求めようとしたり、歴史的に疑わしい主張を重んじ、民族の神話に泥を塗ったりするものだ。彼らは大人の見方ではなく子どもの見方を好み、歴史小説の作者やテレビのプロデューサーはそうした見方に甘んじて満足している」。歴史の記憶を普遍的で普通のことだと思い大事にする人々は、何世紀も前の戦争の痛みをいつまでも心のなかで暖めたりせず、もう少しましなことを考えるものだ。

歴史には特殊な例が散りばめられていて、サンタヤーナの格言は歴史学者にはそぐわないと思われがちだ。というのは、アナロジーそのものが学問的な正確さを担保できないからだ。ドイツとイタリアの攻撃からフランスを守るため、大戦中につくられた有名なマジノ線が古典的な例だ。フランスの防衛大臣アンドレ・マジノにちなんで名づけられたマジノ線は、当時の最新軍事技術を用い、ベルギーからスイスに伸びた戦車などの侵攻を防ぐ複合要塞だった。軍部は、フランスの東部国境沿いに難攻不落の防衛線を積み上げようと意図していた。当時、建設にかかわった人々が一九一四年から一八年の第一次世界大戦の歴史から学んだと思われる教訓は、近代戦争では防衛が攻撃に勝る、というものだった。第一次世界大戦の西部戦線の恐るべき流血の惨事から、近年の軍の状況――塹壕戦、力を失った砲火戦術、補強部隊の鉄道輸送――を丹念に研究したうえで、こうした結論を引き出したのだ。しかし、マジノ線はつくられたものの、何の役にも立たなかった。一九四〇年、ドイツは機甲部隊を使い、アルデンヌの森を大胆に通過してフランス領内に侵入した。この方法が決定的となり、フランスの防衛が崩れたのだ。フランスの過ちは、歴史の教訓――少なくとも当時理解していた教訓――に留意できなかったということではない。フランスの意思決定者が、因習的なパラダイムを覆してしまうほどの戦争における技術革新を掌握できなかったことだ。わかりやすく言うと、人々は過去から教訓を引き出す勇気がなかったというより、むしろその逆なのだ。

最もよく言われる歴史の教訓の一つとして、独裁者に対しては宥和すべきでない、というものがある――すなわち、威嚇攻撃を受けた場合には、妥協したり平和的な交渉をしたりするより、武力を信頼して武力で応えるべきだ、とするもので、これは「ミュンヘンの教訓」と呼ばれるものだ。一九三八年のミュンヘン会議後、イギリス首相ネヴィル・チェンバレンがチェコスロバキアの分割・併合を求めるドイツに屈したことから、第二次世界大戦に道を開くことになったという教訓だ。一般の人々にとって、ヒトラーとチェコスロバキアの教訓ほど刺激的なものはない――戦争の脅威にさらされたとき、実際に行われている戦闘の一つひとつに取り組む政治家にとっては、議論の余地もないと思われる貴重な教訓だ。この歴史のエピソードから「教訓」を定義する多くの人々に比べれば、歴史学者は多少なりとも慎重になっているのではないかと私は思う。教訓の元になった宥和政策には歴史があり、その実績のために多くの人々が教訓と考えていることを歴史学者は理解している。宥和政策には、現在の私たちが責任を押しつけているような軽蔑的な意味はなかった。一九三〇年代には、積極的に平和を求める政策として理解されていた。それが徐々に、侵略者が要求するものを与えて線引きをはかる、という媚びへつらいに近い行為だと考えられるようになった。しかし、歴史学者がなぜ宥和政策が取られるようになったかを明らかにしていくなかで、宥和政策がそもそも持っていたダイナミズムへの理解が進んだ。その結果、私たちは宥和政策の起源と戦略ビジョンが、かつて考えられていたよりも複雑なものだと理解できるようになっている。同様に、一九三八年の出来事に関する私たちの理解がさらに進んだことによって、一九三〇年代にファシストの独裁者に立ち向かった人々が現実に採用した政策とは違う、別の選択肢があったのではないかという発想に対抗できるようになった。ミュンヘンの「教訓」は、採るべきではない方策について比較的はっきりと教えているかもしれない。しかし類似した状況になって、政策上、過去の出来事から処方箋が求められるケースが起こった場合には、この「教訓」から得られるものは何もない。アナロジーとして、「ミュンヘン」は状況に適用できるのか、部分的に適用できるのか、あるいはまったく適用できないのか、その程度について常に検討の対象となる。

ある時代に通暁した歴史学者は一般的に、その時代と現在の状況とを比較検討して現実に適用できるかどうか、明確にしなければならない場面に直面したとき、かなり不安になる。過去の人物が直面した特殊な状況に対する理解を深めれば深めるほど、特に現在のことを完全に理解できているか否かでは、同じであると結論づけることが困難だと気づくものだ。同様に、歴史学者は他者の研究論文や調査報告に当たれば当たるほど、自分が過去の決定的な要素を見落としている可能性があることに気づく。理論家のウィリアム・ベインは「出来事はお説教風の過去のイコンに変容し、自分たちの願い、目的、意図を喧伝するものとなる。出来事は私たちが何者であり、何を信じているのかを伝える」と書いている。今日言われていることは、今の「すべて」であって、あとになって「客観的でいつまでも変化しない過去」となるものではない。結果として、歴史の教訓は自明のこととして理解されるものというより、論争の対象、すなわちさまざまな見方があり、衝突を引き起こすことがよくあるのだ。

歴史のアナロジーを使って現在の問題をどう解釈するかに伴うさらなる問題は、いわゆる教訓が、「明確な言葉にならない口述伝承」の一部となっていることだ。これは、政治学者のユアン・フーン・コンが『戦争におけるアナロジー *Analogies at War*』のなかで述べた特殊なタイプの問題、「合意した解釈」について言ったことだ。「この点で、アナロジーは新たな説明を発見するために使う道具としての役割を超えて、説明であり事実そのものであると想定することになる」とコンは述べる。マーガレット・マクミランは、まさにコンが表現した通りのことが生じた一九六〇年代半ばのアメリカについて言及する。すなわち、しばしば論争の的となるベトナム戦争のことだ。問題は、アメリカ合衆国が地上軍をベトナムに投入するのか、それとも撤退するかということだった（今日の状況では、この問題は「他国に地上軍を投入する」ことに関する果てしない論争となっている）。ベトナムの場合は、それぞれの立場によって、違う教訓が用いられた。左派は、ベトナムの民衆に支持されている南ベトナム解放民族戦線と戦って泥沼に陥るのをアメリカ合衆国は回避すべきだという立場を取り、過去、必要に応じて行われたこの手の反乱鎮圧行動は、失敗する運命にあったという教訓だった。彼らがアナロジーとしたのは、インドシナ半島でフランスに対して起こった反帝国主義蜂起〔訳注・第一次インドシナ戦争〕だった。だが、右派が教訓としたのはまったくその逆だった。彼らの見解では、すべてを締め出すことこそ必要――北ベトナムを爆撃し、戦場にさらに多くの部隊を投入することだった。彼らが好んだアナロジーは一九三〇年代の宥和政策だった。「ミュンヘンのときにわれわれが何もしなかったことと同じだということがわからないのか」――アメリカ大統領リンドン・ジョンソンのベトナム大使ヘンリー・カボット・ロッジは、反対する左派にこう問いかけた。ロッジと同じ考えのジョンソン大統領は次のように告白した。「私が知っている歴史からすると、ベトナムから撤退し、ホー・チミンにサイゴンを委ねるとすれば、チェンバレンが第二次世界大戦でしたことと同じことをすることになる」。右派も左派も、互いに相手の言葉に聞く耳を持たなかった。その結果、今後ベトナム戦争にどう対応していくかという本質からそれた問題になった。つまり「教訓」を適用するために過去をどう理解するのかということに収斂してしまった。

歴史から大きな教訓を引き出すことができるのか、という疑問がある。その答えのひとつは、実際に経験したことに価値を見い出して焦点を当てることだ。私たちが過去から学べるものについては限度がある、ということを認識することだ。ただし、こうした経験の蓄積を通して、それなりに立派な教訓がつくれるのかどうかは、もちろん別の問題だ。イギリスの歴史学者ジョフリー・エルトンは、人にかかわる重大な選択について明らかに決まりきったことは別にして、教訓は条件や経験をどう設定するかにかかっていると考えたようだ。すなわち、歴史の教訓は「単純な教義上の教えというものではなく、行動のための指針（与えられた状況に類似するものを探すこと）ではなく、普遍的なものさし（すべてが進歩すると歴史が教えること、道徳原則の勝利――あるいは不毛さ――を歴史が教えること）を用意することでもない。過去にはあまりにも多様性があり、出来事にはあまりにも複雑な特異性があるから、このような単純な結果を生むことはないのだ」。だが、エルトンはこうも感じている。「状況あるいは問題が先行するものに健全な形で通じていれば、ものがよく見えるし、現在の決定を行ううえで役に立つ。歴史は予言ではないが、合理的な予報をすることができることもある。歴史の知識は現在の理解を固めてくれるし、未来に向かうガイドラインを示唆することもあり得る」と。

有名なアメリカの歴史学者カール・ベッカーは予報についてはずっと控えめに述べているが、その価値についてはもっと強く推しているのかもしれない。ベッカーの見方によると、歴史は私たちを案内してくれるが、それはギャンブラーの持つ強み――正しい馬に賭けられるインサイダーとしての知識――を養うというよりも、予測できないことが生じてもそれに対応できる能力を備えるように導いてくれるものだ。「歴史の価値は……科学的なものではなく道徳的なものだ。心を自由にし、共感を深め、意志の力を強化することによって、社会ではなく自分自身をコントロールすることができるようになる――それこそ最も重要なことだ。もっと人間らしく生きることができるようにしてくれるし、未来を予言するというより、未来に出会う用意をしてくれる」。以上のことから、アナロジーを使って探求しようとすればするほど、類似性があるのではないかと思われる過去を理解するに当たり、歴史学者の間でも多くの違いがある、とまとめることができる。要するに、アナロジーを使って考えると、過去が規定のもので、現実の問題は未来を理解することだと間違って想定することがよくある。現実には「問題なし」が答えだ。「私たちの問題はむしろ過去にある。過去は変化し続ける」。

一九六〇年代、私がトロント大学の学部生で歴史を学んでいたとき、歴史の教訓を強力に推進していたのがピューリッツァー賞を受賞したアメリカの歴史学者バーバラ・タックマンだった。第一次世界大戦やその他の国際的な変動について書かれたタックマンの本は読みやすく、わかりやすい警告が散りばめられ、冷戦期には多くの人の心をつかんだ。タックマンは、ごくありふれた人間の失敗によって重大な外交上の読み間違いが生じ、恐るべき結果に至ることがある、と指摘した。タックマンの父モーリス・ワートハイムは、ドイツ系ユダヤ人の家庭に生まれ、一九四一年から一九四三年までアメリカ・ユダヤ人委員会の議長を務めた人物だ。また、母方の伯父ヘンリー・モーゲンソー・ジュニアは、第一次世界大戦中にはオスマン帝国駐在アメリカ大使を務め、オスマン帝国が行ったアルメニア人虐殺に早い段階から反対し、フランクリン・デラーノ・ルーズベルト大統領の下では財務長官を務め、大戦中にはヨーロッパ・ユダヤ人の支援運動を行った人物だ。タックマン自身は、有能なジャーナリストとしてマドリードで活躍し、スペイン内戦について記事を書いていた。また、そんな家族のつながりがあったから、既存の考えにとらわれず人災という結論に至ったのかもしれない。

タックマンの『愚行の世界史――トロイからベトナムまで *March of Folly: Troy to Vietnam*』は、東南アジアで行ったアメリカの軍事行動が失敗に終わったまさにそのときに出版され、人間が過ちに陥りやすいという失敗例を詳述した。当時、特に時流に合っていた内容だった。「人間は、こと政府の活動を行うとなると、他のことを行うときよりまずい行動を取ってしまう。政府の立場に立ってしまうと、経験や常識や使える情報をもとに得たといってもよいはずの知恵が、本来の形で機能せず、欲求不満となる」。さらに、「私たちは歴史の教訓を学ぶことができるのだろうか」とタックマンは指摘する。タックマンには疑念がいくつもあったが、それでも、間違いを犯しがちな政治家がよりよい判断をすることを願って書かれたという。『愚行の世界史』で、「現代にはこの種の問題が至るところにある」ということを伝えたいと思った、とタックマンは読者に語っている。

一九六二年二月に出版されたタックマンの人気作『八月の砲声 *The Guns of August*』は、政治家や将軍の先導によって第一次世界大戦に向かった間違った歩みを、読みやすい形で著した研究書だ。この本は同年十月に起こったキューバ危機を解決するのに、大きな役割を果たしたと言われている。マイアミから五百キロも離れていないキューバに、ソ連のミサイルが設置された。危機が高まるなかで、アメリカ大統領ジョン・F・ケネディーは補佐官らと小部屋にこもった。意志決定を行うとき、ケネディーはタックマンの本を紐解いた。彼はタックマンの友人である国防長官ロバート・マクナマラから、『八月の砲声』を一冊貰っていたのだ。ケネディーは後に、この本のおかげでソビエトに核戦争を回避する道を示すことができたと補佐官らに述べた。「今回は『十月のミサイル』のような本を誰かに書かせようとは思わない」とケネディーが述べた、と会議録に記録されている。「誰かが書くとすれば、われわれが平和を模索して全力を尽くし、敵に動く余地を与えるため精一杯努力をしたと思うことだろう」と続いている。目的は相手が撤退することだった――この場合には、ソビエトがキューバから、アメリカがトルコからミサイルを撤退するという取引をすることだった。私は、ケネディーが過去から学ばなかったとしても、結果は同じだったと言いたい。しかしこの話を用いることでケネディーは自分の決定のありようを説明し、自分の行動に権威付けをしたのだ。

タックマンの「教訓」は大いに役立ったのか。タックマンの教訓が、敵に動く余地を残しておくことが大事ということであれば、そう思うかもしれない。だが、教訓は陳腐なものだと言わざるを得ない。今では、交渉に臨む者がこの原則を持ち出すことはまずない。さらに言うと、こんなわずかな知恵を伝えるのに歴史の教訓という権威が必要になるとは思えない。民事訴訟を専門にする法律家だったら、キューバ危機を知らなくても、タックマンの『八月の砲声』を知らなくても、こうした戦術をきちんと説けるものだ。もっと言うと、歴史を学ぶ学生の多くが、タックマンの本をキューバ危機の解決の鍵だったとか、この本が当時の教訓の一つだとは思わない。真実は、よく言われるように、私たちは「変わってい く」ということだ。一九六〇年代でも、冷戦やいかにして核戦争を回避するかということについて、アメリカ人は頭のなかに明確な考えを持っていた。それは、今日の私たちが考えているものとは別の考えだ。ベトナム反戦運動が、アメリカ合衆国で大きな力を持った六十年代初め、民衆に色目を使い、不器用で、下手を打つ政治家は、タックマンにはうってつけのターゲットに見えた。今日の私たちは冷戦をまったく違う角度から見ることが多い。今日では、アメリカの政治家はソビエトの意図を鋭い感覚でつかんでいる。したがって、キューバ危機の結果については、アメリカ大統領がソビエトの首脳の前に立ちはだかったからだとは思わない。今、私たちは一九六二年には入手できなかった情報を持っている。それをもとに、さまざまな失敗もあったが、アメリカ大統領のケネディーとソビエト首相ニキータ・フルシチョフ、キューバの独裁者フィデル・カストロとの間に複雑な相互作用があったことを私たちは理解している。物事を公正に見ることのできるタックマン自身、六十年代に書いた作品は半世紀経てば、現実にそぐわなくなることを理解していたように思える。何年もあとにタックマンは、「歴史とは、型にはめ込もうとしてもすり抜けるものだ」と著している。タックマンは細心の注意を払い、「歴史の教訓」

を定義しないようにした。「予想する」ことは人間の能力をはるかに超えたことで、「予断」によって歴史に登場する人物のことを正しく理解できなくなると強調した。

一九六〇年代以後、歴史学者だけでなく一般の人々も第一次世界大戦やキューバ危機に対する解釈が変化した。歴史研究が進み新しい証拠が発見されるたびにこれらの出来事についての理解が深まり、新たな見方が生まれている。いずれにしても、歴史学者は誤った考え方をしなくなった。たとえばハロルド・エバンズは一九一四年の第一次世界大戦のはじまりについて、次のように著している。「深く根を下ろした文化、愛国主義と妄想、歴史と民衆の記憶に沈殿しているもの、野望と陰謀の複雑な相互作用」のなかで、意思決定を行った当時の人々の世代全体を縛っていたものの考え方を検証する時代になった、と。

こう考えると、歴史から教訓を取り出して現代に当てはめて考えるとき大きな障害となるのは、歴史の舞台に登場して配役を演じる俳優が、現在ステージ上に立って演じている俳優と同じではないし、将来演じる俳優ともまた違っている、ということだ。世界の見方は変わり、文化は違った作用をする。指導者は新たな課題に取り組まなければならない。状況は似ていても、同じ結果に落ち着くことなどない。歴史学者のアーネスト・メイは、アメリカの外交政策に教訓を用いることについて書いた本のなかで、この点を指摘した。十八世紀において、現在執るべき政策のために過去を援用する人々は、人間の性質が不変のものだと考えていた、とメイは論じた。だが、人間の性質に変化が生じたのだ。そのため、過去の人物の行動から多くのことを学べるのかどうか、思想家は確信が持てなくなった。「進化や文化相対主義といったものの概念の影響を受けて以降、人々はギリシャ人やローマ人、サクソン人、そして現在の外国人についても、行動の模範とすることに不安になっている。教育が変化し、エリート階級はますます多様な分野で構成されるようになっている。その結果、政治家は、自分たちの記憶の域を超えた出来事や経験に言及することに躊躇するようになっている」。そのため、過去の人々の心理・精神を学んでいる学生は、歴史学の基盤が崩れ、教訓が機能しなくなったと私たちに注意を促すこともある。というのは、フランス革命時代の人々が特殊な状況下で何らかの反応をしたとしても、現代人が同じ反応に出るとは限らないからだ。そのため、一七八九年、一九一四年、一九六二年の人々の行動をもとにして、二〇一五年の教訓を取り出すなどということは、かなり至難の技であり、もちろん、きわめて危険なことである。

　イギリスにかつてＡ・Ｊ・Ｐ・テイラーという歴史学者がいた。テイラーは、いたずらっぽいやり方で歴史の教訓の問題に取り組んでいた。作家のアダム・シスマンはこの偉大なあまのじゃくを研究し、伝記まで書いている。生まれついての学界のトラブルメーカーであるテイラーから、一九六〇年代に国際関係史を研究していた私たちは大いに影響を受けた。テイラーは当時、オックスフォード大学を代表する歴史学者の一人だった。論争好きな一面があり、大衆紙に連載していただけでなく、創生期のテレビ番組のレギュラーとしても出演し、さまざまな歴史のテーマについてメモを持たずに有名な講義を行い、アカデミックな世界に革命を吹き込んでいた。あるとき、「何のために研究するのですか」と、一人の学生が歴史の教訓についてこの大人物に質問した。「面白いからです」とテイラーは答えた。いかにもテイラーらしい答えだった。「歴史は素晴らしい。詩を書き、固定資産の研究をし、サッカーをするのと同じ理由で人は歴史を書く——創造の喜びを味わうためだ。音楽を聴き、クリケットを見るのと同じ理由で人は歴史を読む——鑑賞する喜びを味わうためだ」。テイラーは不遜な意趣返しを好んだ。だが、これもテイラーらしく、質問者に重要な、考えるべきことを示した。「歴史学者がこのしっかりした土台をなくし、歴史にはメッセージがある、歴史には（良きマルクス主義者、良き帝国主義者、良き市民をつくるといった）『社会的な責任』があるなどと言い始めると、検閲とある種の定められた掟、すなわちOGPUとゲシュタポから論理的に逃れる道がなくなる」と。あるとき、テイラーは次のように述べたことがある。「彼は政治家になるには危険だと考えてしまいたくなるタイプの人物、すなわち歴史研究者だった」。「彼」とは、外国政策にかかわるある有名人のことだ。「歴史を学んだ多くの人々と同様、彼は過去の過ちから新しい過ちを犯す方法を学んだ」と指摘した。

何十年後に、イギリスの研究者で軍事史を専門とするマイケル・ハワードは、オックスフォード大学で歴史の教訓について同様のことを話した。テイラーの場合と比べると、ずっと学術的で公式な場面でのことだ。一九八一年三月、国王ジョージ一世が一七二四年に授与した由緒ある近代史欽定教授に就任したのを記念して、ハワードは講義を行った。聴衆にはオックスフォード大学の副総長と大学の研究員も参加していた。誰も、ハワードが何を話すのか前もって正確に聞いていなかったが、少なくともジョージ一世のことではないと思っていた。一七二四年に、ジョージ一世が近代史欽定教授を創設したときには、少なくとも近代史と近代の言語の知識に熟達し「冷静に話ができて、慎み深い態度」の聖職禄所有者が選ばれることを望んでいたことだろう。その聖職者が、教会と国家に奉仕する若者を養成していくのだ。この任務に最もかなっているのは歴史学だと国王は考えた。歴史を教えることを通して、欽定教授が普遍的と思われる価値をあまねく広めることに奉仕させた。

しかし、ハワードは国王の意図したような人物ではなかった。近代の大学が資金提供者のご機嫌をとるのに躍起になっていること、特にこの特殊なケースでは、創設者が特殊な「ふさわしさ」を求めていることについて、じっと我慢して、口を閉ざしていられるような人物ではなかったのだ（一九八一年の時点で、ハワードの資金提供者は、すでに他界しており、貰った資金をどう使おうと訴訟を起こしたり抗議したりすることなどあり得なかった）。かつて同じ欽定教授となったヒュー・トレヴァ＝ローパーのように、聖職禄所有者の仕事が、神秘的であるが理解不能の言葉を使って読者を手なずけたり、教授に訓練を施したりするものだとは、ハワードはまったく思っていなかった。むしろ、彼の任務は一般の人々に講義を行い、教育することだと考えていた。これまでの欽定教授は、権威を振りかざす人々に歴史の教訓を伝えることの危険性について、何とも考えていなかった。歴史は「判断を教育することに価値があったとしても、『教訓』は教えない。歴史を職業とする者は、医者がすぐに治す薬があると売り歩く仲間のことを疑うように、そんなことができると言う輩を疑うものだ。過去には無限の多様性があり、あらゆる出来事がつまっている。私たちは何とでも言えるし、逆のことも言える」とハワードは聴衆に述べた。まったくもって理路整然としていた。

さらに衝撃的だったのは、資金提供者を前にした、次のような発言だろう。「歴史」は「実際に起こったこと」で構成される、真実の具現化ではなく、「歴史は歴史学者が書いた作品で、歴史学者が書いているプロセスの一部だ」とハワードは述べた。新しい証拠は絶えず現れるし、さらにもっと重要なことは、歴史学者の気持ちが動くと、関心の対象も動くために「歴史」の形は変化する。だから、歴史は絶えず進化すると言われる。だからこそ、私たちは「現実に起こったこと」が最終的に定まることなどないと想定するし、そもそも、教訓の土台となる歴史も絶えず変化している。新しい見方が出てくるとそれに伴って歴史も変化し、一方で、その証拠に合わせて新たな疑問が登場し、新たな想像力が過去を理解するために求められる。歴史学者はこれらを熟知しているとハワードは示唆した。若い研究者が続くからだ。歴史学者にとって、自分たちが気に入っている理論と叙述を「修正する」のは時間の問題だけだ、というのは自明のことだ。一般の人々にはわかりにくいことだ、とハワードは示唆した。事実、この時間限定のアプローチは「一般の人々にとって、頭が混乱する」ものだ。一般の人は、とハワードは次のように続ける。

現在を説明し、未来に導くように過去の知識を使う賢明な教師を求める。では、どんな教師を見つけるのか。立派に整備された高速道路に忙しく穴を掘っている労働者だ。そこを通ろうとする気持ちを打ち砕くため、全力を尽くす労働者だ。路面の状態は一時的なものだと言うが、完成したらどうなるのか、道がどこまで続くのか、まったく何もわかっていない。結局、自分でリスクを負って進むしかない。

オックスフォード大学の先輩Ａ・Ｊ・Ｐ・テイラーとは異なり、一九八一年のマイケル・ハワードには大学の期待に応え、資金提供者を丸め込む心の準備があった——欽定教授として立派な態度だった。

ハワードは歴史学者の市民としての責任を認めた。だが、ジョージ一世だったらおそらく嘆かわしいと思うにちがいない言葉で、ハワードはその義務を切り捨てた。集団的価値観や社会的な願望は過去のなかから生まれたものだと理解し、それが未来の政策を形づくるものだと考えるハワードは、歴史学者の役割を一般の人々の体験知を守るものであるとした。そのため、特殊な目的や利益のために一般の人々の知識を混乱させるプロパガンダや、それを推進しようとする人々から歴史学を切り離して、安全なところに隔離した。人々が過去に誠実に向き合えるようにすることが歴史学者の務めだ。「私たちの職業人としての第一の責任は、究極的には、一般の歴史と学校の教科書の源泉で、テレビ画面を通して国中のあらゆる家庭に流れていく知識の泉を汚さないようにしておくことだ」とハワードは主張した。もちろん、ハワードがそれから三十年後に、このメッセージを伝えるとしたら、おそらく次のような警告も付け加えたにちがいない。「インターネットを通じて」と。だが、ハワードがあえて口にしなかったのは、歴史学者の予言能力が、時の経過に連れて改善されたことだった。「誰にでも言うことだが、歴史学者に未来を尋ねてはいけない。私たちはこの言葉の意味がよくわかる。起こると言っていることは、起こらないと同義だ」。

例のごとく、誰がオフィシャルな歴史を定義するのかという問題を国民議論のレベルにまで高めたのはフランス人だ。フランスは論争となる要素が至るところにあるのに、政府が特殊な歴史の記憶を市民の義務として教化しようとした――次のような言葉をときどき耳にすることがある。"Le devoir de la memoire"すなわち「記憶の義務」という言葉だ。こうした動きに反対する動きが起こるのもフランスだ。「記憶の義務」という考え方は、反人種差別主義と反排他主義および特にマイノリティーに対する攻撃を罰しようという努力から出現した。そして、一人ひとりが道徳的義務を負っているという考え方を所属する国家に拡げることによって、特に犠牲者たちの集団的記憶を薄れさせないようにするのだ。それによって、戦争のときのユダヤ人の迫害や虐殺など特別な悪事を行った経験を持つ集団が、正式な悔恨を表現し、国家の歴史のなかで見落とされていた過去を再発見することもよくある。これはかなり大きな賭けで、多くの社会集団が、自分たちの共同体の苦しみを目のあたりにすることになる。自分たちが過去に経験した苦しみを、国家の正式な機関が認めていたのだ。犠牲に賦された集団に所属しているというアイデンティティーを固める数々の努力を行うことと併せて、こうした集団に属する者が、自分たちが特殊な犠牲になったことを歴史の記録の一部として正式に成文化することで、共同体の目的を達成できるのだと思うこともある。

フランス政府は「記憶をめぐる法律」四法をつくった。これに対し、植民地主義や奴隷制、アルメニア人大虐殺、ホロコーストなどの問題に特殊な歴史認識を押し付けるだけでなく、「こうした犯罪を否定することなく、正当化し、矮小化する」のを違法とすることをめぐって、フランスでは対立が生じた。二〇〇五年、ホロコーストの犠牲者や生存者に対する誹謗中傷に罰則を求める「記憶諸法」に対して、知識人たちがLiberte pour L'histoire（「歴史の自由」）という協会を立ち上げた。フランスの歴史学者が何百人も協会に参加し、そのなかにはフランスで最も権威のある歴史学者も含まれていた（支援を求める国際的な呼びかけに呼応して、私も賛同者に加わった）。そして、この問題をめぐり、民衆の声を国家が決めるという原則や記憶諸法のなかにある歴史に対する特殊な解釈をめぐって、政府と研究者の間で活発な議論が行われたが、溝は深まる一方だった。このような立法は、歴史学者が独立した存在であるということに対する挑戦で、本来学者や歴史学者に判断を委ねるべき問題を政治問題化するものだと捉えられたのだ。二〇〇八年の「歴史の自由」宣言には、次のように書かれている。「自由な国においては、いかなる政治的権威も歴史の真実を定義する権利を有さず、歴史学者の自由を罰則をもって抑制する権利を有さない」。

「歴史の自由」の長を務める歴史学者ピエール・ノラは、議会好みの歴史を非難した。「歴史を犠牲者の観点だけから見て、読み直したり書き直したりする傾向」があり、「時代の変化を計算に入れず、もっぱら過去を現在の立場から捉え、道徳判断をする嘆かわしい傾向があるうえに、これが歴史を学んだり教えたりする第一目的となり、理由となっている」からだ。この論争のきっかけになったのは、オスマン帝国で行われたアルメニア人虐殺にジェノサイド的な性質があったことをフランス議会に認めさせようとしたことだった。結果的に、誰もが不満を感じざるを得なかったのだが、これらの問題は、フランスでは議会およびフランス高等行政裁判所の決定として、記憶諸法の制定を中止する形で決着がついた。下院は歴史問題に関して「決議」を通過させることができたが、罰則を科す法は通らなかった。

一連の論争を通して重要なのは、フランスではジェノサイドが法的にも認められなくなった、ということではない。歴史学者の地位を国家が侵害しようとしたと多くの人々が感じたことだ。

単純に言うと、議会の動機はどうであれ、記憶諸法はそれに反対する人々に対して、歴史の正統性を定義し特定の集団の苦しみを確認するために、大きな過ちを犯した歴史を利用しようとした、ということを示したのだ。歴史学者は通常、政治や司法手続きによって歴史解釈に国家が介入するのを好まない。ましてや、刑法を使って、過去の定義に介入するのは言うまでもないことだった――たとえそれが、ホロコーストの事実を認めない人々に対することを意図していたとしても、だ。歴史が常に解釈の対象となっていること、歴史の焦点は人々の問いかけに応じて変化するということを歴史学者は理解しているし、人々が受容している知恵を広めるのではなく、謎を解くことが役割だと捉えている――このような真理を教訓と呼ぶのは言うまでもないことだ。歴史学者は、自分の選んだ領域のなかでは自由に表現する。だから、歴史学者は公認された歴史を好まない。本当は対立する意見があるのにそれを隠し、政治上認められたとされている歴史や、真実を定義するため政府のお墨付きのついた歴史を好まないのだ。それだから、政府関係機関が、施策の方向を定めるに当たって過去の歴史を用いることに歴史学者は、神経を尖らせるのだ。

このような歴史の教訓にかかわる問題について、世代全体の空気を定義することを目的とした世論調査と、博愛主義団体が行った調査を見てみよう。二〇〇〇年紀が近づいた一九九六年、善意に基づく行為を国際的に広めようとする慈善団体が歴史の教訓に関心を持つようになった。その結果、野心的で確実に出費が嵩むプロジェクトが立ち上げられた――結果はつまらないものだったが。「二〇〇〇年」(その意味が何であるのかわからないが)を記念するために、未来志向のコンサルタントが集まって精力的なチームを結成し、ミレニアム・プロジェクトを創設した。その後三年かけて、国連大学や国連大学アメリカ評議会、スミソニアン博物館、健康と開発のコンサルティング会社をグローバルに展開するフューチャーズ・グループ・インターナショナルに所属する人々が、プロジェクトの可能性を追求した。ここで行われた考察から、プロジェクトの最初の趣意書にあった「未来主義者、研究者、ビジネスプランナー、国際組織、政府、企業、ＮＧＯ、大学で政策決定を行う人々からなる、独立した非営利の参加型未来研究シンクタンク」が誕生した。これは『未来の状態State of the Future』という題のついた大プロジェクトの一部だ。ミレニアム未来学の公約集で概要が示された「よりよい未来に向かう人類の展望」をさらに素晴らしいものにする、と謳っていた。あまりにも遠大で、あまりにも仰々しい話だった。一九九六年の報告書では、「歴史の教訓」の検証が行われた。この高尚なプロジェクトに参加した人々は、一九九八年にこのテーマを冊子の一章にまとめた。

独立非営利参加型未来研究シンクタンクは、サンタヤーナの言葉を少々捻じ曲げ「歴史の教訓が無視されれば、再びそれを繰り返す運命にある」というモットーを掲げ、「歴史の教訓とは何か」と問いかける。当プロジェクト研究の事務局は歴史の教訓を深く掘り下げて考察するために、調査を三段階に分け、百人の歴史学者の名前が並んだサンプルから、国が重ならないように二十四人の歴史学者を選び、どういうものが歴史の教訓と言えるのか、質問することから始めた。第一段階で、歴史学者たちは教訓を提示し、それに対する疑問も発議した。第二段階では、十六人の歴史学者が選抜され、彼らが出された教訓の有効性と未来に適合するかどうかを評価した。第三段階では、期待して待っていた「未来主義者」に最終的な言葉が提示された。

出てきた短い答えは不十分だった――そう言ってもよいと私は思う。結局、少なくとも私が知る限り、この特別な調査の結果が、日々歴史に向き合っている歴史研究者に、大きな感銘を抱かせなかったのだ。わかっている範囲のことだが、今日においてもミレニアム・プロジェクトは、いくつかの業績を残している。だが、歴史の教訓に労力をつぎ込むのをあきらめて、対象を他の分野に移していった。調査の第二段階では――冊子のなかでは、教訓ではなく「アイテム」という言葉を使い、その意図を薄めていた――他と比較して、「高度に歴史的有効性がある」あるいは「未来への適合性が高い」教訓をいくつか確認した。たとえば、「ある種の形態の戦争は続く」「大プロジェクトのなかには効果的でないものもある」「コミュニケーション能力は政治組織が生き残るうえで重要である」「政治体制は突然崩壊することがある」といったものだ。「歴史的有効性が高いと未来への適合性が低い」「伝染病は近代の進化上、重要な役割を演じた」というのもあった。ほとんどのものが空虚で、どうでもよいほど一般化し、歴史的有効性も未来への適合性もわからなくなるほどレベルを落としたものだった。「経済革新はある社会やグループに恩恵を与える可能性があるが、社会構造に否定的な影響を及ぼすこともある」「気候の変化は社会変化につながる」「人口が安定するのは不可能かもしれない」……。この冊子の執筆者が「目覚しい」発見であるとしたもののなかに、歴史学者と未来主義者との間に、核心にかかわる主張をめぐり「非常に大きな相違」がある、というものもあった。「歴史を未来の予言に用いることはできない」という主張を未来主義者は高く評価し、「極めて有用」と「ほぼいつも有用」の中間に据えた。だが、歴史学者はこの提案をあまり評価せず、「真偽はほぼ同じ」に近い、つまり平均と評価した。

私はこの発見から何をしたらよいのか、そもそもこの発見からできることがあるのか、ということに取り組んできた。私はまず、未来主義者に二セントを賭けたい。歴史学者が他の人たちより予知能力があるということにはっきり疑問を呈していることには共感する。歴史が未来を予言したことなど一度もお目にかかったことはないし、多くの歴史学者も同意してくれると思う――もちろん、他の問題に取り組んでいる仲間の判断などあまり信じたがらないものだ、ということは十分承知している。本書で言いたいことと最もかかわるのだが、この懐疑こそが教訓に影を落としているのだ。事態がどんな結果になるのか何も考えないような人は、他人にあれこれ指図できる立場にはない――ホロコーストの教訓としてこう言うことができる。重大な指示めいたことを他の人に助言するなど、もっての外だ。

ミレニアム・プロジェクトはよろめきながらも二〇〇〇年の年を越えて継続し、ウェブサイトで宣言した「何十億の人々に影響を及ぼす、厳しい貧困、飢餓、疾病を救うための……しっかりした行動計画」に発展した。二〇〇五年には国連事務総長コフィー・アナンに最終勧告を提出し、十あるテーマ別特別委員会に業務を振り分け、それぞれの委員会も勧告を行った（どれもホロコーストの歴史には関係がなかったと、とりあえず言っておく）。このプロジェクトが評価されることがあるのかどうか、あるいは、監査を受けるのは二〇〇六年末というだけのプロジェクトがその後も続くのかどうか、私にはわからない。わかっているのは、過去を研究する私たちが、この膨大なプロジェクトのもとでとられたこの種の政策事業をだんだん嫌いになった、ということだ。歴史学者の職業文化は、ミレニアム・プロジェクトで共働した人々とは違っている。この経緯を知ると、このプロジェクトから価値ある業績が出てくるかもしれないが、そこには、歴史学の諸問題を明確にするものはない、ということに同意するのではないだろうか。シンクタンクは歴史の使用について、満足のいく方法を見い出せなかった。歴史学者が行うもっとシンプルな仕事の方が、もっと生産的だと私は思う。歴史学者が歴史問題を理解し扱うために、どのようにグローバルな規模で努力を行っているのか理解してもらうために、次章ではホロコーストの歴史を明らかにしたい。

第３章　初期の教訓

ナチスのユダヤ人殺害を理解するのには時間がかかる――少なくともほとんどの人にとっては――し、世界中のどこにいても、犠牲者でも傍観者でも、戦争の破壊を経験してもしていなくても、時間がかかる。どこにいても、人々が断片をつなぎ合わせるのには時間がかかる。わかりきったことだが、教訓は自明のことのなかからしか引き出せない。戦争中に直接の標的となった人々でも、自分たちに何が起こったのかを把握するのは困難だ。被占領国やドイツ帝国内で日記をつけていた人々は、ユダヤ人の悲惨な状態を歴史的な文脈のなかで考えようと努めたこともあった。しかし、頭のなかで行った英雄的な行為は、現実の残酷な迫害、飢餓、虐殺のなかでほとんど機能しなかった。ヒトラー帝国の外では、小さな活動家のグループが、政府や耳を傾けようとした人々に対して、ドイツのユダヤ人に対する殺人攻撃はその概念と道徳的な意味合いにおいて先例を見ないものだと伝えようとした。だが、その声は小さく、ほとんど前に進めなかった。世界中で運動を展開していた人々も、社会と意思決定者に、私たちが今日「ホロコースト」と呼んでいるものが比類のない虐殺であるだけでなく、地球を揺るがす規模で起こった歴史上他に比べることができない出来事だと理解させることができなかった――異常事態だったということも。

戦争が終わり、公開された収容所の恐ろしい光景を見た西側世界の人々は驚愕した。しかし、ホロコーストを見て高まった感傷が収まったあとも、ポーランドではユダヤ人に対する新たな襲撃と殺人が発作のように繰り返されていた。なぜなら、一般の人も指導者たちも、ホロコーストがまだ解決していないということも、広範に行われた罪のない人々に対する攻撃の真の意味も、現実には理解していなかったからだ。ユダヤ人のことを後に理解するようになった人々でも、収容所のなかや東欧の戦場で明らかになったことをほとんど理解していなかった。たとえば私は、アメリカ合衆国軍の諜報員で予備役の大佐だった三十八歳のテルフォード・テイラーのことを考える。テイラーは一九四五年、ニュルンベルク国際軍事裁判で戦争犯罪の法律顧問の長に任命された。彼は十二のニュルンベルク軍事法廷を取り仕切り、アメリカの保護の下、最重要ケースについて判決を下した。テイラーは戦時中、ドイツに関する極秘の諜報任務につき、西欧の情報収集を行っていた。しかし、戦後、裁判の準備のために文書を調べ、目撃者から話を聞き取るまで、ホロコーストのことについて何も知らなかったと主張した。

一般的な話になるが、起こった出来事に意味を持たせようとした者たちは、ホロコーストの伝え方やこの恐るべき発見を一般の議論に付すことの難しさを思い知った。エリ・ヴィーゼルとプリーモ・レーヴィはホロコーストの記憶について最も重要な叙述をしたが、作品を出版すること自体、著しく困難だった。レーヴィは『これが人間か *Se questo e un uomo*（*If This Is a Man*）』の原稿を六度に渡って拒否された後、一九四七年になってようやく、ある出版社から出すことができた。この作品はアウシュヴィッツで過ごした十ヵ月を描写したもので、後にイタリア文学の傑作と認められることになる。この本は小さな編集版で出されたのだが、千五百部売れただけで、書評は出なかった。一九六六年になるとレーヴィの傑作は以前より理解されるようになったものの、売れ行きはよくなかった。フィレンツェではこの年に洪水があり、倉庫にあったオリジナル版六百冊は水浸しになり廃棄された。

ホロコーストについて書かれた先駆的な作品が人口に膾炙《かいしゃ》するのは、簡単なことではなかった。エリ・ヴィーゼルの経験を紐解くと、多くの人々に話を聞いてもらおうとして葛藤するユダヤ人生存者たちの複雑な経緯が明らかになる。ヴィーゼルは『夜 *Night*』という刺激的な本を出した。これは、ヴィーゼル自身のホロコースト経験談三部作の一つである。第一部はヴィーゼルがブーヘンヴァルトから解放されて十年以上経った一九五六年、ブエノスアイレスに拠点を置く出版社からポーランド系ユダヤ人シリーズの第百十七巻としてイディッシュ語で出版された。『世界は沈黙し続ける *Un di velt hot geshvign*』という題だった。ユダヤ人読者を対象にしたこの本は、イディッシュ語を使用した生存者文学の当時の慣習に合わせていた。そしてユダヤ人の裏切りにこだわり、名前や場所、詳細を正確に記すことに傾注していた。二年後、内容を一般受けするようなものにするため、第一部にあった怒りと復讐心の部分を削除し、著名なカトリック教徒でノーベル賞受賞者フランソワ・モーリヤックの力添えを得て、『夜』のフランス語版が出版された。この作品を翻訳した文学研究者ナオミ・シードマンは、ヴィーゼルはこの新作によって以前とまったく違う文学ジャンルに位置づけられることになった、と指摘している。『夜』の中心にあるのは、フランスの実存主義者の苦痛に関する論文のなかにうまく収まるような「神話詩的叙述」だった。若き日のラウル・ヒルバーグは、一九三九年にオーストリアからアメリカに逃れてきた難民で、違う種類の経験をしていた。一九四〇年代後半コロンビア大学でヨーロッパ・ユダヤ人の虐殺について博士論文を書いていたヒルバーグは、将来の師と決めていた左翼活動家であるドイツ系ユダヤ人のフランツ・ノイマン教授に落胆した。ノイマンはドイツ国家社会主義の指標となる研究書『ビヒモス』を著し、このテーマに取り組もうとする者など誰もいない、とヒルバーグは教わった。「君の未来は閉ざされた」とノイマンは言った。ヒルバーグは後に、ノイマンが閉鎖的な世界にいると感じた、と回想録に書いている。「ユダヤ人に対するドイツ人の暴虐ぶりを発掘し叙述しようとしたのは私だけだと思っている」、と。

歴史学者のなかには、ホロコースト生存者の聞き取り調査とそれを文書化して資料を収集した研究機関を創設するために並外れた努力をした人たちがいる。それにかかわった一人ひとりは、歴史の訓練を受けることもなく、歴史を職業とするわけでもないことが多い。しかし、なかにはたとえばリガのゲットーが解体するなかで殺害されたユダヤ人歴史学者サイモン・デュブノーがいる。彼が亡くなるときに持っていた願い——「書くことと記録すること」（イディッシュ語では shreibt un fashreibt）を成就するために行う集団的な取り組みの一環として、この大義を取り上げた。だが、この努力はユダヤ人の世界を超えて広がることはなかった。また、ユダヤ人の間でも、起こったことの意義を完全に理解することを嫌がったり、それすらできなかったりすることもあったのだ。

歴史学者が戦後、ホロコーストに無自覚だったのは、罪の意識と関係している場合もある。ヨーロッパ人は、自分たちが罪を犯した、あるいは罪を犯す可能性があったと考え、その結果自らの責任を隠すため、ユダヤ人の犠牲について持っている記憶に蓋をした。彼らは都合よく近い過去を「忘れた」のだ。人によっては、ホロコーストは間違いなく真実だった。だが、多くの場合、あるいはさらにたちが悪いのだが、普遍的な説明として捉えると、この議論には説得力がないと思う。忘れるのであれば、人は最初に何らかの意識を持つはずだ。人は忘れたものに何らかの意識を持つはずだ。だが、戦争中の人々の考えを検証すると、ユダヤ人の運命に対する無関心の度合いがいかに強かったかがわかる。ロバート・パクストンと私の調査によってわかった戦時中のフランスに関することが、他国にも当てはまると私は思う。人々は知りたくなかったから、ユダヤ人に起こったことの多くを知らなかったのだ。現在の私たちは当たり前に考えていることだが、当時は、多少の関心が払われたとしても、ナチスがユダヤ人を襲撃したという顕著な事実の周囲にある分野に対する意識が欠如していた。さらに言うと、この無関心――時には敵意さえある――は戦争が終わったあとまで続いた。世論調査によると、戦争が終わった直後、ヨーロッパと北米の両方にかなり強い反ユダヤ感情が存在することがわかっている。

なぜ多くの人々がユダヤ人の犠牲について、ことさらに考えようとしないのか。それについて一番しっくりとくる説明は、多くの人々が特にそれを重要だと考えなかったことに帰着するのではないかと私は思う。ユダヤ人の経験した悲劇だけではない。西洋人は他の殺人の事実についても同じように背を向けた。戦後、千二百万人あまりのドイツ人が東欧諸国から西側に追放されたが、その過程で百万人あまりが死亡した。しかし、当時の人々はそのことに無関心で、歴史的に記録しようとはしなかった。歴史学者のアロン・コンフィーノが言うように、「言い逃れは正常な形態」なのだ。ユダヤ人も、私たちが現在ホロコーストと呼ぶものについて沈黙を続けた。家族以外の者に、自分たちが犠牲になったことについて話すのを嫌がるユダヤ人が多かった。この問題に関心が集まると、このエスニック集団は特殊だという考え――自分たちはそう思ってもいないのに――を広めてしまうことを恐れたからだ。「私たちは皆苦しんだ」と皆が言った。それになじんできた。特に、かつて占領下にあった国々の人の間ではそうだ。

しかしこの発想は、自分たちこそより苦しい目に遭ったと主張すること、あるいはさらに悪い表現になるが、近隣諸国の人々を非難することは、本当に犠牲となった人々の立場を悪くすることにしかならない。第二次世界大戦はユダヤ人に関する戦争と考えられていないことを、こうした戦争の見方は近年になってから形成されたものだと思い込んでいる人々に、改めて思い起こさせる必要がある。今日、私たちはこうした無関心に出会い衝撃を受けることもある——「二十世紀前半のヨーロッパの道徳的状態が非常によくなかったことを示す兆候だ」と歴史学者のトニー・ジャットは言う。「だが、私たちがこうした無関心を無視して、他のヨーロッパ人の多くがユダヤ人の経験したような形で——鏖戦、すなわち絶滅戦争という形で——第二次世界大戦を経験したと想定するならば、私たちは間違った記憶の新たな層を付け加えることになる」。「今から考えてみると、『アウシュヴィッツ』は第二次世界大戦について知っておかなければならない最重要事項だ。だが、当時はそうとは考えられなかったのだ」。

意外なことに、こうした無関心は戦後深く定着していた。フランスの歴史学者アネット・ヴィヴィオルカは、ホロコースト生存者が何らかの集団的なアイデンティティーをつくることを考えていなかったと、次のように述べている。「ホロコーストの直後、どの社会においても一つの集団として生存者たちが登場することはなかった。すでにつくられていたユダヤ人生存者の団体は単純な社交の場であったり、相互扶助のためにつくられていて、外に向かって自分たちが受けた惨苦を公にしようという気持ちなど持っていなかった。自分たちの記憶を一般の人々に知ってもらおうとするようなことはまずしなかったし、ほとんどうまくいかなかった」。

生存者たちは自分たちの経験を家族や特殊な共同体のなかだけで伝え合うことはよくあった。だが、こうした記憶は、現在では文化的にも重視されているが、迫害や大量殺人といった議題のテーマとして扱われることはなかった。生存者達の記憶は地方紙には掲載されたが、それは、消えてしまった時間と場所に対して敬意を払うためのものだった。それ以外の世界では、関心がないまま時が過ぎた。一九七〇年になり、歴史学者のカール・シュルーンズがヨーロッパ・ユダヤ人の殺害について重要な本を出版した。『アウシュヴィッツへの曲がりくねった道 *The Twisted Road to Auschwitz*』だ。シュルーンズの講義を聞いたことがある。彼は、この本を出版したときでも、ホロコーストについて人々がほとんど理解していなかったと振り返った。聴衆にわかりやすく伝えるため、シュルーンズはこう説明した。シカゴのある本屋で、出したばかりの自分の本を探そうとしたが見つからなかった。結局、旅行ガイドの本に紛れているのをようやく見つけた。アウシュヴィッツもホロコーストも、一九七〇年ではまだ歴史の重要な出来事とは考えられていなかったのだ。

東ヨーロッパでは多くの人々が、ユダヤ人の経験と比べればひどいものではなかったと認めながらも、自分たちも虐殺の犠牲者であると考えていた。そのため、ホロコーストへの無関心は共産党のイデオロギーと政治的な優先順序が絡み、西側以上に長く続いた。特にユダヤ人の虐殺については、何が起きたのかを記録できなかった。トニー・ジャットは特にこのことを鋭く突いている。

一方で、一九四五年以後の東ヨーロッパには、西ヨーロッパ以上に記憶すべきこと――そして忘れなければならないことを抱えていた。東ヨーロッパには西ヨーロッパよりユダヤ人が数多くいて、その多くが殺された。多くの殺害がこの地域で行われ、多くの地元民がそれに積極的に関与した。

それにもかかわらず、東ヨーロッパの戦後の体制はホロコーストに対する人々の記憶すべてを消去しようと、西側よりもはるかに大きな配慮をした。東ヨーロッパにおける戦争の惨事と犯罪が小さかったわけではない。政府が聞こえのよい言葉を繰り返し並べ立て、あらゆる記憶と教科書を書き換えて飾り立てたのだ。ユダヤ人の話はその一部には入れなかった。

このように記憶が欠落してしまった背景には、深く根ざした反ユダヤ感情と、地方にある反ユダヤ主義の伝統があった。そのため、この地域の戦時中の歴史からユダヤ人が取り除かれてしまったにもかかわらず、それに異を唱える声は上がらなかった。他の事について、たとえばソビエトによる支配をめぐって反対の声は出たが、ユダヤ人の経験はそれとは違っていたのだ。

今の私たちからすると注目すべき理由で、戦時中のユダヤ人大量虐殺が話題になることもあった。しかし、第二次世界大戦の末期あるいは戦争直後には、人々はユダヤ人の虐殺についてそれほど考えることはなかった。ソ連圏を出ると、共通性ははるかに少なかった。だが、西側でも、評論家が戦時中の虐殺について述べることはあっても、ユダヤ人が経験したことをほとんど何も理解していなかった。ユダヤ人の虐殺を、罪のない一般の人々やマイノリティーが犠牲になる話とはまったく異なる問題として取り上げることはまずなかった。また愛国感情から、人々が共有した戦時中の試練の方を強調することもあった。殺害されたユダヤ人が「意見を異にする人々」と同じだと考えたり、迫害を人々が漠然と思うイメージと結びつけて捉えたりすることもあった。ユダヤ人の移送（deport）とは、通常は直接ガス室に送り込むことを意味するのだが、強制労働に移送（deport）された人々について行う議論と一緒になった。フランスでは、「被追放者（deporte）」という分類があるが、ガス室送りにも強制労働にも使われており、特に区別されていない。それは今日でも変わらない。ホロコーストの犠牲者が「morts pour la patrie」――すなわち「祖国のために命を捧げた」と言われることもある。戦争中の虐殺が無視され、間違った意味に捉えられている。

ドイツが言う「ユダヤ人問題」の「最終解決」の時間と場所について、鈍感になっている場合がよくある。ドイツに協力した国および政府の役割も、一般に誤解されている。ブーヘンヴァルト、ダッハウ、ベルゲン・ベルゼンといったドイツの強制収容所が、ビルケナウ、トレブリンカ、ソビブルといった東方の死の工場と一緒にされるのはよくあることだ。歴史学者のハジア・ディナーの作品から学んだことだが、アメリカにいるユダヤ人は、ヨーロッパ・ユダヤ人に対する大虐殺について思いを馳せたが、広くアメリカ社会を見渡すと、大部分の人々はそんなことはしなかった。歴史学者は当時、ヨーロッパ・ユダヤ人の虐殺を叙述するのに「ホロコースト」という言葉を用いることもあったが、一般用語とはなっていなかった。その頃この言葉は歴史上に定義されていなかった。実際、イスラエル以外では、起こった事実をどう表現するか決まっていなかった。一九六一年に出版されたラウル・ヒルバーグのホロコーストに関する大作は、このテーマを概観した先駆的な内容だが、題は『ヨーロッパ・ユダヤ人の絶滅 *The Destruction of the European Jews*』だった。当時、「ホロコースト」はまだ一般的な言葉ではなかったのだ。

したがってその頃私のような学生が、大学で近代ヨーロッパ史や第二次世界大戦を研究しようと思っても、ホロコーストとは何の接点も持ち得なかった。実際のところ、私が学んだ他の歴史と共通する基盤は何もなかった。私が学部生だった一九六〇年代初頭に、歴史学者が激しく対立している歴史論争があることを知った。胸の躍る発見だった。歴史は「解釈」の問題だということ、実際に歴史に携わっている人たちの意見が分かれているということ——イギリスの学問の伝統では、素晴らしく分かれている——に突然気づいたのだ。私はドイツ語でいう"kriegsschuldfrage"すなわち第一次世界大戦の原因について歴史学者が行った既成概念に対する挑戦と、「ジェントリ論争」——近代初期、イギリス市民革命の頃の中間的な地主の役割をめぐって行われた、エレガントで活気に満ちた論争——に関する本を何時間も読み漁った。また、フランス革命の原因と一九四〇年のドイツによるフランス第三共和制の崩壊について説明する論争的な作品もむさぼるように読んだ。D・C・ヒース社が思い切って出版したシリーズ「ヨーロッパ文明の諸問題」は、白表紙に緑の文字で題が書かれており（原書は白地に赤文字だった）、こうしたテーマについて書かれた大作を選び、議論を論文集としてまとめたものだった。私が読んだ最初のものは、中世初期の有名な「ピレンヌ・テーゼ」に関する論文や「インノセント三世——教皇それとも世界の支配者？」「ヴェルサイユ条約の策定——失敗に終わる運命にあったのか？」といった、いかにも論争にふさわしい論文だった。学部生からすると、ヒース社が出すシリーズの各テーマは、それが議論に値すると有能な歴史研究者が考えている証だった。しかし、私が学部生の間に、ホロコーストがヒース社のシリーズに入ることはなかった。それはもちろん、当時は「ホロコースト」が一般的に、研究者の認識の対象にさえ入っていなかったからだ。

この状況は当時、ドイツ全般の歴史、特に第三帝国の歴史をどう位置づけるか確立していなかったことにもよるが、それだけではなかった。学生だった私は、ウィリアム・L・シャイラーのベストセラーで驚異的な影響力のあった『第三帝国の興亡 *The Rise and Fall of the Third Reich*』を読んだ。この本は一九六〇年に初版が出たが、黒いカバーに大きな白の鍵十字を鮮やかに描いた装幀で、一目見ただけで衝撃があった。しかしこれだけ広く読まれたこの本にも、ヨーロッパ・ユダヤ人のことはほとんど記述がなかった。トロント大学で私は、かつて歴史学部にいた研究者の手によるドイツ史の教科書を読んだこともあるが、やはり、ユダヤ人迫害の事実は無視されていた。数年後に移ったバークレー校では、「アイデンティティー・ポリティクス」なるものが現れ、ドイツと戦時中のヨーロッパに関係のある教授が何人かいたが、ホロコーストを叙述する本はなかったし、私や仲間たちが研究していたホロコーストに関して、幅広く話題になることもなかった。当時すでに教授の地位についており、その後私の同僚となった人々のなかには、カナダ軍に入って戦争に関与した教授もいた。そのうちの一人、チャールズ・P・ステイシーは少々気難しいところがあるものの、気のよいランチ仲間だった。彼は戦時中のカナダ軍の歴史について公式の歴史を書く仕事に深く関与していた。ステイシーを初めて知ったとき、彼はすでにカナダを代表する軍事史専門の歴史学者だった。だが、ステイシーがユダヤ人について何か書いたことは記憶にない。私たちがこの問題について議論しなかったのは確かだ――何といっても、ステイシーにこのテーマを切り出そうとは思わなかったのだ。

それでも、六十年代にはホロコーストに関する意識が生まれ始めていた。このテーマについて教えてくれた作品を、私はわずかだが思い出すことができる。歴史学部の仲間の学生は、ハンナ・アーレントの『全体主義の起源 *The Origins of Totalitarianism*』を必読書と考えていた。しかし、この本は難しくて私には釣り合わず、描写に癖があり、信頼できる歴史叙述がなかった。アーレントはアウシュヴィッツのことは書いているが、時の経過のなかで触れているだけで（「ブーヘンヴァルトとアウシュヴィッツの恐怖」のことを記している）、「最終解決」や他のホロコーストの歴史についてはまったく論じていなかった。ホロコーストと関連があるのは――そして実際に結びつけて書いたのは――長々と論じた反ユダヤ主義、「収容所」「個人としての存在の抹殺」「人種差別という悪」の出現についてだった。すべてがアーレントの全体主義の物語の一部として理解するよう意図した構成で、ヨーロッパ・ユダヤ人の運命のことは範疇になかった。私は六十年代、エリ・ヴィーゼルの『夜』と、一九六八年に英語版の第二版が出て間もない頃、プリーモ・レーヴィの『アウシュヴィッツは終わらない *Survival in Auschwitz*』を読んだ。一九六〇年代半ば、パリで学んでいたとき、フランスのユダヤ人生存者アンドレ・シュワル＝バルの作品にも出会った。シュワル＝バルは一九五九年、ユダヤ人一家の迫害と戦時中の犠牲について書いた小説『正義の最後 *Le dernier des justes*』で賞を受賞した。これをきっかけに、多くの人がホロコーストに関心を寄せるようになった。ジャン＝フランソワ・ステーネルによる、収容所での反抗を扱った『トレブリンカ *Treblinka*』のことも憶えている。人目を引く、一部ところどころ虚構を交えた小説だった。この本をめぐって論争の嵐が起こり、私はそれを追った。ユダヤ人の絶滅過程で、共謀するユダヤ人がいた――それは後年、当時はコロンビア大学の歴史学者だったサミュエル・モインが研究論文のテーマとした問題だ――ことを論じる内容だった。一九六七年、サイモン・アンド・シュスター社が『トレブリンカ』の英語版を出版した。同年、アメリカのラジオ局のプロデューサーである、アーサー・モーズが『六百万人が殺されていた頃 *While Six Million Died*』を完成させた。この本はアメリカ合衆国が戦前、戦中のユダヤ人難民を受け入れなかったことをテーマにしていた。本の広告には、「アメリカ史の最も恥ずべき部分を隠蔽した」という宣伝文句がついていた。

ヒルバーグの大著『ヨーロッパ・ユダヤ人の絶滅』を別にすると、アーレントの『イェルサレムのアイヒマン *Eichmann in Jerusalem*』はホロコーストを考えるうえで、避けて通ることができない作品だ。アイヒマン裁判直後に「ニューヨーカー」誌の連載記事として発表され、一九六五年にバイキング社からペーパーバック版に編集し直して出版された（私の持っている本には、価格一ドル六十五セントと書いてある。時が経ったということがはっきり表れている）。アイヒマン裁判と、特に一九六三年のフランクフルト・アウシュヴィッツ裁判などドイツで行われた一連の裁判は世界に知れ渡り、戦時中に行われた歴史から抹消することのできないヨーロッパ・ユダヤ人の殺害について、人々の意識を高める力となった。『イェルサレムのアイヒマン』と、この本が出たことで起こった論争は、人々の意識を喚起するうえでは大いに役立った。この本でアーレントは、アイヒマン裁判を純粋に正義にかかわる問題とて捉えるのではなく、この裁判がシオニストのプロパガンダとして都合のよい道具として用られることを糾弾したものであったのだが。

アーレントの本がなぜ重要だったのか。『イェルサレムのアイヒマン』は、歴史学の技法を尽くして書かれた本ではない。むしろ確実に、その反対だ。この本が熱い論争を引き起こしたのは、一九六〇年代、歴史学を学んでいる研究者に生の材料を提供したことと、広く聴衆に訴えることで、ヨーロッパ・ユダヤ人の殺害――当時の歴史の核心部分で熱い議論が行われていたユダヤ人問題――と結びつけたからだった。『イェルサレムのアイヒマン』は、たとえば、ナチスの殺害計画の規模やシオニストの活動家ルドルフ・カストナーの役割、ハンガリーで行われたカストナーが行った救出活動、ゲットーの形成、ユダヤ人評議会（Judenrate）、戦後の正義といった多くの話題を広範囲に明らかにした。アーレントの怒りは行間から香り立ち、多くの若者を魅了した。それは、バークレー校の学生デモに参加した学生たちにとっては新鮮で、かつ心を抉るようなものだったのだ。アーレントは、西欧諸国ですでに自分の立ち位置を確立しているユダヤ人評論家たちの立場をさらに悪くしたことなど我関せずだった。「『イェルサレムのアイヒマン』は、アーレントの作品のなかでは最高傑作だ。痛みを伴う話題に正面から対峙し、権威付けされた陳腐な決まり文句に異を唱え、批判した人々だけでなく同調者にも議論を焚きつけた。特に、人々がこれまで受け入れていた安易な平穏をかき回した（傍点訳者、イタリックは原文のまま）のだ」と私よりたった三歳年下なのだが、情熱家のトニー・ジャットは述べた。これはアーレントに対して肯定的な見方だった。だが、反対する人々にとって、アーレントの仮定は我慢ならないものだった。ドイツ生まれのイスラエルの哲学者であり、ヘブライ大学エルサレム校でユダヤ神秘主義の歴史を研究していたゲルショム・ショーレムは、かつて賞賛していたアーレントを鼻であしらった。「ハンナ・アーレントは社会主義者で、思想の半分が共産主義者だった頃を知っているし、シオニストだった頃を知っている」と。ショーレムは、ヴァルター・ベンヤミンやレオ・シュトラウスと親しかった。ショーレムはヒトラーが首相になる前にベルリンにいたアーレントを知っていた。アーレントのことを「かつて深くかかわっていた運動のことを、何光年も離れた極度に高いところから見て話ができる能力があることにびっくり仰天した」と評価したこともある。このように捉えた人々がいるということは、かつてアーレントが問題提起し戦っていたときに、それに関心を寄せていた人々はほとんど中立的でなかった、ということだ。

アーレントはこのテーマについて、これまで受け入れられていた概念に挑み、アーレントらしい辛辣な言葉を使って、広く社会に議論を提起した。そのため、アーレントは冷徹で感情がないと評されることが多かった。「極悪非道のナチスというこれまでの概念の代わりに、『凡庸な』ナチスというイメージをアーレントはわれわれに示している。高潔なユダヤ人という概念の代わりに、悪の共犯者というイメージをわれわれに示している。有罪と無罪を対峙させる代わりに犯罪者と被害者の『協力』というイメージをわれわれに示している」――ノーマン・ポドレッツは「コメンタリー」誌でこう批判した。この裁判を通して高い評判を得たイスラエルの検事ギデオン・ハウスナーが、アイヒマンのことを何世紀にもわたりユダヤ人の歴史にダメージを与えてきた反ユダヤ主義を体現する者と捉えていると述べ、そしてハウスナーは「典型的ガリツィア・ユダヤ人」だとアーレントを痛罵した。ハウスナーの主張は「間違った歴史に基づいており、安っぽいレトリックを使っている」とアーレントは述べた。真の問題は、多くの中間層、すなわち、アイヒマンのように思考力のない官僚が、ナチ体制を動かしていたということであり、彼らが近代の全体主義体制に奉仕していた、ということにあった。アーレントはアイヒマンの考えを、極悪非道の悪意ある反ユダヤ主義イデオローグだとして切り捨てた。アーレントの見解――後世の歴史学者は受け入れ難い考え方だと付け加えたいが――によれば、アイヒマンは言った、「凡庸な」人物で、権力に目が眩み、出世欲があり、自分の行為の間違いを理解できなかった、ということになる。最後にアーレントは、ヨーロッパ中の「ユダヤ人問題」の「最終解決」のためにドイツ人が利用したユダヤ人行政官に次のような烙印を押した。すなわち、同胞を取り締まり、搾取し、一斉検挙し、移送して死に追いやったドイツの悪魔のプランを可能にした人々だ、と。これは「全体の暗い物語のなかで、最も暗澹たる一章となっている」とアーレントは挑発的に書き起こし、「品位のあるヨーロッパ社会にナチスが引き起こした道徳的崩壊の全体性が、ドイツだけでなくほとんどすべての国に、迫害する側だけでなく犠牲者側にもあること」を描き出した。

ホロコーストの歴史を意識し、関心を持っていた学生たちは、アーレントの思考を真剣に検討した。真剣過ぎるほどだったと言えると今では思っているが、アーレントが俎上に載せた問題が、トロント大学とバークレー校のホロコーストに関する正規の教育ではまったく欠けている、と感じたのは私だけではなかったのは間違いない。アーレントを批判的に捉えた人々——多くが批判的だったのだが——のなかには、現代のユダヤ人問題について最も積極的に発言している作家たちが含まれていた（ホロコーストの専門家は当時ほとんどいなかった）。ライオネル・エイベル、オスカー・ハンドリン、ノーマン・ポドレッツ、マリー・シルキンらだ。アーレントにはユダヤ民族に対する愛情（ahavat yisrael）が欠落していると非難したゲルショム・ショーレムと、アーレントは激しい公開書簡のやりとりを行った。そのなかでアーレントは、どの民族に対しても愛情など持っていないと回答した。愛情は友人に対して持つだけだと断言した。イスラエル人の迫害について助言した、ニューヨークに活動拠点を置くリトアニア生まれのユダヤ人官僚ジェイコブ・ロビンソンは、アーレントの間違いをテーマにして、『歪んだものを平らに *And the Crooked Shall Be Made Straight*』を出版した。題名はイザヤ書からとった一節だ。気質的にも、受けた教育からも、法律にこだわり形式を重んじたロビンソンは、アーレントの作品のなかに事実関係の誤りを数多く見つけた。しかしロビンソンはアーレントにまったく太刀打ちができず、論争を進めることができなかった。一九六〇年代半ばの三年間、激しい論争が行われ、その議論の多くが本になった。

これらがすべて、ホロコーストの歴史について無知だった私のような者にとっては、糧となった。イスラエルの外にいるユダヤ人にとって、アーレントの本に関連する裁判と論争は「がんじがらめになって一体化した」問題に発展したと、歴史学者のイディス・ゼルタは述べている。今日でも、デボラ・リプスタット教授がアイヒマン裁判について著しているように、この裁判のことをアーレントの分析から切り離して考えるのは難しい。このテーマは現在のユダヤ人が自己を定義するうえで重要であるばかりか、近代史の空白を埋め、理解するうえで決定的に重要な問題になっている、ということに私は気づいた。

一九六〇年代当時、公民権や人種差別を含めたあらゆる差別に対して多くの人々が強い関心を持っていた。振り返ると、ジェーン・ジェイコブズ、シーモア・マーチン・リプセット、ネイサン・グレーザーといった社会学にかかわる人々が取り組んだテーマもまた、人々の関心の的だった。社会学者が書いた作品が、ユダヤ人の同化や他のマイノリティー集団の抑圧の影響について調査を始めるうえで役立った――わずかな前進ではあるが、これまで取り組んで来た反ユダヤ主義およびユダヤ人とナチズムとの相互作用という研究から、ユダヤ人が犠牲者となった出来事について取り組むことができた。私のことについて言えば、一九六八年に書いた博士論文のテーマは、こうした社会学者の文献を引用してドレフュス事件当時のフランス系ユダヤ人の同化について検証するものだった。それは、アーレントやプルーストの『失われた時を求めて』を読んだことが土台にあったからだ。『失われた時を求めて』は近代のアイデンティティーと社会文化的成層の構成を文学的に検証した作品の一つである。こうした経験を通して私のホロコーストの犠牲者に対する関心は高まった――エリ・ヴィーゼルやプリーモ・レーヴィといった回想文学だけでなく、先駆的な概説書の数々を読んだのだ。

こうした作品のなかで私にとって一番重要だったのは、アイザイア・トランクの大著『ユダヤ人評議会 *Judenrat*』だった。ドイツは東ヨーロッパのゲットーでユダヤ人評議会を組織させた。それを研究した優れた作品である。ポーランド系ユダヤ人の歴史学者サミュエル・カッソーはトランクを戦前のポーランド・ユダヤ人の学者のなかで最も卓越した人物であると評している。トランクはナチスを逃れソ連に逃亡し、後にポーランド、イスラエル、イスラエルのキブツ・ロハメイ・ハゲタット（ゲットー・ファイターズ・キブツ）、カルガリ、アルバータを転々とし、最後にニューヨークに落ち着いた。ニューヨークでトランクは、ユダヤ研究機関すなわちＹＩＶＯで中心となって活動した。トランクはヘブライ語とイディッシュ語で数多くの本を書き、かつてアーレントが『イェルサレムのアイヒマン』で表層的に検証した領域を、丁寧に掘り下げて研究していた。

トランクは、ユダヤ人評議会の指導者が迫害と殺害の過程の多くにかかわり、推し進める役割を務めていたことを文書により裏付けた。しかし背景にはそうしなければ自分が殺されたり、ドイツ人の嘘の約束に唆されていた場合が多く、状況によりさまざまだったことも明らかにした。ユダヤ人指導者とユダヤ人警察がときに苦悶に満ちた選択をしたことをトランクは描き、場合によっては違反行為を行ったことを文書により裏付けたが、彼らに与えられた選択肢がわずかしかなかったことについて、アーレントよりはるかに配慮していた。トランクは次のように書いている。「ユダヤ人評議会はコミュニティーを代表する組織として、かつて経験したことのない悲劇的なジレンマに直面した」が、そのあと「協力という道徳的に危険なボーダーライン」が出現した、と。評議会やその議長の中には一線を越える者もいたという。子どもたちを最初に収容所に送り出したり、前もって移動者のリストを用意したりする者がいた。気に入っている人々を救う者もいた。賄賂に屈する者もいた。自殺してしまうところまで抵抗する者もいた。ユダヤ人として登録されている若者を助ける者もいた。アーレントとは異なり、トランクは道徳上の選択が必ずしも明確ではない行動分野、いわゆる「グレーゾーン」と呼ばれるものに関心を持った。ユダヤ人の行動の根幹はユダヤ人の歴史のなかに深く横たわっている、とトランクは示した。ホロコーストにユダヤ人自身が抑圧者に協力したことは、ユダヤ人共同体の指導者が絶望的になり、最悪の事態を回避する唯一の方法だと考えて取った行動の極端な例だった。評議会の行動を大胆にも全体主義の理論に当てはめたアーレントとは違い、トランクは歴史学者が慣習として行っているようにさらなる研究の必要性を訴えてこの本を結んだ。ユダヤ人評議会の行動は、別の状況下ではあるが、十九世紀前半の帝政ロシアにあった共同体の指導者が取った行動と似ていた。正確な見解を樹立するにはさらに研究が必要だった。何百ページにも及ぶトランクの詳細な証拠を見せつけられたあとには、アーレントがユダヤ人評議会に対して行うただただ圧倒的な非難を、そのまま受け入れる者は誰もいなかった。ユダヤ人評議会の話から教訓が導き出されるとしても、その教訓は多くの者がアーレントの論証のなかに見つけたものほど明確なものではないだろう。

外国のメディアが、長い間忘れられていた戦時中の記憶を刺激することもあった。フランスでは、マルセル・オフュールによるドキュメンタリー『悲しみと憐れみ *The Sorrow and Pity*』（フランス語では *Le chagrin et la pitie*）が作られた。これは驚嘆に値する作品で、数多くのインタビューとユダヤ人迫害の重要な資料を基にユダヤ人の協力と抵抗の実態を探る内容だった。一九六九年に、フランスのテレビ番組として製作されたものだったが、一九八一年まで放送禁止となっていた。その理由の一つは、中道右派のフランス系ユダヤ人の政治家として有名なアウシュヴィッツの生存者シモーヌ・ヴェイユが内容に抗議し、一方的過ぎると述べたからだ。後年オフュールは次のように明かした。フランスのテレビ局ORTFの事務局長が、当時引退してコロンベ・レ・デュ・ゼグルーゼにいたシャルル・ド・ゴール将軍のもとに行き、この映像は「真実を描いているのだが合意が得られない」ので公開が阻まれていると伝えた。ド・ゴールは「フランスには真実は必要ない。必要なのは希望だ」と答えたという。そんな経緯があったが、この映画は一九七一年に商業ベースに乗り、フランス各地で上映され、人々に大きな衝撃を与えた。戦中戦後には、ドイツがユダヤ人迫害を始めたとするド・ゴール派が言い出した〝神話〟があった。その崩壊過程を歴史的にたどろうとすれば、この映画は重要な一段階だった。

他に類を見ないものとしては、フランスの有名な知識人クロード・ランズマンが製作した映画『ショア *Shoah*』がある。画期的な内容で、九時間に及ぶ長大作だ。一九八五年に完成し、最高峰のホロコースト映画と評価されることも多い。この映画が他と違うのは、記録として長くなることを度外視し、写真や同時代の証拠を使わず、もっぱら映画製作者のランズマンと生存者および参加者に対するインタビューを叙事詩のように並べているところだ。より詳細に、より正確にとランズマンは発言を促し、あるときは責めたて、あるときは誘い言葉を発する。ランズマンには一方的に解釈を加えてしまうようなやり方をする傾向があり、英雄のようにでしゃばって、じれったささえ表に出しながらインタビューする場面もある。とはいえ『ショア』はやはり驚嘆に値する作品で、戦時中のユダヤ人の殺害の特異さと恐怖を鮮やかに描き出している。それでも、職業として過去を理解しようとする歴史学者にとって、『ショア』

は少々眉唾物だ。『ショア』は、ランズマン自身が述べたように歴史映画ではなく、歴史の説明にも文脈にも分析にも用いることができない。ランズマンの見解によれば、ホロコーストは歴史を職業とする歴史学者のやり方では説明できないし理解できない、ということだ。歴史学者のやり方では必ず失敗に終わる、というのだ。知るべきことはわかりきっているとランズマンは言っているように思える。必要なのは恐怖を経験し、犠牲者たちに対して為されたことに直面することだ、と。『ショア』は「真実を具現化したもの」であり、「歴史科学の解毒作用」とは真逆だと、ランズマンはフランスの新聞「リベラシオン」紙のインタビューに答えている。

この映画が公開されて間もなくのことだ。バーモント大学でラウル・ヒルバーグの退官パーティーに出席した際に、ランズマンが来ていることに私は気がついた。このときスランズマンはスピーチをした。私は彼のスピーチを憶えていないし、そのパーティー自体ほとんど忘れていた。しかし記録を読むと、プロの歴史学者が『ショア』を「自分は偉いんだと言わんばかりに地位を振りかざして」酷評したのでひどく辛い思いをしたとランズマンは話したようだ。ランズマンの考えによれば、自分は勇気を持って、わが身を省みず真実を描き出すという大事業を成し遂げたために歴史学者がパニック状態に陥った、ということになる。ランズマンは回想録『パタゴニアの野兎 *The Patagonian Hare*』のなかで、そのパーティーのとき同じテーブルにいた私が「自分の世界から追放されたような気分だ」と言ったと書いている。「食事の間ずっと、（私の）黒いビーズのような目が、苦々し気に（ランズマンを）睨みつけていた」とまで書いている。私の目は黒くないと言い返してもいいのだが、そもそもこれも、私の記憶にはないことだ。このパーティーから数年後にこのコメントを読んだが、ランズマンという人は自分が世界の中心でなければ気のすまない、とんでもない〝能力〟を持っている人なのだと思った。

ホロコーストをどう認識するか。あまりにもさまざまな見方があってわかりにくいために、〝一般の記憶〟といったものがなくなってしまうのではないかと多くの人々が心配したにもかかわらず、多くの実りある論争があったように思われる。一番長く続いた論争は、一九六三年にドイツ人のプロテスタントで劇作家のロルフ・ホーホクートによる脚本『代表 *The Deputy*』の劇に触発されて始まった、ホロコーストの間の「教皇ピオ十二世の沈黙」に対する申し立てをめぐる議論だった。今日まで激しい議論が続いている。他にも、現在も係争中の出来事が数多く存在する。たとえば一九六七年と一九七三年にイスラエルと近隣諸国の間で戦争が起こり、ユダヤ人国家が存続できるのかどうか不安が広がるのに伴って、ユダヤ人社会全体に広がったパニックの波もそうだ。他にも一九七〇年代にエリ・ヴィーゼルが『夜』でホロコーストは「唯一無二のものだ」とする主張や、一九七八年にテレビ放映され約一億二千万人が視聴したＮＢＣの人気番組『ホロコースト』シリーズがある。一九八〇年代半ばになると、ドイツの論争はいわゆる「歴史論争 *Hisrikerstreit*」に集中した。ナチスの犯罪と当時のドイツ人がかかわったヨーロッパ・ユダヤ人の殺害の位置づけをめぐって、右派と左派による論争が行われた。他に論争が行われたものとしては、ルーシー・ダヴィドヴィッツによるベストセラー『ユダヤ人に対する戦争 *War against the Jews*』（一九七五年）がある。早い段階から、ヒトラーとナチスにはユダヤ人を殺害しようという一貫した狙いがあったということを強調する作品だ。起こった出来事に対する解釈にスポットを当て、違った角度から歴史を見る国際会議が何度か開かれた。ヒトラーは一九四三年になるまで「最終解決」のことを知らなかったと主張するデビッド・アーヴィングの『ドレスデンの破壊』をめぐって活発な論争が起こった（これはアーヴィングがホロコースト否認論者として有名になるよりも相当前のことだった。アーヴィングはホロコーストを否定し、アメリカの歴史学者デボラ・リプスタットに非難され訴訟を起こしたものの敗訴した。さらに後年、ナチスを否定する発言が禁止されているオーストリアでその種の発言をし、逮捕されて刑に服した）。「ホロコースト」という言葉が広く用いられるようになるなかで、戦時中のユダヤ人虐殺は概念的に説明され、議論され、共通の記憶として追悼され、人々の記憶に刻まれるようになった。このテーマに関心を持つ人々が徐々に増え、歴史学者はわかりやすく洗練された本を出版するようになった。以来、歴史の探求は、さまざまな解釈を議論することを通して一足飛びに豊かになったと私は思っている。出版される作品を全て頭に入れることなど不可能に思えるほどだ。だが、行き着く先はどこなのか。評論家は賛否両論だ。賛否を繰り返しながら、教訓について熱心な議論が続けられている。

ハンナ・アーレントの『イェルサレムのアイヒマン』から、最も早い時期に、最も力強く表明された教訓の一つが生まれた――〝人類に差し迫る脅威は、人間の歴史を切り拓いていくなかで制御不可能になった近代の官僚機構にある〟だ。「こうした殺人をある人間のグループに対して行うことのできる」「行政的虐殺」なのだ。アーレントが見い出した、アイヒマン裁判が示す恐ろしい教訓は、犠牲者を選ぶに当たって何か作為があるとすれば、ホロコーストの重要性はごくわずかだという、一見ひねくれたように聞こえる主張だ。多くの人々とは異なって、アーレントは、イスラエルがアイヒマン裁判を行うことを支持した。エルサレムで行われた裁判に対するアーレントの批判は、普遍的な立場から述べたものに他ならない。アーレントは、イスラエルの法律に則ってこの裁判の争点を「ユダヤ人に対する犯罪」に狭める考えを拒否した。狭められるのではないかと危惧したのだ。アーレントが言うように、正しいありようは「ユダヤ民族という一つの集団に対して行われた、人類に対する犯罪」の裁判だったのだ。ニュルンベルク国際軍事裁判で公式化した新たなタイプの犯罪の概念、すなわち「人間性に対する犯罪――『人間の地位に対する』犯罪、あるいは人類の性質そのものに対する犯罪という意味で」がアーレントの分析に不可欠だった。アーレントの解釈では、この犯罪は「人の多様性のような、すなわち、それがなくては『人類』だとか『人間』という言葉そのものの意味が失われてしまう『人の地位』に対する攻撃」だった。アイヒマンはこうした犯罪を遂行するのに不可欠な犯罪性を体現しており、特に際立っていたのは、日常生活を送るようにアイヒマンは殺人を行った、ということだった。後の歴史学者がアイヒマンについて実際に発見した事実とは矛盾しているのだが、アーレントはアイヒマンのことを「思考がなく」、想像力を欠き、自分の行為が間違いだと思わず、実際「自分の行為を何ら認識していなかった（傍点訳者、イタリックは原文のまま）」と記した。「思考がない」という言葉を使っているが、アーレントは愚かだと言ったわけではない。アーレントはカントの概念を用いているのだ――倫理的な自覚を持っていない、という意味だ。アーレントはこう結ぶ。「現実からこのように遊離していること、このように思考がないことは、人が受け継いだあらゆる悪の本能を合わせたより大きな崩壊をもたらし得る――これこそが、実際、人がエルサレムで学ぶことのできた教訓だった」。

アーレントにとって、こうした特徴を一つのものとして理解するのは初めての経験だった。ことアイヒマンについていうと、特に恐ろしさを感じさせるものだった――少なくとも多くの読者がハンナ・アーレントの著書に恐ろしさを感じたのは言うまでもない。

アーレントが全人類の新たな脅威という概念を一般に広めてから数年後のことだ。ドイツ系ユダヤ人エミール・ファッケンハイムは、戦時中のユダヤ人の惨事の意義と現在への教訓について、アーレントとは根本的に違う結論に到達した。それは「ホロコーストの教訓」の形が変化しやすいことを象徴するものだった。ファッケンハイムの考えに同調する人々は多く、少なくとも北米では、ホロコースト以後、ユダヤ人であることの意味の探求を最も雄弁に表現した人物だった。一九六八年、学者の卵として私はトロント大学に戻り、ファッケンハイムと親しくなった。ドイツなまりが強く、晩年には、聖書に描かれた預言者を思い出させるような髭をたくわえたファッケンハイムは、少なくとも私にとって、仰々しいユダヤ人のイメージそのものだった。ファッケンハイムが当時全精力を傾けていた、ホロコーストや反ユダヤ主義、イスラエルに関する話題にならなければ、彼は生き生きとしてユーモアのセンスがあり、ときには見当違いのことを言うこともあった。ファッケンハイムは教え子のローズと結婚した。ローズはユダヤ教に改宗したが、ユダヤ問題とリベラルの理念に関しては夫より急進的だった。彼らはリベラル左派の学生キリスト教運動にかかわり、普遍性を志向するキリスト教神学者や反ユダヤ主義に反対する人々に家を開放した。当然ながら、反ユダヤ主義に反対する人々は夫妻にとって特に大切だった。しかし私にはよくわからないのだが、カナダ統一教会の季刊誌「オブザーバー」誌のなかで見つけた反ユダヤ主義と編集者Ａ・Ｃ・フォレスト師にファッケンハイムは心酔していた。――後の彼の政治へのかかわり、特にイスラエル問題に関することを考えると、政治との距離の取り方に疎いのは私だけではなかったようだ。

ファッケンハイムは一九一六年にドイツのハレで生まれた。アーレントより十歳年下だ。一九三〇年代半ば、ベルリンで改革派ラビの訓練を受けた。それから短期間、スコットランドのアバディーンに難民として逃れたが、一九四〇年にカナダに移された。そこでは敵国人として、ナチスから逃れた他のドイツ系ユダヤ人と一緒にケベックのシャーブルック近くの人里離れた収容所に拘留された。ケベックなどで一緒に拘留されていた仲間には、作家で放送記者のエーリヒ・コッホ、保守派ラビのアーウィン・シルド、カトリックの著名な神学者グレゴリー・バウムがいた。解放後、ファッケンハイムは数年間、オンタリオのハミルトンで会衆に話をするラビとなった。それからトロント大学で哲学の博士号を取得し、そこで三十年以上、主にドイツ哲学を教えた。一九六〇年代初頭、ファッケンハイムは完成には至らなかったが、カントからキルケゴールに至る宗教哲学のプロジェクトに深くかかわった。そのあと、劇的に転換した。一九六〇年代末、当時ホロコースト問題にほとんどかかわっていなかったファッケンハイムは、大きな思考の変化を経験した。モントリオールに近いローレンシャン山脈にラビのデビッド・ハートマンが主催した宗教的な世界教会主義にかかわる会議で、エリ・ヴィーゼルに会ったことに触発されたのだろう。ヴィーゼルは後年、ホロコーストのテーマを取り上げたドイツ生まれの生存者ファッケンハイムが参加者に大きな衝撃を与えたことを書き記した。この出会いでヴィーゼルとの友情が生まれ、ファッケンハイムにとっては生涯で最も重要な知的な転換点となった。

一九六八年に出した『過去と未来の探求 *Quest for Past and Future*』で、ファッケンハイムは自分の「大発見」は「アウシュヴィッツのスキャンダル」に自分が目覚めたことだと書いた。ユダヤ人の歴史のなかで唯一無二の出来事であるホロコーストは、ユダヤ人の自己定義に次のように深い疑問を投げかけた。

このアウシュヴィッツのスキャンダルに直面して初めて、私は重大な発見をした。世界中のユダヤ人は――金持ちでも貧乏でも、教養があっても無知でも、信じていても信じていなくとも――すでにアウシュヴィッツに対し、答えを出している。ある程度のであっても、だ。絶滅という根源的な脅威に直面し、ユダヤ人は頑固に抵抗し、これ以上できないにしても、自分と子どもたちが生存し続けることにこだわっている。

以後、ファッケンハイムは自分の役割として、「〔ホロコーストに対する〕ユダヤ人共同体の答えを哲学的、神学的な言語に翻訳すること」を約束したと、彼の教え子であるマイケル・オッペンハイムが書いている。戦時中のヨーロッパ・ユダヤ人の虐殺の哲学的な意味を考察したものとしては最も初期のものになるが、ファッケンハイムは、「本物の答えはそれに反対しなければならないし、あるがままに任せても、神が禁じているように支持してもいけない」という概念にたどり着いた。これは、彼の親しい友人のマイケル・モーガンによる言葉である。「アウシュヴィッツに回帰しようという純然たる動きがあればどんなものに対しても」とモーガンは付言し、次のように続けている。

反対する義務があるし、繰り返すことが不可能になるようにするということだ――ユダヤ人を憎悪することに反対し、人間の威厳のために尽くし、ファシズムに反対しよう。説明のできない悪に直面するときに生じる恐ろしさは、驚きのままとどめ、頭のなかで考えるだけではいけない。抵抗する行動を起こさなければならない。それゆえ、純粋にホロコーストと相対し、本当に記憶を整理していくと、どうしても反対しないではいられなくなるのだ。

ユダヤ人社会に、また戦時中のユダヤ人に対して行われた虐殺の恐怖から戦後に教訓を求めた人々に不可欠なのだが、ファッケンハイムの独特な警告はハンナ・アーレントの思考とはまったく異なる。思想家アーレントは普遍的に考えるが、ユダヤ人哲学者ファッケンハイムはそれに反対する。彼にとってホロコーストは歴史的に唯一無二の出来事で、根源的な悪との遭遇であり、ユダヤ史における決定的な断絶であって、そのあとの世界は「決して同一のものではありえない」。このユダヤ民族を抹殺しようという試みのあと得たホロコーストの教訓とは、それゆえ、ユダヤ教が生き続け、栄えていくためのものだ。ファッケンハイムはこの点をネガティブな形で、六百十四番目の戒律、すなわち、――律法のなかで神がユダヤ人に与え、マイモニデス（モーシェ＝ベン・マイモーン）が編集し権威を付した六百十三条に新たに付け加える条文としたのだ。ファッケンハイムの戒律とは次のものだ。〝汝ヒトラーに死後の勝利を与えざるべし〟（傍点訳者、イタリックは原文のまま）」ファッケンハイムはこれを「アウシュヴィッツで命じられた声」と呼んだ。

第一に、私たちは、ユダヤ民族が滅びることのないようにユダヤ人として生きることを命じられている。第二に、私たちはこの記憶が消えてしまうことのないように、骨の髄からホロコーストの殉教者であることを記憶していることを命じられている。第三に、私たちはユダヤ教が滅びることのないように、神に満たされ、神を信じることはあっても、神を否定したり神に絶望したりすることを禁じられている。最後に、私たちは、世界を神が死に、あるいは神の力がなくなりすべてが許されてしまう意味のない場にしてしまうことのないように、世界が神の国になることをあきらめてしまうことを禁じられている。ヒトラーのアウシュヴィッツでの勝利に応じて、これらの命令を捨ててしまえば、ヒトラーに新たな死後の勝利を与えてしまうことになる。

モーガンはファッケンハイムの〝戒律〟を次のように説明する。「抵抗し、勇気を持ち、ユダヤ人の誇りの看板を傷つけるものに反対すること、ホロコーストに誠実に向き合い、さらにそれを、乗り越えうるということを示すことが〔ファッケンハイムなりの〕『ノー』だ」。

彼が言うホロコーストの教訓の真髄について、ファッケンハイムの弟子たちは、一九六七年三月にニューヨークで行われたシンポジウムで初めて第六百十四番目の戒律を宣言するよりも前にすでに存在していた、ということを事例をあげて説明してきた。この時系列は面白い。というのは、その直後〔同年六月〕に起こった中東の六日間戦争〔第三次中東戦争〕がファッケンハイムの理念を強固にしたからだ。この年の五月、エジプト大統領ガマル・アブドゥル・ナセルがエジプト軍を動員し、ユダヤ人国家〔イスラエル〕を抹殺するという動きをみせた。六月初め、イスラエルはエジプト、シリア、ヨルダンに先制攻撃を行った。ファッケンハイムは、イスラエルの奇跡的な勝利に終わったと考えた。

六日間戦争を、哲学的に考えてみると、ファッケンハイムや多くのユダヤ人に、この本では〝背筋が凍るような不安〟と表現せざるを得ない教訓を与えることになった――大戦が終わって以来、ユダヤ人が公的な場面ではほとんど感じることのなかった不安だ。イスラエルの近隣諸国がイスラエルに対して動員するなか、ユダヤ人国家とユダヤ人が殲滅される可能性が現実にあった。ラビのアブラハム・ジョシュア・ヘッシェルは、当時最も有名で、ユダヤ人の声を代弁する神学者だった。彼は、多くのユダヤ人がそのときのイスラエルの危機を本能的にホロコーストと結びつけて考えている、と表現した。「テロと恐怖が至るところでユダヤ人に降りかかっている。神はわが民族が滅びることをお認めになったのか。新たなアウシュヴィッツ、新たなダッハウ、新たなトレブリンカがつくられるのか」。ヘッシェルは続けた。「当時、われわれの多くは、われわれの生命が生死の間で揺れ動いていると感じていた。まさに、聖書のすべて、ユダヤ史のすべてが危機に瀕していた。ユダヤ人がこれから繁栄していくという展望、アブラハムに始まるドラマが危機にさらされていたのだ」。

ファッケンハイムはまさに、突然ディアスポラのど真ん中に放り込まれた感覚だったのだろう。現実に発生した戦争によって、ホロコースト以降のユダヤ人が再び生存できるか否かという背筋の凍る問題に直面し、それがユダヤ人国家の持つ脆さと一つになった。ホロコーストと六日間戦争のいずれのときにもキリスト教会が沈黙したことを、ファッケンハイムは特に酷評した。イスラエルだけでなく、ホロコーストについて言及しながら、出自がドイツ系ユダヤ人であるということでファッケンハイムに近く、カトリシズムに改宗していたグレゴリー・バウムはこうほのめかしている。「この転換点以降のファッケンハイムは異常なほど苦悶していた。それは、以前、自分自身が長い間この問題を気に留めてこなかったことと、少なくとも一部は関係している」。

「〔六日間戦争で〕新たに加わったのは、〔ファッケンハイム〕個人に対する支持と、ファッケンハイムの言葉を聞こうという聴衆だった。アメリカにいるユダヤ人はアイデンティティーが揺れ動いた。アメリカがかかわってきたことでばらばらになっていった集団が一つになり、共同体のアイデンティティーを確立することが迫られた。共同体の土台と独自性が問題になっていたことから、ある意味、〔ファッケンハイムは〕聴衆に訴えることができた。ユダヤ人の記憶に向き合い、ユダヤ民族問題が取り上げられ、『歴史に回帰』し、生きながら得る方法を歴史のなかから見つけなければならない時代になったために、どうしてもファッケンハイムの思想が求められるようになった」。何度も議論の的になったが、ファッケンハイムの第六百十四番目の戒律の宣言と、ファッケンハイムがイスラエルについて書いた本は、当時の北米で驚くほどの反響があった。友人であるルイス・グリーンスパンが言うように、ファッケンハイムは「ユダヤ人の集団的経験を一番上手に哲学概念に翻訳できる思想家として、ユダヤ民族に話をしようとした」。こうするために、ファッケンハイムはユダヤ人を抹殺のターゲットしたやり方が、ユダヤ人が歴史のなかで務めた独自の役割と呼応していると主張した――ファッケンハイムが後に『世界を糺す *To Mend the World*』のなかで展開することになる、独自性のテーマである。

悲しいことがあとに続いた。ファッケンハイムは一九八四年、妻ローズとともにイスラエルに移住した。ローズは当時六十八歳で、このときはまだユダヤ教に改宗していなかったが、友人の言によると、移住を決意させたのはローズだという。到着直後、ローズには認知症の兆しが現れ、一九八九年に七十二歳で早世した。ファッケンハイムは、北米人と自分の考えを腹蔵なく話せる関係をつくっていたが、イスラエル人とはそれができなかった。ファッケンハイムはユダヤ人国家をロマンチックに、感情的に受けとめていたが、イスラエルはもっと現実的だった。ファッケンハイムはエルサレムで孤立した。ヘブライ語を完全に習得できず、新居に知識人が訪ねることもなかった。一九九〇年代にエルサレムのファッケンハイムを訪ねたカナダの宗教学者グリーンスパンによると、まったくの一人ぼっちだったという。エルサレムへの移住は悲劇が伴ったが、ファッケンハイムを賞賛した評論家のラビであるドウ・マーマーがかつて記したように、英雄的なところもあった。哲学の範疇を超えて信念に基づいて生きようとする哲学者に対する警告に逆らい、ファッケンハイムはイスラエルに移住し、そのために苦しんだのだ。

一九六〇年代のホロコースト論争に付随して、ヨーロッパ・ユダヤ人の絶滅に共謀した者たちに対する非難が行われるようになった。それは今日まで続いている。この分野は避けて通ることのできない教訓との関係とともに、絶滅の過程そのものに対してだけでなく、対応できなかった西側の世界にも焦点を当てている。歴史学者ピーター・ノヴィックは『アメリカにおけるホロコースト *The Holocaust in American Life*』（一九九九年）のなかで次のように指摘している。世界の無関心によりユダヤ人を見捨てたことは、「一九四五年以後ときどき論じられるのだが、もっぱらユダヤ人のなかだけで限られた話題だった。ユダヤ人はユダヤ人以外に向けて話をすることはほとんどなかった」。アーサー・モーズの『六百万人が殺されていた頃 *While Six Million Died*』は、こうした作品のなかでは初期のもので、私が初めて読んだのもこの本だ。この作品は一九三〇年代から戦争後期を中心に書かれているが、全体のトーンは、ユダヤ人を救出できなかったことを非難している。アメリカ政府がユダヤ人難民を救う、あるいはアメリカへの亡命の道を開く労をとろうとしなかったことを非難しているのだ。モーズは「傍観者」としての責任について明確に言及した――モーズはまず、アメリカ大統領フランクリン・ルーズベルトとその主要メンバーを「傍観者」とした。「傍観者」という言葉は、今日においてもホロコーストの歴史のなかではよく使われる言葉で、軽蔑的な意味が含まれる。戦時中の世界はナチスの虐殺を許した。ここからホロコーストの教訓に寄与する思想体系が出現する。みっともないが、ファッケンハイムの教訓を借りて言うと、〝汝傍観するなかれ〟（傍点訳者、イタリックは原文のまま）だ。

このテーマについて、二十年以上にわたってさまざまに論じられた。デビッド・S・ワイマンは『紙の壁──アメリカと難民危機、一九三八年から一九四一年 *Paper Walls: America and the Refugee Crisis 1938-1941*』（一九六八年）を、続いて『ユダヤ人の遺棄──アメリカとホロコースト、一九四一年から一九四五年 *The Abandonment of the Jews: America and the Holocaust 1941-1945*』（一九八四年）を出版した。モンティー・ノーム・ペンコワーは『ユダヤ人は犠牲になった──自由世界外国とホロコースト *The Jews Were Expendable: Free World Diplomacy and the Holocaust*』（一九八三年）を出した（話題が広がりシンプルで内容説明的題がついてはいるが、内容が薄いものや、書評のようなものもあった。たとえば、ヘンリー・フェインゴールドの『救済の政治学──ルーズベルト政府とホロコースト一九三八年から一九四五年 *The Politics of Rescue: The Roosevelt Administration and the Holocaust 1938-1945*』〔一九七〇年〕、リチャード・ブレイトマンとアラン・クラウトの『アメリカの難民政策とヨーロッパのユダヤ人、一九三三年から一九四五年 *American Refugee Policy and Europe Jewry, 1933-1945*』〔一九八七年〕などだ）。他の重要な作品としてはバーナード・ウォッサースタインの『イギリスとヨーロッパのユダヤ人 *Britain and the Jews of Europe*』（一九七九年）と私のカナダの同僚であるアーヴィング・アベラとハロルド・トローパーによる『多すぎるということはない──カナダとヨーロッパのユダヤ人、一九三三年から一九四八年 *None Is Too Many: Canada and the Jews of*

Europe 1933-1948』（一九八二年）がある。これらの作品は数多くあるうちのわずかな例だ。いまやフランス、スカンジナビア諸国、スペイン、ポルトガル、さらにはソ連でも研究書が出ている。ここで自分の本も付け加えておきたい。多くのヨーロッパ難民の状況のなかにホロコースト難民を含めて一般化した研究『望まれない人々——二十世紀のヨーロッパ難民 *The Unwanted: European Refugees in the Twentieth Century*』（一九八五年）である。

歴史学者の解釈はいつもそれぞれ違っているが、これらの作品は共通するテーマについてさまざまな解釈を提供している——行動しなかったこと、関心を持たなかったこと、感受性を持たなかったことについての歴史だ。だが、私がいつも気に留めていたのは、この分析をどこまで突き進めたらよいのか、ということだった。デビッド・ワイマンによる、ルーズベルト政府の無関心とご都合主義、加えて、主なユダヤ人共同体が取った臆病な対応に対する鋭い批判は次のように辛辣なものだった。「戦争の準備を妨害しなければ、あと何万人——おそらく何十万人というユダヤ人が救われたはずだ」。傑出したイスラエルの歴史学者イェフダ・バウアーは、この点についてナチスが覚悟を決めていたことと、全世界に戦争を展開するなかで優先順位を決めていたことを強調している。また、ナチスが意図してユダヤ人虐殺を計画していたということも、同じく重要だった。歴史のなかで起こり得たかもしれない出来事を推察するのは困難だということは脇に置くとしても、ワイマンの考え方には、何年にもわたって多くの評論家が指摘してきたように、現在の視点で過去の出来事を判断するには極めて困難な部分がつきまとう。

私が拙著『ホロコースト——歴史的考察 *The Holocaust in History*』で説明しようとしたときのことだ。過去の恐ろしい出来事から教訓を引き出そうとするとき、誰しも引き込まれそうになる誘惑が穴を空けて待ち受けていた。ネガティブな歴史、つまり現実にはなかった歴史のことだ。ネガティブな歴史では、評論家は現在の基準や価値体系や現在だからこそある有利な立場を応用し、実際に惨事に直面した人々より、不幸な出来事をはっきり理解できる。後になって正しいと評価されることもある、圧倒的に多くの人々が無視していた同時代の少数派による批判的な見方をあてはめることもある。しかしこの方向で進んでいくと歴史に迷い込み、なぜ人々が実際にそうした行動を取ったのか理解できなくなってしまう。そうした作品は最悪の場合、描かれた人々が現代の自分たちの水準に達していなかったから間違えたのだと腹を立てる、独りよがりの嘆きに陥ってしまう。ここまで書いてきたように、このアプローチでは、歴史学者は傲慢な態度に陥ってしまう。それが過ぎると、自分が理解できない歴史の登場人物を否定してしまうことになる。アメリカの政治家で歴史学者を自認するニュート・ギングリッチは、「私のような者は、現代とアウシュヴィッツの間に立っている」と述べたことがある。一瞬だけでもこの立場を苦しいと感じたようだ。

このアプローチでは、歴史学者らが犠牲者から説明を聞いたときに、あまりにも非人間的な証拠に戸惑い、これ以上新たな証拠はない、という主張の拠りどころとなってしまう。そうなると、内向きになっている犠牲者の口をさらに閉ざしてしまうことになる。こうして、人々は「いつも」犠牲者に背を向ける。「一般に」何もしない方を好むのだ。「最悪のことが起こる必須の条件」は善良な人々が何もしないことだ、となる。憎悪に満ちた頑迷な言葉が「常に」大虐殺につながる。こうした主張や教訓にまつわる問題は、非人間的な行為が伴うとは限らない。ユダヤ人も他の人々も犠牲者になるとは限らない。汚名を着せることが最悪の事態につながるとは限らない。逆に、用心深くしていても、危険を正しく察知できる保証はないのだ。

スピノザ、トルストイ、スタール夫人……、誰が言ったのか諸説あるが、有名な金言「すべてを理解することはすべてを許すことだ――tout comprendre c'est tout pardonner」が、うまく表現しているように、反対側に落とし穴があることも多い。たいていの歴史学者は十分に気をつけているとは思うのだが、歴史学者たる者は最善を尽くしてこの誘惑にとらわれていないか吟味しなければならない。最も重要な掟は、先に進むためのバランスのよい道を見つけることだと私は思う。よい判断、常識、関連する知識をできるだけたくさん持つことだ。『ホロコースト――歴史的考察 *The Holocaust in History*』のなかで、この問題を最初に論じた際に私が求めた道だった。歴史学者は怒りを感じるだけでなく、過去の人々の精神と感覚を理解するために誠実な、場合によっては苦痛を伴う努力をしなければならない。ホロコーストについては、それが特に求められている。生存者や目撃者が私たちに明らかにしているのは、時代を生き抜いた人々の土台となる経験だからだ。一切前例がないということが、この悲劇の特質なのだ。「別の惑星のようだった」と、ナチスの残虐行為を経験した人々は述べる。「私たちは単純に信じられなかった」あるいは「想像できなかった」と、犠牲者も傍観者も述べている。この時代の人々は誰もが闇のなかにいた。だからこそ、私たちが特に気をつけなければならないのは、彼らの声に予断を持たず耳を傾けることだ。生存者も傍観者も、過去の人々は別世界からの人間なのだ。私たちの知恵の端緒となるのは、まず、彼らが言わんとしていることを丁寧に傾聴することだ。

ワシントンDCにあるアメリカ合衆国ホロコースト記念博物館は一九九三年四月にオープンした。そこには、一九六〇年代末以後明らかになった、ホロコーストの心象にかかわる数多くの展示が用意された。国立公園から、ひときわ目立つくすんだ建物が見える。建築家ジェームズ・インゴ・フリードによる作で、展示物の内容をイメージさせる外観は、見る者に強力にアピールしている。アメリカだけでなく、世界のホロコースト研究の中心となっている。アメリカの政府機関である当博物館は、ホロコーストの記憶を広げ、議論を継続する役割を担い、ホロコーストに関する問題と解釈にかかわる決定について認可を求める多くの人々の役に立っている。この博物館は世界的に驚くほどの成功を収めている機関の一つで、過去二十二年のうちに約三千八百万人以上の人たちが訪れた。来場者の三四パーセントが学齢期の子どもたち、一二パーセントが外国からだ。また、ほぼ九〇パーセントが非ユダヤ人である。厖大な常設展に加え、博物館は特別展、移動展、教育プロジェクトを実施しており、いずれも最新のデジタル技術を駆使して情報を伝えている。博物館は出版部門も備えており、おそらく世界最大のホロコースト図書館がある。そこでは、他では見つけることのできない多くの資料や重要なフィルム、ビデオ、オーラルヒストリー・コレクションに加え、重要文書と写真を所蔵している。上級ホロコースト研究センターもあり、この分野で指導的存在の客員研究者と上級研究者が集まる部署となっている。私は一九九九年以来、この上級ホロコースト研究センターの成員になり、挑戦を続け成果を出してきている。

一九七八年にアメリカ大統領ジミー・カーターは、エリ・ヴィーゼルを委員長とするホロコースト委員会を起ち上げ、ホロコースト記念博物館建設のプロジェクトが始まった。博物館は一般教育あるいは「教訓」を強調するのではなく、〝記念〟に主眼を置いて建設計画が始まった。しかし当初から、ユダヤ人の代表と東ヨーロッパの非ユダヤ人たちは、記憶する出来事をユダヤ人に絞るのか（六百万人の犠牲があったことを含んで定義する立場）、ユダヤ人以外にも五百万人が犠牲になったという説もあるのでこれらの犠牲者を含むのか（全部で千百万人の犠牲者となる）、ということをめぐって対立した。論争にいったん火がつくと、建設計画全体をめぐり深刻な溝があることが明らかになった。非ユダヤのエスニックグループは、記念館はナチスによる何百万人という「スラブ」の、特にポーランド人、ウクライナ人などの犠牲者を認めるべきだと主張した。ユダヤ人代表は、共同で追悼を行う人々が「犠牲者一般」になるのだとしたら、ユダヤ人の占めていた特別な重要な地位が忘れられてしまうことを心配した。彼らの議論は、ユダヤ人の犠牲は歴史的に唯一無二ということだった。対立は深まる一方だった。

建設プロジェクト委員の一人、歴史学者エドワード・リネンタールは「ホロコーストの記憶の所有権を争う」この闘いを、どうやって解決できるのか皆に尋ねた。エリ・ヴィーゼルは、他のエスニックの犠牲者にも広げるのはよいが、ホロコーストのときのユダヤ人の犠牲は唯一無二のものであるのは変わらないと主張した。一九七九年の秋までに、ユダヤ人に絞ると考えていた人たちは、境界線については流動的だが、プロジェクトの主眼はホロコーストの「生きた記憶」である、という考えで一致した。六百万人のユダヤ人が犠牲になったというあたりのところで主に線を引くとするものだ。興味深いことに、千百万人の方を支持する人々のなかに、他ならぬサイモン・ヴィーゼンタールがいた。ヴィーゼンタールはウィーンを拠点にして、取り憑かれたようにナチスを摘発し続けた人物だ。ホロコーストの記憶を推進するプロジェクトでは、自分と違う考えを持つユダヤ人リーダーを執拗に攻撃する一匹狼だった。オーストリア＝ハンガリーのガリツィア（現ウクライナのブクザクス）で生まれたヴィーゼンタールは、戦争中にドイツの複数の収容所に入れられ、一九四五年五月、アメリカ軍がマウトハイゼン収容所を解放したことにより、生き延びることができた。ホロコーストで家族のほとんどを失ったヴィーゼンタールは、残りの生涯の大半をオーストリアで過ごし、戦時中にユダヤ人を殺害した者たちの足跡をたどった――この努力は注目を集め、有名になり、論争の的ともなっていた。一九七〇年代後半、ヴィーゼンタールはホロコーストのユダヤ人犠牲者の数をめぐってヴィーゼルと伝説ともなった論争を行った。苦い、個人的な非難の応酬にもつながる論争だった。イスラエルの歴史学者イェフダ・バウアーは、ヴィーゼンタールの五百万人の非ユダヤ人の犠牲者がいるという主張には何ら強力な証拠がなく、同じく大きな犠牲に苦しんだ非ユダヤ人のご機嫌を取ろうとしているにすぎないと考えた。ヴィーゼンタールを批判する者のなかには、イスラエルでヴィーゼンタールの伝記を書いたトム・セゲフがおり、彼もバウアーの説と同じで、その可能性が高いとしている。

はっきりしているのは、数をめぐる論争は、博物館のプロジェクトを立ち上げたアメリカ政府内の人々にとっては見苦しいものだったことだ。しびれを切らしたホワイトハウスは一九八〇年に「『ホロコースト』は第二次世界大戦中、ナチスとその協力者によって制度的に国家が行った六百万人のユダヤ人と約五百万人の他民族の抹殺」だと見解を出した。しかし当然、これで話が済んだわけではない。というのは、時が経つうちに、カーターの大統領令から始まった博物館の計画が変わったからだ。アメリカ史を専門とするリネンタールは次のように述べている。「ホロコーストを『公的な』文書のなかで定義するのに用いた言葉が、書き手と読み手に応じて変化した」。プロジェクトにかかわった人々は「犠牲者の間にある概念的な距離を広げずに、小さくしようと懸命になっているように」リネンタールには見えた。リネンタールは最終的に次のように定義した。博物館長が任命した評議会代表は、ホロコーストを、「第二次世界大戦中に行われた、六百万人のユダヤ人の制度的な殺害と、何百万人もの諸外国民に対するナチス国家による殺害」である、と。これはホワイトハウスの定義を改定したものとなった。「制度的」という言葉は、おそらく専門家だけが理解できるだろう。この言葉はユダヤ人のホロコーストは唯一無二だとする主張に近づけようというホワイトハウスの努力を代弁していた両者の溝が全て埋まらなかったにせよ、ユダヤ人を大量殺人の主な犠牲者として取り上げることで、対立は徐々に落ち着いていった。

一九八〇年代初め、国立公園からひときわ目立つ場所に博物館を建てることが決まると、計画は博物館で教えると想定される教訓の嵐に直面した。アメリカ政府にとっては、博物館によって、民主的な価値観を世界に広げ、自由を守るアメリカ合衆国の役割を世界に伝えるという重要な意図があった——その象徴として、一九四五年に強制収容所を解放したアメリカ軍の部隊の旗をこの建物の目立つ場所に配置する予定だった。しかし一九八三年は冷戦の真っただ中だった。当時緊張が高まるなかにあって、この明確なアメリカのテーマを冷戦に結びつけて考える者もいた。共和党のコラムニストであるジョージ・ウィルは次のような立場を取った。すなわち、博物館はアメリカがホロコーストに対して無実であることとバランスを取る錘《おもり》の役を果たすもので、一般の人々に世界が危険だということを教えるものである、と。だが、いわゆるホロコーストの「アメリカナイゼーション」に反対する者もいた。博物館がユダヤ人のために作られるということは、アメリカ合衆国の役割について世界に誤解を与える、と主張する者もいた。ある評論家が言ったように、実際のところ、当時のアメリカ政府は「ホロコーストをやめさせるためほとんど何もしようとしなかったし、わずかな難民を受け入れることもしなかった」のだ。リネンタールは他の見解についても、次のようにうまく要約し、説明している。たとえば、コラムニストのトム・ブレードンは、博物館は「ホロコーストの記憶を抹殺するという」不埒な目的のために歴史を誤用することに対し抗うことができると論じた、と。また、モラリストは博物館がアメリカ人に対して、傍観者でいることの危険性を思い起こさせ、キリスト教徒の反ユダヤ主義がもたらす結果を教え、テクノロジーと人間的価値観の間にある脆い関係について強い印象を与えてくれると力説している、と。さらに、主な教訓として、官僚主義的な体制の危機を扱うことだと考えた者も、国家の圧力に直面して個人的な責任を果たすことが必要だと考えた者もいた、と。ホロコーストを社会不安や市民的な徳性と関連付けて考える者もいたし、追加的な教訓として、国際的な監視機関を求める者や、憎悪と人間性の抹殺あるいは他の形をした犠牲に対する警告を求める者もいた、と。

リネンタールは博物館に境界線の比喩を取り込んだ。博物館は「ホロコーストを記憶する方法の周りに、しっかりした形を保ちながらも浸透性のある」線を引いたというのだ。つまり、「公的な記憶はホロコーストの定義を権威づけ、ホロコーストが唯一無二であることを示す証拠を提供し、いかなることも公式の記憶と比べ、公式の記憶とともに記憶する」と。公式の記憶は「ホロコーストの『アメリカナイゼーション』を定義し、ナチ・ドイツにおけるアンチテーゼを明確に突きつけることにより、アメリカ人をホロコーストの話と、ことさらに強調したアメリカの価値観に結びつける」、と。今日、博物館は多くの活動を行うとともに、ホロコーストの教訓に明確な権威付けを行うことで高い評価を得ており、できる限りこの問題を解決に導こうとしている。博物館のウェブサイトは、「自由が脆いこと、進歩の神話、民主的な価値観を保つには常に監視することが必要だということに力強い教訓がある」そして、「独自の力と確かさを備えたこの博物館は、毎年何百万人という人々に、憎悪を阻まないことの危険とジェノサイドを回避する必要について教えている」とある。そのなかで、博物館の境界線は常に試されている。さまざまな集団や個人が、自分たちの研究を公に認めて貰うために、博物館のお墨付きを求めるのだ。たいていの場合、博物館は合意のある見解を貫き、実力のある研究者、法律にかかわる担当者、官庁が任命したアメリカ合衆国ホロコースト記念評議会のメンバーがこれに助言する。だが、そうしたからといって、次々に打ち寄せる教訓の波を押し留めることはできない。波は一般の記憶を定義する機関に対して打ち寄せ続け、時の経過とともに進化していくことが明らかである。

博物館の取り組みは成功したのだろうか。ホロコースト記念博物館が開館するのには時間がかかり、冷戦の終わりにようやく竣工した。楽観ムードの波に乗っていた。少なくとも当時の多くの人々には、この機関の設立を願う気持ちが強かった。ある評論家は次のように書いている。「ホロコーストの教育はユダヤ人の共同体が世界全体にくれた贈り物だ」。博物館で教訓が教えられる。人々がやってきて、それを学ぶ。ジェノサイドは回避することができる――回避されなかったとしても、小さなものとなりその期間は短くなる。ジャーナリストのサム・シュールマンが狡猾に、皮肉をこめて次のように指摘した。「この企画には九十年代の、何ともいいようのない雰囲気が漂っている」。副大統領のアル・ゴア――九十年代を象徴する人物――は博物館開館一周年記念で行ったスピーチでこの博物館がどう機能するのか説明した。『このような虐殺が二度と起こらないように、大切に思う人々にはホロコーストの話をしていかなければならない』。私たちに子どもを預けよ、とホロコースト教育運動は世界に対して発言した。展示物を見て、博物館が教えるものを学べば、サマンサ・パワーのような女性か、ウォーレン・クリストファーあるいはコフィー・アナンのような男性になって戻ることになる――将来行われるかもしれないジェノサイドに立ち向かう戦士、少なくともペンの力で、人種差別主義や何千人という市民を殺したいと思う気持ちに感染しない人物をつくることができるというのだ」。

こうした辛辣な見方は少々行き過ぎているように私には思える――途轍もなく大きな人類愛に基づいた企画を考えた高尚な野望がシュールマンの思考の対象だと考えると、行き過ぎなどということはないのだろうが。博物館は前評判より水準が高いし、だからこそ、博物館と博物館によるホロコースト教育が人間理解に貢献しているのだ。ホロコーストがあり、人間性の良心が大きく揺さぶられたから、人々はそれを学ぶ。理解するときに人は痒みを感じるものだ。「どんな『無意味な』災いであっても『理解する』必要が奥深いところに存在するし、どんな苛烈な経験であっても理解できる形の範囲内で内に抱えようとする強力な力が存在する」とマイケル・バーンステインは書いている。人々が理解しようと努めるとき、自分自身を頼みにするのはもちろんだが、できるだけ出来事に誠実であろうとして、苦しみ殺された人々の記憶を頼みにするのは言うまでもないことだ。これこそが犠牲者自身が求めたことで、博物館は賞賛に値する集合的な企画だと私は考える。別の道、すなわち努力をあきらめることを考えてみてほしい。必ず悪い方向に向かうことになる。人々はこうした努力をし、心を休めたり、世界を正したり、説明を通じて正義の手立てと考えているものを実現するために、うまくやろうとしている――それぞれの場合において、沈黙したり、最終的な意見を述べるにあたって無知であったりすることを許さないために、そうするのだ。

第4章　ユダヤ人の教訓

ホロコーストを説明するには、その犠牲者により注意を払うべきなのかという問いに対し、イスラエルの研究者はイエスということが多いが、逆に、たとえばドイツの歴史学者は加害者に集中することを選ぶ。この問題は重要だ。なぜなら、これは事実をどう理解するのかということだけでなく、ある見方をしたとき、違う視点で見た説明から何を学べるのか、ということにかかわるからだ。過去から現在に至るまで、根源的な悪を学ぶには迫害されることが一番適していると主張してきた者たちもいる。迫害の犠牲者のなかで最も有名なのが、十代のアンネ・フランクだ。彼女の日記は一九四二年夏からドイツ人に逮捕され、移送され、死に至る一九四四年の夏までの、アムステルダムに隠れていた経験を綴っている。一九四七年に出版されて以来、世界中の何百万という読者の心を動かしてきた。一九九九年、「タイム」誌はアンネ・フランクを二十世紀で最も重要な人物の一人に挙げた。だが、別の見方をする人々もいる。私たちが本当に求めているのは、どうやって大量殺害が行われたかを理解することであり、したがって私たちの関心は主に加害者に集中すべきだ、という主張だ。彼らの議論によれば、犠牲者の経験は悲劇的でどれも共通している、というものだ。ホロコーストで際立っているのは、ユダヤ人と向き合ったときのナチ体制の特殊な妄想的性質と、発見したユダヤ人全員の生命を加害者が抹消しようとしたことだと彼らは述べる。教訓を信じる人々にとって、この議論は重要だ。それは、私たちが何を求めたらよいのかということについての議論だけでなく、こうした教訓がどこにありそうなのかという議論でもある。

ホロコーストの歴史学者はこの問題の間で揺れ動いた。あるときには、大量殺害に至る過程について事実に基づき完全な絵を描こうと、証拠探しを大々的に行った。それを実現するために極めて巧みな技を使って、丁寧に取り組んだ本がある。ソール・フリードランダーの二巻からなる『ナチ・ドイツとユダヤ人、一九三九年から一九四五年 *Nazi German and the Jews, 1939-1945*』だ。この本は、迫害や殺人の対象となったユダヤ人の生の声を直接聞いて得た話を、ナチの政策と悪事に関する伝統的な説明と織り交ぜながら描写し、新境地を開くものとなった。だが、バランスを取るのは容易なことではない。うまくやろうとすると、とんでもなく難しいのだ。私は加害者だけから集めた文書に頼り、このテーマに取り組んだ優れた歴史学者を何人か見てきた。しかし、ナチスについていうと、彼らの行動に関する資料は厖大なものになる。

故ラウル・ヒルバーグは、当時のホロコースト研究者の頂点にあったが、先駆的な書『ヨーロッパ・ユダヤ人の絶滅』は、ほぼドイツの記録にだけ依拠していると激しい批判を受けた。ヒルバーグがこの本のなかで、ナチズムに対するユダヤ人の反応について触れたのはわずか数ページだった。その数ページが、ヒルバーグの作品中で最も辛らつな批判の的となった。ヒルバーグがこの分野で偉大な業績を残したことを知っていた私たちは、ヒルバーグに対し共感を持ち続けていたと思う。ヒルバーグは、ほとんど独力で戦時中のヨーロッパ・ユダヤ人の殺害を研究し、尊敬に値するものを書き上げた。ドイツの

「ユダヤ人問題の最終解決」を丁寧にたどり、ニュルンベルク国際軍事裁判で連合国が集めた大量の文書を駆使して、主だった後輩の研究者たちを指導した。ヒルバーグの将来も変わらない偉大な貢献は、次のように言えるだろう。ヨーロッパ・ユダヤ人の虐殺は、コーディネートされた大きな計画に基づくものであり、官僚機構に所属した何万人もの加害者がそれぞれの役割を務めた、ということの理解を私たちに導いたことだ。ナチズムがこの機構をどのようにしてつくったのかその概観を描いたあと、大陸規模で激しい勢いで五百万人以上の（ヒルバーグの見積もりはいつも控えめだった）生命をいかに抹殺したのか、ヒルバーグは叙述した。ヒルバーグはこの概念を土台にしていた。ヒルバーグの著書は、官僚機構がどう働き、なぜドイツの殺人計画の中心となったのかを叙述した権威ある文書となった。

ヒルバーグは学者として、少なくとも人前で、感傷的になることなどない人物だった――ホロコーストの犠牲者に対してもそうだったのは間違いない。ヒルバーグは犠牲者の証言に敬意を表して自分の立場を譲歩することはせず、逆に、譲歩などしてはいけないと極端なくらい気にかけていた。ヒルバーグは、ナチスが迫害すればするほど、ユダヤ人の反応が決まったものになっていったと考えた。このような調査方法を採ったために、ヒルバーグはあらゆる非難を受けた――ユダヤ人の指導者の行動を誤解し軽蔑している、一世紀前から政治的に受身の態度を取ったり言い逃れをしたりする文化がそもそもユダヤ人にあったと虚偽の発言をしている、などだ。一九九六年に出版した短い回想録『記憶の政治学 *The Politics of Memory*』のなかで、ヒルバーグは自分を批判した人々に鬱憤を晴らさんばかりに、彼がユダヤ人犠牲者に対してどう考えているか記した。感傷をこめず、短い文体で、ヒルバーグは、イスラエルのホロコースト記念館ヤド・ヴァシェムからさまざまな形で蔑ろにされたと書いた――記念館の文書に向かっている間、自分が歓迎されざる扱いを受けた、とさえ書いた。ヒルバーグが列挙しているように、彼に対する非難は何年間も続き、減ることはなかった。ヤド・ヴァシェムがヒルバーグの本をヘブライ語で出版するにはほぼ半世紀を要した――それはまるで、こんなにも長い間この巨匠を冷遇していたことを後悔したかのようだった。結果的に、ヒルバーグはイスラエル人との関係を修復したが、長年にわたる苦しみのため、不満はいつまでも残った。回想録のなかで、一九六一年の大作『ヨーロッパ・ユダヤ人の絶滅』が受け入れられたことをしたためた章には、「三十年戦争」という題がついている。

ヒルバーグがドイツにおける文書記録の師として高い権威を持っていた一九八〇年代および一九九〇年代、私はヒルバーグと親しく交際した。ヒルバーグはアメリカに移住した研究者だった。オーストリア系ユダヤ人の一家で、ヒルバーグが十三歳のときウィーンを離れた。その後一家はキューバを経て、ヒトラーがポーランドに侵攻した一九三九年九月一日にアメリカ合衆国に到着した。ヒルバーグは戦争末期にアメリカ軍に従軍したあとブルックリン・カレッジに進み、卒業後はコロンビア大学に入り博士号を取得した。その後、ヒルバーグは一九九一年に退官するまで、バーモント大学で政治科学を教えた。いつも大学院生がついたわけではなかったが、学外から熱心で真面目な学生が集まった。ヒルバーグは二〇〇七年、八十一歳で亡くなった。気難しいところがあり、常にむっつりと考え込んでいる様子で、一九七〇年代のビンテージものの大きな眼鏡をかけ、地味な黒のスーツと白いワイシャツを身につけていた。こうした格好をしたヒルバーグは印象的で、精神的に不安定であることを感じさせた――会話のときに口を開くことはほとんどなかったが、いざ話すと、その内容はこの分野の良心だという自負がありありと伝わった。同時に、ヒルバーグは痛々しいほど内気だった――トロントで私は自宅のディナーにヒルバーグを招いた。このとき、ヒルバーグが会話を避けようとしていたことを妻のランディは憶えている。ヒルバーグには気の利いた大げさな冗談を言う余裕などなかった。「私の周りには至るところにペリシテ人がいる。私の周りは陳腐な決まり文句ばかりだ」とヒルバーグは書いたことがある。

一九五〇年代終わりに『ヨーロッパ・ユダヤ人の絶滅』を完成したあと――一九六一年に出版されたが、このテーマについてはすでに言い尽くされているとハンナ・アーレントから酷評されたことに加え、ヘブライ語とイディッシュ語の文献を無視した内容だとイスラエルの識者からも意見があり、出版にこぎつけるには困難が伴った――ヒルバーグは文書記録に取り組み続けたが、続編を書くこともなく、別の大きなテーマに取り組むこともなかった。約四半世紀経って、ヒルバーグは『ヨーロッパ・ユダヤ人の絶滅』の新版を千二百七十四ページからなる三巻本で出版した。評論家はヒルバーグの独自の業績を讃えはしたが、新版に満足しなかった。近年の研究が取り込まれておらず、特にユダヤ人犠牲者に対しいまだに懺悔していないと不満を述べる者もいた。

一九九二年、ヒルバーグはホロコーストに関して取り組んできたこれまでの仕事を概観して『加害者、犠牲者、傍観者 *Perpetrators Victims Bystanders*』を出版した。一九八五年に『ヨーロッパ・ユダヤ人の絶滅』の改訂版を出して以来の本だった。新刊はいかにもヒルバーグらしいスタイルで書かれていた。一見穏やかで、平板で飾り気のない文体のなかに、きつい皮肉をほんのわずか効かせた生き生きとした内容だ。私は「ニューヨーク・タイムズ」紙で『加害者、犠牲者、傍観者』の書評を書いた。賛辞を述べて寛大な内容にしたつもりだが、それでも、残念な印象を持ったことは隠せなかった。私は次のように書いた。

ヒルバーグ氏は結論を書くことなく結んでいる。終わりの言葉はない、と言っているようだ。だが、ヒルバーグ氏の『ヨーロッパ・ユダヤ人の絶滅』以来、特にこの二十年間、歴史学者たちはホロコーストに対する理解を増やしている。新たな問いが絶えず生まれ、新たな文書が明らかになり、新たな提案が途切れることなく行われる。若い研究者の専攻論文に比べると、ヒルバーグ氏は文書資料に安住して、新しい作品や新しい資料の多くから距離を置いたままである。『加害者、犠牲者、傍観者』を読むとわれわれは、ヒルバーグ氏が今なお力を持っていることを思い起こす。だが今は、ホロコーストを学ぶ学生にとってヒルバーグ氏は開拓者というより良心の声でしかない。

四年後に出された回想録のなかで、ヒルバーグは私の書評を読んで気持ちがくじけたと書いている。回想録の第一章のタイトルは「書評」だ。そのなかでヒルバーグは、私の書評に揺れ動いた自分の気持ちを記していた。ヒルバーグは深く悲しんでいた。「だから、これは終わりだ。本当の終わりだ。何が起ころうと関係ない」――ヒルバーグは自分が考えたことを、こう表現した。「その瞬間、私は一人きりだった。自分の人生とお別れするのだ」。幸いなことに、これで話が終わったわけではない。旧世界のウィーンのような上品な振る舞いで、ヒルバーグは慇懃な態度を保つことができた。確かに私に対してはそうだった。私は書評のあと、何度か会議の場でヒルバーグに会った。少なくとも一度は食事をともにした――何を話したか憶えていないが、「書評」の話題を避け、他のことを話した。ここに「教訓」はあるのだろうか。私が考えられるのは、研究者の世界では誰もが最善を尽くすことしかできない、ということくらいだ。結局、いつかは誰かが自分よりうまくやるだろうし、価値のある仕事なら特にそうだ。

私はホロコースト研究の世界では有名な出来事と関連する、ユダヤ人の証言をめぐる〝乱闘〟の最前列にいたことがある。ダニエル・ジョナ・ゴールドハーゲンによる『普通のドイツ人とホロコースト――ヒトラーの自発的死刑執行人たち *Hitler's Willing Executioners*』が出版されたときのことだ。この本は驚異的な国際的ベストセラーとなった。「驚異的な」という言葉を使ったが、それは私がかかわった人々のなかでこの本を誉める者はまずおらず、今日でも歴史学者はこの本を、ユダヤ人の殺害に対する加害者の動機を説明しない薄っぺらな内容の本の代表例として用いているからだ。しかしゴールドハーゲンは、ドイツ人が最終解決に関与したことをうまくごまかし、狂信的な憎悪を控えめに扱おうとする歴史学者の傾向を非難するとともに、ナチ・ドイツはドイツの論調全体に広がっていた「排除的反ユダヤ主義」に引っ張られたと主張した。

一九八九年、ノースウェスタン大学でホロコーストの専門家が大勢集まる最初の会合があった。「教訓と遺産」というテーマで、新しい研究についてそれぞれ話し合い、安定した職を求めている若手研究者とも情報交換することを目的とした集まりで、今でも一年おきに開催されている。私はレセプションの折、友人のクリストファー・ブラウニングと話をした。ブラウニングは会合用に小論を用意していた。数年後に出版した『普通の人々 *Ordinary Men*』のなかに収められた論文だった。この本は後に、ドイツの加害者についての古典的研究となった。この作品でブラウニングは、ハンブルクに拠点を置く予備役警察大隊が、ソ連から奪った領土で東ヨーロッパのユダヤ人を大量に射殺した行為について書いた。そしてブラウニングは、殺人者がイデオロギーに基づく熱狂ではなく、むしろありふれた凡庸な状況的要因の下で殺戮を行ったと論じる重要な新証拠を提示した。自分たちが所属する小さな集団への一体感、抵抗したときのさまざまな苛酷な状況、心理的適応など、いろいろな側面が働いた、とした。ブラウニングと話している間、驚くほど若々しい人物が私たちのところに近づき、「あなたは僕を出し抜きましたね」とブラウニングに言った。後に、その人物がダニエル・ゴールドハーゲンだということがわかった。私たちは、ノースウェスタン大学のケロッグ・スクール・オブ・ビジネスのダイニングルームで何度か食事をするようになり、二人の間ではこの問題が検討された。

ゴールドハーゲンは対話を通して自分の見解を研ぎ澄ましていったようだ。『普通のドイツ人とホロコースト――ヒトラーの自発的死刑執行人たち』のなかで、ブラウニングと同じ証拠を用いながら、ゴールドハーゲンは正反対の分析を提示した。ゴールドハーゲンの見解では、状況的な要因が予備役の警察官を殺人者にしたのではない、という。むしろ、殺人者にしたのはドイツの反ユダヤ主義的なイデオロギーという特殊なものだと説明し、ゴールドハーゲンはそれを「排除的反ユダヤ主義」と呼んだ。ゴールドハーゲンは本文中ではブラウニングの説をほとんど無視したが、ふんだんにある脚注のなかでは、ブラウニングに対する熱心な〝ゲリラ戦〟を展開した。研究者が証拠の解釈を間違って犯すあらゆる罪を犯したとブラウニングを非難した。ゴールドハーゲンが特に攻撃したのは次のように一点だった――ブラウニングがユダヤ人犠牲者の説明を見くびった、というのだ。後のプロジェクトで、おそらくは応戦の一部としてなのだろうが、ブラウニングはトレブリンカからさほど遠くないシュトラホヴィスの労働収容所について行った素晴らしい研究のなかで、生存者の証言にも取り組んだ。それは、「ホロコーストを研究する歴史学者が、それぞれ異なり、争ったり矛盾したりすることが多く、場合によっては明らかに誤っている個々の生存者の記憶を証拠として用いていること、そうしなければ証拠がないために、存在しない歴史を構築することになるということ」を示すためだと説明した。

ある意味、この論争は二〇一五年になっても続いている。生存者の証言によって、ホロコーストの研究について現在考え得る全領域にあらたな重要な広がりが生まれることに賛成しない者はいない。ヨーロッパ・ユダヤ人の殺害を扱うテーマについて、このような資料を頼みとすることは意味があるし、決して無視できないし、敬意を表すうえでも重要なのは確かだ。だが、たとえばヒルバーグとソール・フリードランダーを含む多くの研究者が、利用できると思った同時代のユダヤ人の資料と、記憶の脆弱性ゆえに不安を感じる生存者の説明とを区別していることは記しておくべきだろう。だが、特殊な出来事と状況についてユダヤ人の説明に頼ることと、ホロコーストがわれわれに人間行動について、あるいはユダヤ人の運命について示唆するかもしれないことを一般化して捉えることとの間には、大きな飛躍がある。生存者の経験がそれぞれの特殊な状況に限られているのは必然だし、生存者はホロコーストの巨大で文化的、地理的な、一時的に存在した全景を評価するに当たって、他の人々より有利な位置にいるというわけではないのだ。生存者同士でさえ、個々の経験や忍耐を通して引き出せる教訓について意見を一つにすることができないのは有名な話だ。さらに、生存者が自分自身の経験から学んだかどうかさえ不明なことさえある。

衝撃的な好例は、ホロコーストから出てきた、優れた洞察力のある二人の目撃者だ。ともにドイツの収容所で恐ろしい経験をして衰弱し、悲劇的な形で人生を終えた——最初の一人ははっきりしないが、たぶん自殺だろう。二人目は確かに自殺だった。前者はプリーモ・レーヴィだ。およそ一年にわたりアウシュヴィッツでの苦しみに耐えたイタリア人作家である。レーヴィの説明にはまぎれもない権威がある。後者はエッセイストのジャン・アメリーだ。アメリーはオーストリアのユダヤ人で、本名はハンス・ハイム・マイヤーという。アメリーはアウシュヴィッツ、ブーヘンヴァルト、ベルゲン・ベルゼンを生き抜き、そのときの経験を後に叙述した『拷問の際の黙考』はアメリーの著作のなかで最も人の心に訴える。レーヴィは化学者で、短い言葉で正確な描写をすることで有名だ。収容所の経験を文字に落とし込むなかで、レーヴィは自分が「ラーゲル」（収容所）でいかに多くのことを学んだかを書いた。「ラーゲルは宇宙だ」とレーヴィは書いた「ラーゲルは私たちに周りを見ること、人の価値を測ることを教えてくれた」。レーヴィには、自分が学んだことについて、人がどうやって適応するか、あるいは適応できないかについて、文化と教養の影響がどのようなものであるかについて、まったく絶望的な状況のなかですべてを失わないでいられる精神の資質がどのようなものであるかについて、表現したいと思っていることを数多く持っていた。しかし、アメリーの意見は違う。

人は知恵があるから世界について肯定的な知識を持つのだとしても、私たちはアウシュヴィッツで賢くなることはなかった。外の世界にいればわからずにはいられないことを、何もわからなかった。現実の生活に役立つことなど少しもなかった。収容所では、私たちは「深く」考えることもできなかった。この不幸な深さというものが、知的な資質に限っていうならば、アウシュヴィッツではよくなること、もっと人間らしくなること、もっと慈悲深くなること、もっと倫理的に成熟することなどない――それは確実に言えると私は思う。受け継いできた人間の尊厳についての概念すべてを疑わずに、人間性を失った者が行う行動や過ちを見ていることができるだろうか。私たちは身ぐるみはがれて、空っぽになって、行く先を見失って収容所から出てきた――自由という言葉を学ぶことができたのははるか昔のことだった。

このことについて書いた人々の言葉を読むと、こうした対比を繰り返し見ることができる。エリ・ヴィーゼルにとって、生存者とは証言をすべき存在だ。アウシュヴィッツを経験したヴィーゼルは、教師として、批判はしても決して打ち消すことができないもの――「人類の没落と神々の失墜」とヴィーゼルがかつて呼んだもの――を伝えている。だが、マイダネク強制収容所にいたエリ・プフェフェルコルンにとって、今、伝えなければならないと思っていることは恐ろしく陳腐に映っていた。収容所は大きな流れであって恐ろしく極端なだけだ、というのだ。だから、ホロコーストの生存者をペアにして、意見交換をさせると、生存者が他の生存者の尊厳を先頭に立って引き剥がすことがよくあるのだ。

ホロコーストの生存者は、自分自身がかかわったエピソードについて歴史学者が話すのを聞き、異常なほど不安になることもある。このような不安は「ジェノサイドの生存者に限ったことではない。実際に経験したわけではないのに、自分の話を通して見解を主張する者から自分の歴史を奪われた」と感じる恐怖を表していると、フランスの歴史学者アネット・ヴィヴィオルカは書いている。また、人々がホロコーストの生存者たちから虐殺を耐え抜いてきたことの「意味」を求めると、彼らの多くは当惑する。イスラエルの主要な作家の一人である、アハロン・アッペルフェルドは、ホロコーストの体験から教訓を引き出すのを強く拒んだ。「ホロコーストは人を沈黙に陥れる途轍もない経験だ。どんな発言、どんな声明、どんな『回答』もちっぽけで意味がなく馬鹿げたものであることが多い」とアッペルフェルドはフィリップ・ロスに言ったことがある。「一番立派な回答でもつまらないものに思える」。

生存者の回想録を細心の注意を払って分析をした人々のなかにあって、プリーモ・レーヴィは自分自身の過去の記憶に挑戦し、自分や他者の回想録がありとあらゆる目的のために誤用されていることを警告した。レーヴィは最後の著書となる『溺れるものと救われるもの *The Drowned and the Saved*』（竹田博英訳、朝日新聞社、二〇〇〇年）のなかで、「人の記憶は素晴らしい装置ではあるが、はかない面もある」と書いた。「私たちの心の底に蓄積されている記憶は石の上に刻まれているわけではない。それは年月とともに薄れていく傾向を持つだけではなく、しばしば変形し、関係のない外形を組み入れながら自己増殖する」。レーヴィは「ひんぱんに呼び起こされる記憶は、そして物語の形で呼び起こされる記憶は、ある決まりきった型に固定しやすいのも事実である。それは経験によって検証され、結晶化され、完成され、装飾がつけられて、未加工の記憶の場に居を構え、自己増殖してしまう」と心配する。記憶を絶えず検証し、分析し、証明するべきだとレーヴィは感じている――レーヴィは自分自身の記憶に対して、間違いなく大きな自己犠牲を払いながらそれを行ったのだ。フランスの歴史学者アニー・クリーゲルは、同化したユダヤ人でフランスのホロコーストを逃れ、フランスのレジスタンス運動に参加した経験を持っているが、一九七〇年代に私が知己を得たとき、この点を強く主張していた。クリーゲルは、その出来事を経験したからといってそれを分析する資格があるわけではないと断固として述べていた。「足を折ったからといって整形外科医になれるというわけではない」と、クリーゲルが少々乱暴な言い方をしているのを私は耳にした。なお、この頃になるとクリーゲルはまったく耳が聞こえなくなっていたということを付け加えておく。当時でさえ、歴史学者の良心として生存者の証言を無視すべきだというクリーゲルが主張したのは、自分が生で聞くことができないから、無視する方が簡単だと思ったのではないかと私は疑った。

一九九〇年代にアウシュヴィッツ―ビルケナウの収容所に関連する実務的な問題について他の歴史学者たちと仕事をするためポーランドに行った。そのときに学んだことには、ホロコーストの記憶がまだ固まっていない、ということがある――いくつかの点ではしっかりした土台がつくられていたが、基本的にあらゆることに極端なほど影響を受けやすいテーマで、程度の差こそあれ、変わっているものが多くあった。やりとりをするための言語も重要だった。イディッシュ語で聞き取りをした生存者の反応は、ポーランド語でそうした場合とまったく違っていた。一般的な問題になったときに一番重要なのは、生存者が移民したのかポーランドに留まったのかということに私は気がつき始めた。トロントでホロコーストの生存者と一緒に育った私は、私の国で知っている生存者とイスラエルに行った生存者と、ヨーロッパ訪問で会った生存者の違いに気がついた。私が知っている研究者はすでに、移民先の歴史によって犠牲の概念が違っていることをたどり始めていた。ポーランドの心理学者でホロコースト研究者のバーバラ・エンゲルキングは、次のように書いている。

自分の経験と苦しみだけをカバンにつめてアメリカに移住したポーランド系ユダヤ人は、戦後、社会そのものが戦争の現実をまったく知らない国（カナダかアメリカ合衆国だと思う）に自分たちがいるということがわかった。彼らは残虐行為、占領の恐怖、ゲットーと収容所の悪夢を、新聞と二次的な資料からしか知らなかった。そのため、ヨーロッパから来た人々の行動と抱えている問題をことさら理解することができず、彼らにうんざりした。一方、ヨーロッパから新たにやって来た人々は、アメリカ社会の価値観の尺度に「なじめ」なかった。アメリカでは生活に満足していることが、不平を言わないこと、心理的精神的苦悩を（精神分析医以外には）表に出さないことと並んで高く評価された。ホロコースト生存者の抱えている問題は、戦時中の経験をまったく共有していない社会に理解されるはずもなかった。

二つの違う戦後の環境のなかにいた生存者が、戦時中の過去に対して違う反応をしたのは当然だし、たとえばホロコーストの教訓といった未来にかかわることとなれば、なおさら違うのは当たり前だった。聞き取りの際、ポーランドの生存者は極端に用心深くなった。ユダヤ人に対して敵意を抱いている国、社会全体が恐ろしい抑圧に耐えた国で証言するとなれば、犠牲者としての特別な経験について進んで話をしたいという気持ちになるはずがなかった。アメリカに行った人々にはまた別の問題があった。新天地だと思った国では、どん底にまで人間性が落ち込むなかで感じた未来に対する絶望感を理解してくれないし、わかろうともしてくれないことがよくあった。イスラエルに移住した人々は、大きな圧力を感じた。自分たちの経験をシオニストの考え方にすり合わせなければならないと思うこともよくあった。しかし、自分たちのことを、逆境に勝利した例としてシオニストの宣伝に使ってほしいとは思っていなかった。心理学者エンゲルキングのような人々にとってはこうした現象は明白だったが、私にとっては新たな発見だった。

調査を専門とする人々にはよくわかっていることだが、聞き取りを行う者の期待がそれを受ける者の回答に影響を与える。欧米の私たちの文化では、ホロコーストの教訓に対して高い関心がある。そのため、ホロコーストの生存者が質問をはぐらかすなどして口を閉ざしておきたいと思っている警告を、時間をかけて、口にするように仕向ける場合もある。だが私たちは、ホロコーストの生存者――特に共産圏となったポーランドにいる人々――が、戦時中の苦しい体験について質問を受けることをとんでもない――また、少々怪しげなと――ことだと思うことが多かった、ということを理解する必要がある。彼らの答えをどういう形で利用したらよいのだろうか。聞き取りを行う者たちを、彼らははたして信用することができたのか。一体何が核心になのか。ポーランドの研究者の一人である、ヨアキム・シュヴァルツは、聞き取りによってさまざまなテーマのなかにある「経験談に内在する論理」、言い換えると「ホロコーストの教訓」が明確になる経緯について、聞き取りに応じた人々の話し方を分析した結果、次のように述べている。

すべて経験談がなされる目的のうちには、それが空想的な物語であろうが、ある出来事を叙述した話であろうがまったく無関係に、倫理や核心や教訓があるのが普通で、経験を語る理由および伝える相手や聞き手に考えてほしいと思う内容が含まれている。説明された経験や出来事に始まりと終わりがある場合のみ、この種の倫理は意図した目的を達成し得る。そのときになって初めて、理解し、評価することができる。

言い換えると、何のために話すのか理解しようとして、その結果、聞き取られる側の人々は自らの話を大きな枠組みや文脈のなかで捉えようとする。そのため、ホロコーストについて話すように求められた生存者は、何らかの教訓を提供しようと努めることになる。そうしなければ、このことから距離を置き、恐ろしい出来事に何らかの「意味」付けをさせないようにすることがますます難しくなるからだ。

プリーモ・レーヴィは教訓を明らかに示してほしいと思いながら、誠実で謙虚な気持ちを持って、訪れてきた人々に対面した。ある教室で講演を行ったときのことだ。期待に応えようと努力することに疲れたレーヴィは、感じた欲求不満をこう表現している。「繰り返し行われる質問の一つは、なぜそんなことが起こったのか、なぜ戦争があったのか、なぜ強制収容所がつくられたのか、なぜユダヤ人が抹殺されたのかという質問だった。私には答えることができない質問だ。誰も答えることのできない質問だ。なぜ戦争があるのか、なぜ第一次世界大戦と第二次世界大戦があったのかは……答えることのできない苦しい質問だ」。

もちろん、レーヴィには自分なりに考えている答えがあった。だが、レーヴィと同様にこのテーマについて何度も学校で講演を行った私は、レーヴィの無力感にかなり共感した。また、レーヴィは立派だとも思った。というのは、レーヴィは〝わからない〟ということを素直に述べたからだ――私はレーヴィがこのように告白したことを何よりも立派だと思う。生存者も、特にいわゆる「専門家」も、あまりに多くの人々がホロコーストに何か一般的な意味を持たせたいと思う誘惑に抵抗できないでいると私は思う。しかし意味を持たせたところで、他の人々の意見よりもよい意見になるわけではないのだ。

ホロコースト関連の講演会に参加する者は誰しも、講演者の発言内容について生存者が異を唱えて、質疑の時間が怒りの爆発の場となってしまう場合を経験する。こういう時間は辛いものだから、多くの人々は何とか避けようとする。「生存者の話が伝える苦しみや、記憶を携えて死の淵から戻ってきた者が伝える苦しみについての話は歴史学者を麻痺させる」とアネット・ヴィヴィオルカは書いている。歴史学者は記憶の脆さを知っている。また歴史学者は、〝私が生存している〟という事実のうちに罪の意識や、生き残った者としての責務を全うしていないという気持ち、すなわち〝恥ずかしい〟という気持ちがどれほど多く織り込まれているか、ということも知っている――〝犠牲者〟＝〝権威の象徴〟であるとする風潮に媚びることに対し、犠牲者がやけになって否定する感情だ。だが、避けられない場合もある。記憶に対して、理性と証拠の名のもとに反証するのは、難しい。きわめて難しいのだ。

ユダヤ人がホロコーストの教訓を聞くと、人生のある時期に多くの苦難を耐え抜いた生存者に、惜しみなく敬意を払うことが多い。ユダヤ人にとって彼らは名誉と前向きなメッセージを携えて帰還した生存者だ。こうした教訓には、希望や人間の回復力、人間の精神の勝利を主張する場合もある。おそらく、最も一般的なのは、生き残ったこと自体が教訓そのものだ、とする概念だ――ユダヤ人には厳しい抑圧に耐え、心に傷を負うことなく、未来への希望を持って戻ってくる力がある、ということだ。一九七〇年代から一九八〇年代にかけて、一つはラウル・ヒルバーグが行った、迫害に対してユダヤ人が取った受身の姿勢に関する議論に応える形で、歴史学者はユダヤ人機関の問題を取り上げた。ヘブライ語のアミダ（反対して立ち向かうこと）を使って表現される機関で、クリストファー・ブラウニングはアミダという言葉を「巧妙であること、才覚に溢れていること、適応力があること、忍耐強く辛抱強いこと」という意味で用いた。こうした主張は必ず、一般の人々から支持を得ることになる。というのは、他の道があったとしても、ユダヤ人がホロコーストから前向きな教訓を得られないとなると――もともとユダヤ人には惨事と結びつけて考え空虚感や不毛感を抱く傾向があるのだが――確実にそこにとどまることになるにちがいないからだ。

だが、少し考えてみれば、ホロコーストの経験を経たユダヤ人が不利な条件を跳ね返して勝利を収めるという考え方には、問題が多いことがわかる。同僚のドリス・バーゲンは、大衆文化が〝贖罪の物語〟を求めていると指摘する――どうしようもない惨めな状態で、むき出しの野蛮な行為が行われているところに、救いの銀の糸を垂らしてくれる存在を実際に求めるのだ。ホロコースト文学、ホロコースト記念碑、ホロコースト追悼碑、ホロコースト史には、贖罪のメッセージを得ようと網が常に広げられている。しかしこうした願望があっても、歴史を紐解くと、無条件で集団で祝福できるような、大量殺人を阻みマイノリティの命を救う行為などあり得なかったことがわかる。歴史学者なら誰でも知っていることだが、生き残ることができたのは桁外れの幸運に恵まれていた、ということだ。わずかに生き残った人々は、チャンスがあったということだけで絶滅マシーンから救われた。チャンスだけがよいタイミングで一瞬の平穏を、パンの一かけらを、衛兵の隙を、うまい言葉を使う機会を与えたのだ。もっと言うと、ナチズムのもとで生命の力が持続し得ると想定するのは論外だった。生命力が持続できたのはごく稀有な状況下だけだった。私たちはゲットーで書かれた日記や生き延びた少数者の回想録を読み、生き残ってくれたことをうれしいと思う。だが、悲しいかな、その逆が当たり前だったのだ——ヘブライ大学のホロコースト研究者アモス・ゴールドバーグがホロコーストの日記を丁寧に研究した結果、近年こう報告した。その証拠に、私はハイム・カプランが書いた『ワルシャワ・ゲットー日記 *Warsaw Diary*』の一九四一年五月十八日の部分を例として挙げておきたいと思う。「何も知らずに私たちはナチスのトーラを受け入れ、その道に従った。ナチズムは私たちの全世界を征服した」。

私の経験では、生存者は暗い現実を認識するのが精一杯だった。死んでしまう前に、犠牲者の生活苦を圧し潰してしまうトラウマの影響を明晰に述べた者はいなかった。アウシュヴィッツの生存者で傑出したホロコースト研究者となったヘンリー・フリードランダーは、まさに「生存者」という言葉そのものを残念に思い、この言葉を受け入れることはなかった。それは、死から逃れることができたのは、本人が求めたわけではなく運があったからのことで、特別に認めてもらうようなことではない、というのが理由だった。最悪の事態から何とか逃れることができたわずかな人々に対し、何か大業を成し遂げたユダヤ人として勲章を与えて報いるということは、あまり理性的なことではないと私は考える。多くの人々が落胆と苦痛の重みに沈んだなかで、「絶望に屈しなかった」少数の人々に対して特権を与えて報いることがふさわしいとも思えない。事実、それぞれ一人ひとりが悲惨な運命から逃れようとするなかで、自分の持っている資質がどんな役割を果たそうと、そうした資質をうまく使ったところで、ドイツ人は集団として、個々の違いに対し公正であろうとも正義をもって臨もうとも考えていなかった。そのため、多くの生存者は、生き残ったことを祝福されるだけでなく、生き残った決定的な要因——人としての資質——が優れているとされることに困惑を感じるのだ。

こうした考え方をしているので、私は夕食会やお祝いの会で、「生存者の名誉」を称えようとする善意の人々と同席すると、居心地が悪くなってしまう。こうした行為の背景には、たいてい立派な気持ちがあるのだと私は思う——少しでもいいから人生の時期、その後続く何年間に大きな苦痛を経験した人々と、そんな経験を持たずに済んだ人々との間にあるギャップを埋めてやろうという気持ちだ。だが、その会が終わり家路につくと、不愉快な区別が行われたことや、こうしたジェスチャーが行われることで、ホロコーストの歴史の重要な部分を歪めていると私は感じた。結局、溝は埋められないのだ。死んだ人々は、生き残らなかったから名誉が与えられない。生き残った人々は、必ずしも模範例というわけではない。ユダヤ人評議会が存在したのは間違いないが、犠牲になった人々と生き残った人々を区別して後者に英雄としてメダルを与えて報いるべきではない。生存者は私たちや死んだ人々と同じで、強さと脆さを共に持つ普通の人々である。私の知る生存者はこのことをよく理解し、ありのままで生きようとする人々だ。

7

生存者についての教訓と密接に関連するのは、ホロコーストがユダヤ民族の忠誠心と、反ユダヤ主義に直面して現れたユダヤ人の同化の危機について教えている、という主張である。マーガレット・マクミランは、ユダヤ人が連帯を強化するために当然のように歴史を利用している、と指摘している。私はこれに加えて、共同体としての一体感が活性化するのは、犠牲となったことに苦悶し、最悪の事態を回避することができた可能性があると考える、打ちのめされたマイノリティーが反応する場合には、と言っておきたい。一九六〇年代、私がユダヤ人問題を研究し始めた頃、犠牲者が結束することに強い関心を持っていた。私と仲間たちの場合には、アメリカ合衆国のアフリカ系アメリカ人の公民権運動から影響を受けていた。その背景をみると、忠誠心は「自分を売る」ことではなく、「信仰を維持」し「信ずべきものを維持する」ことだった。これを符合にして、私はユダヤ人の同化を、特に一九三〇年代に反ユダヤ主義が復活したときの同化を探求し、そのあとに続いたホロコーストを考察しようとした歴史学者の世代に属していた。

この問題について、ハンナ・アーレントの著作は、私や一九六〇年代に一緒に取り組んでいた者たちの心に訴えた――アーレントが当時ナチズムから逃れてアメリカにいたということと、アーレントが公民権運動について果敢に発言をしていたからだった。私たちが、特にアーレントに魅かれたのは、アーレントがユダヤ人の普遍主義を推進することとユダヤ人のアイデンティティーを強く表現することとを一つに結びつけていたからだった。戦後十年も経っていない頃、アーレントがケルンで行った講義を私は聞いた。冒頭、アーレントが「私は故郷から追い立てられたドイツ系ユダヤ人です」と大胆な表現で口火を切ったことは記憶にないが、言葉の言い回しとその裏に込めた感情の言い回しを素晴らしいと思ったのを確かに憶えている。私はドレフュス事件の時期におけるフランス系ユダヤ人に関する本を執筆した。そのなかで、ユダヤ人のアイデンティティーを薄めたことによって共同体としての一体感が弱まったと論じたが、その際、アーレントの本を参考にした。アーレントは、一八九〇年代のヨーロッパで反ユダヤ主義が高まる潮流のなかにユダヤ人の同化を置いた。そしてユダヤ人がユダヤ人らしさを捨て、近隣の非ユダヤ人のアイデンティティーを獲得しようとしてもうまくいかないのは必然で、実際に憎悪と人種差別主義を刺激したと主張した。アーレントのこの説を肯定することは難しい――私は後に、この点を強調したとき、アーレントは分析手法を逸したと考えた。だが、当時、同化によってユダヤ人に対して発せられていた警告の汽笛が曖昧になり、危険な状況に直面している事態を予知する能力をユダヤ人が鈍らせた、とアーレントは私に説いた。

私を含め当時の人々がアーレントに夢中になっていたため、哲学者マルティン・ハイデッカーとアーレントが深い関係にあったことに気づかなかった、ということは付け加えたい。ハイデッカーはマールブルクでアーレントの教授を務め、後にナチスとなった。二人の情熱的な関係はハイデッカーが三十五歳、アーレントが十八歳だった一九二五年に始まった。関係はアーレントがフランスに亡命するまで数年間続いた。戦後、友人という形で和解してから復縁し、一九七五年にアーレントが亡くなるまで関係が続いたのは有名だ。この関係についてさまざまな想像が行われ、本になり、話題になり、映画や劇にもなった。この話が公になったのは、小説家で伝記作家のエリジビエータ・エティンガーが二人の往復書簡を出版した一九九五年のことだった。三十年前にこの資料が明らかになっていたら、アーレントを賞賛した人々にどんな影響があったのかと思うより他ない。

ハンナ・アーレントの見方が私たちとまったく違うのは次のように考え方、すなわち、ユダヤ人が伝統とアイデンティティーに忠実であることが、道徳的あるいは精神的な教訓だ、ということだ――これは一九六〇年代にエミール・ファッケンハイムがユダヤ人の六百十四番目の掟として力強く述べた主張と同じだ。このことについては最終章で触れる。私としては、アーレントが見い出した答えは歴史の教訓というより、宗教的な義務のように思える。ユダヤ人の命とアイデンティティーの維持そのものを究極の価値とする考え方だ。これを極端な形で捉えると、正統派のグループのなかには、ヒトラーが行ったようなユダヤ人の同化はユダヤ民族滅亡を達成するための「静かなホロコースト」だと考える者もいる。ホロコーストを、シオニズムを主張したことに対する、あるいはユダヤ教を世俗に貶めたことに対する神の罰だと考える正統派の頑迷な代弁者もいる。歴史学者は普通、こうした議論の外に立って考える——そして、それで救われるのだ。だが、歴史学者は歴史的事実を巻き込んだ重要な議論にかかわることからは逃れようがない。この場合でいえば、ドイツ人とナチ占領下のヨーロッパの共犯者の多くは、同化したユダヤ人と同化しなかったユダヤ人を、ユダヤ人のアイデンティティーを十分身につけた人々とそうでない人々を区別することに歴史学者は何ら関心を持たなかった。事実、ヒトラーのユダヤ人専門家はこうした区別を何とか壊そうとし、迫害と大量殺人をまったくユダヤ人らしからぬ人々にまで拡大しようと、全力を尽くしたのだ。さらに言うと、ユダヤ人としての宗教的な実践やアイデンティティーを薄めることを選択したユダヤ人に汚名を着せるのは、共同体としてのアイデンティティーが個々の選択や好みに影響を受けない必須のカテゴリーだと考えるナチスの論法に加わることになる。私の見方からすれば、誰もがこうした見方をホロコーストの教訓として真面目に考えることができたとは到底思えない。

この点について、私が付け加えることができるのは他の問題と同じだ。ホロコースト生存者は、それにユダヤ人が関与したという問題とは根本的に違う立場にいる、ということだ。私たちが承知しているように、ホロコーストを生き抜いた多くのユダヤ人は、ユダヤ人としての出自を偽り、無視し、拒絶するための、ありとあらゆる理由を探した。事実、ホロコーストに対するユダヤ人の反応は、アイデンティティーに関する問題を超えて大きく広がっている。ホロコーストの経験をすすんで確認し、経験の一つひとつからさまざまな結論を引き出している。たいへん難しく、抑圧されたアイデンティティーを明確にし、つかみどころのない問題を自ら調査しなければならない理由は、このテーマに関する研究がほとんどなく、教訓を議論するうえで参考になるものがほとんどないところからきている。さらに言うと、ユダヤ人の反応は、国や文化などの分類の仕方によって変わるように、時間と世代とともに変化する。ポーランドでは戦前、三百万人以上のユダヤ人が生活していた。しかし、その多くは殺され、あるいは一九六八年の共産党体制によるユダヤ人攻撃で国を逃れ、今や再び重要な問題となっている。何千人というポーランド人が、今ユダヤ人としてのアイデンティティーを主張、もしくは取り戻そうとしている――ユダヤ人のアイデンティティーを求めて、戦時中にホロコーストから逃げたといった話が今になって出てきている。多くの人が大人になってから、歳取った両親や一族から、自分がユダヤ人だということを教わった。私の友人でラビのドウ・マーマー「ユダヤ人だったことを知って驚く」と述べている。興味深いのは、多くのポーランド人がユダヤ人の遺産を隠そうとするのではなく、それを受け入れようと懸命になっていることだ。

ユダヤ人向けに行われた教訓を説明するに当たり、フェイスブックの「生存者の行進 the March of the Living」について触れないわけにはいかない。そこに、「ホロコーストの教訓を伝えるため、ユダヤ民族が将来二度と繰り返さないことを願い誓約するため、国際ホロコースト記念日に十代のユダヤ人をポーランドとイスラエルに派遣する国際教育プログラム」と書かれたページがある。「行進」は、「ナチ・ドイツに奪われたユダヤ人資産の返還を求める会議」から資金の供出を受け、一九八八年に始まった。さまざまな国のユダヤ人青少年がポーランドに行き、アウシュヴィッツやトレブリンカといった絶滅収容所を含めたホロコースト関連史跡を訪問し、それからイスラエルを訪れてイスラエルの独立記念日（Yom Ha'atzmaut）を祝うというプログラムだ。「行進」が始まって以来、約十五万人の若者がこの旅行に参加している。若者が行った集団的贖いの行為がフェイスブックに載った写真に写されている。行進に参加した若者はイスラエル旗に身を包み、旗を高く掲げて、ポーランドの絶滅収容所などの史跡をパレードし、悲しみとユダヤ人の連帯の喜びを表現する。「生存者の行進」を経験した者のなかには、強い反発を感じる者もいれば、素晴らしい経験だったと感じる者もいる。反応はさまざまなのだが、誰もが感情を強く揺さぶられ、気持ちが磨り減ってしまうことになる。「行進」はホロコーストそのものと、ホロコーストが今日のシオニスト運動と結びついていることの両方に関する教訓を伝える場となっている。

「生存者の行進」は、特に始まったばかりの頃、批判の嵐にさらされた。「生存者の行進」はポーランドとイスラエルをそれぞれステレオタイプ化した見方――すなわち、ポーランドを反ユダヤ主義で傷ついた未開の国として、イスラエルをホロコースト後のユダヤ人の生命を肯定した完璧な土地――で示すものだ、という批判である。「生存者の行進」を企画・運営している人々は、参加した若者に自分自身で問題を考えさせるように努めたというよりも、あらかじめ決まったメッセージを彼らに注入するため、たとえば睡眠時間を奪うなどの方法を用いた。若者が疑念を感じたのは間違いない。「東ヨーロッパではあなた方の内面から、あなた方がユダヤ人である部分を引き出すには何日もかかりません」とイスラエルのユーモア作家で短編小説家のエトガー・ケレットは意見している。宗教的に右派の立場を取るシオニストは、「行進」のなかで若いユダヤ人の理性と感情がぶつかり合っているのを目の当たりにし、十年半実行したあと、「生存者の行進」に対し激しい批判を行った。教育的な価値がないし、このような旅行に金をかけるくらいならトーラの研究をした方がましだ、と主張したのだ。「行進」が始まってから二十五年目に、創設者の一人で元イスラエル財務相のアブラハム・ヒルチソンにかかわる財政上の不法行為があり、二〇〇九年にテルアビブの法廷で横領罪の判決を受けるという打撃を受けたが、なおも継続している。だが、意図した「メッセージ」をポーランドとイスラエルの両方で伝え合うというやり方を改善したという。「行進」は、評価はされているが私たちがここで理解したような、〝共同体として行うホロコーストの教訓にかかわる代表行事〟と表現するのが的確だと思う。国際線に乗って、イスラエルとディアスポラの両方で世界をまたにかけて、大切なユダヤ人共同体としての行事を行っているのだ。

7

ユダヤ人が一番よく口にするホロコーストの教訓は、おそらく、権力に関するものだろう。「狼のなかに入って生活するときには狼のように行動するか、食われるかだ」——最近、取材を受けてこう答えた人物がいる。この言葉は、ユダヤ人の教訓にしようと意図し、ユダヤ人に向けて語られた。その内容は、権力の行使につながる、あるいは権力を肯定的な力として権力を讃えることにつながる、ことさら立派な言葉というわけではなく、生存のための道具として権力を捉えている。「ホロコーストの教訓の一つは、マイノリティーグループは、特にユダヤ人は、敵対する多数派が行う破壊と虐殺に対し自衛すべきだ、ということだ」と、評者は続けた。「ユダヤ史の教訓は、ユダヤ人国家にユダヤ軍が存在する場合にのみ安全があるということだ」——イスラエル首相ベンヤミン・ネタニヤフは、『国々の間の場所 *A Place among the Nations*』（一九九三年）のなかでこう述べている。

今世紀初めにイスラエルという国が存在していれば、ホロコーストは存在しなかったにちがいない。アメリカ、イギリスなどの国々がそれを断ったとき、ユダヤ人難民を進んで受け入れる国となっただろう。ユダヤ人のために戦う用意のある軍隊が存在したはずだ。過去にはこれがなかったが、将来は違う。ユダヤ人はもはや無力ではない。自分が存在することを求める一方、そのために戦う力に欠けているわけではない。ユダヤ人国家の樹立によって、ユダヤ人が自分たちの運命を自分の手に取り戻し、再び自分の運命をコントロールできるようになったという事実に、誰も異を唱えることはできない。

問題は、自分たちが力を持っているという新たな現実にユダヤ人が適応する必要がある、ということだとネタニヤフは続けた。ネタニヤフの言葉には、イスラエルとシオニスト右派の考え方に通じるものがあった。ユダヤ人はイスラエルに適応せず、「亡命していたときに獲得した思考と行動様式の非政治的習慣」をそのまま継続し、苦しみ続けたのだ。モントリオールで育ち、現在ハーバード大学の著名なイディッシュ語文学教授ルース・ワイズは、ユダヤ人の権力について、権力がそのときどきで変わったことについて、また、シオニズムの歴史との相互関係について、もっと複雑な見方をしている。その一方で、権力がホロコーストを知る鍵となる教訓だとワイズは捉えている（あまり深く考えたわけではないのだが、ワイズの論調を少々話させてほしい)。「人間らしい人間でありたいと思っている人々は、教訓を無視してしまうほど鈍感でいられるはずがない」。ワイズが言わんとしているのは、ユダヤ人は特に、権力の問題について敏感になりがちだということだ。ユダヤ人は長年の経験から、特に「他の民族との政治的相互関係を理解すること」を禁じられてきたように思える。イスラエルのジャーナリスト、アリク・エルマンは最近、記事のなかでこの問題について簡潔に論評している。「ユダヤ人は一つにならなければならない。ユダヤ人は武装しなければならない。ユダヤ人は国としての主権を確立し、維持しなければならない」。

イスラエルの歴史学者に、イェフダ・バウアーがいる。戦時中のパレスチナのユダヤ人居住地に彼が関心を持っていることを知っていた私は、三十年ほど前にヘブライ学の上級研究機関に客員研究員として赴いたとき、この問題をバウアーに突きつけた。バウアーもまた、ユダヤ人が受容されているという考え方に懐疑的だった――それは、シオニストがイスラエルを建国するにあたって、こうした考え方が教義の核心部分となった場合と同じだった。バウアーには、かつてパレスチナのユダヤ人居住地の軍であるハガナーのエリート部隊、パルマッチのメンバーであったこと、および、イスラエル労働党左派のパートナーであるマパムのメンバーでもある、という権威があった。一九二六年にプラハで生まれ、家族とともに一九三九年、ポーランドとルーマニアを経由してパレスチナに移住したバウアーは、イスラエルを代表するホロコースト研究者になった。私は、バウアーがホロコースト問題一般を理解し、特にパレスチナのユダヤ人共同体に造詣が深かったことを憶えている。パレスチナのユダヤ人共同体については、一九七〇年にバウアーが書いた『外交から抵抗まで――ユダヤ人のパレスチナの歴史 *From Diplomacy to*

Resistance: A History of Jewish Palestine』の英語訳が出たのをきっかけに、イスラエル以外でも広く読まれるようになった。以下、バウアーがヘブライ大学のホロコースト・ゼミナールで私と仲間たちのレベルを引き上げてくれたことについて取り上げる。

バウアーは著書で、一九四二年のパレスチナにおけるユダヤ人共同体を描いた。当時、パレスチナのユダヤ人は、東欧を席巻している大量殺人について、ある程度信頼できる情報を得ることができていた。現在わかっているように、一九四一年六月の対ソ・バルバロッサ作戦のあと、ドイツがソ連から獲得した領域にいた百万人近いユダヤ人が無惨にも射殺された。ドイツは西欧や中欧から送り込まれた何万人ものユダヤ人がいるゲットーを重点的に整理し、ユダヤ人をポーランドの殺人収容所に移送した。最終的に、毒ガスを使って何十万人もの無力なユダヤ人を殺害する設備をつくった。当時、パレスチナはイギリスの委任統治下にあり、人口の三分の一ほどを占める約五十万人のユダヤ人が生活していた。パレスチナのユダヤ人は、防衛をイギリス軍に頼っていたが、北アフリカの砂漠にあって数においてイギリス軍は明らかに劣勢だった。エルヴィン・ロンメル率いるドイツ陸軍アフリカ部隊がエジプトの門に圧力をかけてエジプトに侵攻し、イギリス軍が崩壊寸前にあるなか、五十万人のユダヤ人の状況は絶望的に思えた。虐殺の危機にあったのだ。

ドイツの歴史学者クラウス＝ミカエル・マルマンとマルティン・クッペルスの著作のおかげで、一九四二年、パレスチナのユダヤ人をドイツが抹殺しようと計画していたことが今日では明らかになっている。この夏、ロンメル率いるアフリカ部隊はカイロとスエズ運河を獲得し、パレスチナに進攻してイギリス軍を一掃する作戦だった。機械化が進んだドイツ軍と大砲とともに、ナチの行政官として経歴があり、東欧のユダヤ人大量殺戮では中心的役割を担った親衛隊中佐ヴァルター・ラウチ率いるＳＳアインザッツコマンド（行動隊）も来ていた。ラウチ自身、セルビアと占領下にあるソ連の領域で、移動殺人部隊を動かすことに慣れていた。ラウチの新たに編成した部隊は小規模ではあったが、アラブの協力者に必要とされれば、いかようにも展開することができた——少なくともドイツの計画立案者は、アラブの協力者など特別な困難には堪えられないだろうと考えていた。一九四二年の夏の初めには、ドイツにとってすべてがよい方向に進んでいるように思われた。ロンメル軍はトブルクの水深の深い港を獲得し、その後メルサマトルーの要塞を確保した。道はエジプトとその先に向かって開かれているように見えた。これはユダヤ人の居住地にホロコーストをもたらすことにつながる出発点だった、と二人の著者は述べている。パレスチナのユダヤ人居住地に、ドイツが突破してくるかもしれないという不安が広がった。だが、大方の予想に反して潮流は変わった。七月、イギリス軍はエル・アラメインの戦いで徹底抗戦し、ドイツが東方へ進むのを阻んだ。その後、十月から十一月にかけての激しい戦闘の結果、イギリスのバーナード・モントゴメリー将軍指揮下の第八軍がエル・アラメインに敷かれたドイツ戦線を突破し、駆逐戦車部隊をチュニジアに押し返した。北アフリカにおける両陣営の流れが変わった。エジプトは連合国の手の内にとどまり、パレスチナも維持された。かくしてパレスチナのユダヤ人たちは救われたのだ。

だが、ユダヤ人がひどく恐れた虐殺は絵空事ではなかった。二人の歴史学者は、ユダヤ人の指導者がドイツ軍侵入の場合に備えて悲痛な気持ちで作成した計画を叙述した。防御側の考えは、予想されるドイツの侵入からユダヤ人をできるだけ数多く避難させるため北方に退却するが、一方で侵入を妨害するため、ハイファを臨むカーメル山の斜面に最後の塹壕をつくるという計画だった。キブツ運動のカリスマ的リーダーであるイザック・タベンキンとその同士ダヴィド・ベン＝グリオンは、ユダヤ人指導者が感じた絶望感について次のように吐露している。「われわれは究極の孤独そのものだった……ユダヤ人がどれほど生き残れるのかわからない……ナチスが全員を抹殺することはない、という保証はどこにもない……完全に孤立していて、世界がわれわれの敵だということがわかりきっているだけに余計辛い」。

当時十六歳だったイェフダ・バウアーは父親とともに動員され、ドイツと戦う用意をしていた。第一次世界大戦に将校として従軍しイタリア人と戦った経験のある父親が、自分は生きて帰れないだろうと言ったことをバウアーは憶えていた。マルマンとクッペルはこの状況を次のように評価した。

防衛計画と、計画に込められた思いをすべて分析すると、パレスチナのユダヤ人たちは大量疎開を組織的に行ったところでまず間に合わないし、ドイツのアフリカ軍団とアラブ同盟軍に効果的に戦えるだけの戦力も持ち合わせていなかった。数のうえでは大きいものの、それ以外はヨーロッパで武装して抵抗したユダヤ人と同じで、パレスチナでも枢軸国とアラブの同盟に対し、絶望的な戦いになるにちがいなかった。結局、パレスチナのユダヤ人たちは間違いなく、完全に抹殺されるはずだった。パレスチナのユダヤ人たちは北アフリカ戦線の軍事展開によってかろうじて救われたのだ。

この話は私たちに何を物語っているのだろうか。最も重要なことだが、この話は事実に反する歴史に陥る危険があることをも示している。たとえば、一九四二年にパレスチナにユダヤ人国家ができていたとすれば、ユダヤ人がロンメルとドイツアフリカ軍団を止めることも可能になる。たとえば、現地のユダヤ人はドイツ人の軍事計画から逃れることができたのだ。だが、おそらくはそうならなかっただろう。可能性として高いのは、ユダヤ人国家がユダヤ人にとって恐るべき罠になる、というものだ。エル・アラメインの二度目の戦闘でイギリス軍が負けていれば、ドイツ軍はおそらくパレスチナにおけるユダヤ人居住地を破壊し、現地のユダヤ人の大半を殺害したにちがいない。同じ理由で、一九三〇年代にもっと多くのユダヤ人がパレスチナに逃れることを認められていたら、一九四二年にははるかに多くのユダヤ人が国防軍に動員させられていただろう。推測してみると、いくらでもシナリオを考えることができる。だが、想像から作り出したシナリオはあてにならない教訓を生む。一方、逆の可能性に直面して、たいていの歴史学者はこの分野を、空論を振り回す者や政治家に委ねてしまう。歴史学者の多くが言うように、起こる可能性があったことを推測しなくても、実際に起こったことだけを扱うだけで手一杯だからだ。

起こる可能性があったことを最近になって追求する事態も起きている。政府にユダヤ人を任命したことや、自由主義の姿勢を保ったこと、ホロコースト当時ナチ・ドイツと戦うと決意したことで、多くのアメリカ系ユダヤ人から賞賛されることの多いフランクリン・D・ルーズベルトに汚名を着せようと、アメリカ合衆国で行われている執拗なキャンペーンだ。今になって批判者は、ルーズベルトが一九三〇年代にユダヤ人難民を十分支援せず、ホロコーストのときに救出運動を立ち上げなかったと非難している。これとともに、キャンペーン推進派は、パレスチナの最初のチーフ・ラビの甥で、ピーター・バーグソンという別名で知られるシオニスト右派の活動家ヒレル・クックを褒め称えることに熱心だ。バーグソンは常に、アメリカにたくさんの要求をした。歴史学者は、ルーズベルトの欠点と、ルーズベルトがときどき行う疑わしい言い訳に気づいていたが、何を優先すべきか、その順序が異なる考え方の人々から寄せられる大統領に対する政治的批判に意見するとともに、必ず勝てるよう、対ドイツ戦争を行おうと大統領が考えていたことも併せて指摘した。

多くの作家はバランスの取れた立場を模索したが、アメリカの歴史学者、ラファエル・ミードフは違った。ミードフは、『ユダヤ人の遺棄 *The Abandonment of the Jews*』の著者であるアメリカ人の名にちなんで命名されたデビッド・ワイマン・ホロコースト研究機関の創立時の館長を務めたが、そこでは反対の主張がなされた。ウェブサイトによると、ワイマン機関は「ナチ時代に、ヨーロッパ・ユダヤ人を遺棄したことに焦点を絞り、救済を促進することに努め、その経験から道徳的歴史的教訓を引き出す」とある。この機関は第十一回全国大会を近年行ったが、そのタイトルは「『呪われた人々の旅』から七十五年」（ヨーロッパ・ユダヤ人難民が一九三九年にSSセントルイス号でドイツから難民として国を出た年のことを引いている）だった。サブタイトルには挑発するように、「われわれはそれを繰り返す運命にあるのか？」と付されていた。ミードフはアメリカがヨーロッパ・ユダヤ人を見捨てたことを糾弾し、一歩も引かなかった。多くの人々は、ミードフの主張が、あまりにも時代を経てから見た考え方に偏っているばかりか、政治的にもイスラエルとアメリカ右派の支持に傾き、特にイスラエルについては、ユダヤ人は常に包囲されているとする感覚に陥っていると考えている。アメリカ合衆国のバーグソンのグループは、労働シオニズムに反対する右派の修正主義を代表し、現在ではイスラエルのリクードが継承している政治グループの一部となっている。ローレンス・ザッカーマンが「ネーション」誌に書いているように、彼らの「明確なメッセージは一九三九年のヨーロッパ・ユダヤ人のように、イスラエルは現存する脅威のもとにあり、誰からの支援にも頼れない――アメリカ合衆国にも、リベラル勢力にも、アメリカ合衆国内のユダヤ人にも。その多くはシオニズムに十分協力していない。以前には裏切りがあった。大統領や国が友好的に見えるかどうかにかかわらず、裏切りは再び起こり得る」ということだ。教訓は裏切りだ――最初はユダヤ人の味方をしなかったルーズベルトの裏切り、次は明白な教訓を引き出すことができないでいる歴史学者たちの裏切り――ユダヤ人は孤独だ、と。しかし、ものごとをこのように見るのは、自己実現してしまう予言になってしまう危険があると多くの人々が考えていることを付け加えておくべきなのだろう。

7

ユダヤ人にとってホロコーストの教訓は数多くある。そのなかで最も共通性があるのは、ホロコーストが繰り返されるのではないか、という不安である。「二度と起こさない！」というスローガンには、ホロコーストが何らかの形で繰り返されるのではないかという恐怖が潜んでいる。この疑念は消えず、専門家を名乗る者には、常に自分自身がどう評価するのかということが問われている。最近のユダヤ人に向けられる怒りは前触れなのか。ユダヤ人がまとまったイスラエル国家は「新たな反ユダヤ主義」に苦しまなければならない運命にあるのか。なぜ世界はこうした現実に目を閉ざすのか、と。十年前、コンサーンド・クリスチャン委員会なる団体がスポンサーとなって行った調査がある。それによれば、大多数のアメリカ人は、ヨーロッパでユダヤ人に対するホロコーストが再び起こり得ると思っている、ということだ。「新たなホロコーストを回避するため、全面的なプログラムが導入されなければ、『再び起こる』と新たなスローガンを打ち出さなければならない」——委員会の創設者でスポークスマンを務めるベン・フリードマンはこう述べている。中道左派の「ハアレツ」誌は、イスラエル人のほぼ半数が、ホロコーストは再び起こりうると思っていると最近報じた。ヘブライ大学で反ユダヤ主義の研究機関の長を務め、このテーマについて長編の本を書いた故ロバート・ウィストリッチも次のように示唆した。「われわれは民族としてユダヤ人がジェノサイドの脅威に再び曝される時代にある」、「ずっとこうした状況だったわけではない。〔ユダヤ人が〕こうしたことを感じるようになったのはショア以来、初めてかもしれない」と。ウィストリッチは、ユダヤ人が一九六七年と一九七三年の中東戦争後、同じような予感を抱いたことを認めた。「だが、現在の脅威ははるかに深刻だ」とウィストリッチは断言する。「ユダヤ人の抹殺を求め、それを黙っていられない人々がいる」、と。ウィストリッチはこのインタビューを受けるとき、自分のコメントに対して言質を取られないよう慎重に言葉を選んでいた。だが、ウィストリッチのインタビュー記事の見出しには、「ホロコーストは起こり得る。反ユダヤ主義研究者の第一人者が警告する」と大々的に書かれていた。

特にユダヤ人に目を向けると、このメッセージはホロコーストについて普遍的なメッセージを広く伝えることになるのではないかという、根深い不安をかきたてた。「ホロコーストは異宗教間の経験ではない」と、アメリカ合衆国ホロコースト記念博物館の前館長ウォルター・リーチは警告している。ホロコーストを「人の人に対する非人間性について教訓を与えるもの」と普遍化しようとする動きを、リーチは残念に思い、「こうした努力はユダヤ人がまさに現実に直面している問題から関心をそらそうとする動きの一部だ」と感じている。ホロコーストのテーマを批判的に分析する者の中には、ヨーロッパ・ユダヤ人の殺害に、「非ユダヤ化」が見られることを大きな危険であると捉えている者もいる。「非ユダヤ化」とは、犠牲者であるユダヤ人のアイデンティティーを曖昧にし、加害者が反ユダヤ人を特別に目的としていたことを打ち消そうとする思想だ。「ホロコーストを泥棒」——ある作家はこう表現している。これに関連する脅威は、少数派の見方だが、ユダヤ人を救出した人々からポジティブな教訓を考えてみようとするのは邪悪な傾向だ、と捉える見方だ。この味方をアメリカの学者エドワード・アレクサンダーは「超楽天主義の酒宴」と切り捨てている。この見方を具現化したのが『アンネの日記』である。この本はホロコースト関連作品の中で、よりよい世界とは何かという人間らしいメッセージを伝えるものとして、今なお世界中で広く読まれている。特に評判が高かったのは、一九五五年のブロードウェーの舞台でアンネが最後に言おうとしたコメント——「どんなことがあっても、人の心は、本当は善良なのだと今も思っています」だ。アンネが本来考えていたことを歪曲し、一九四四年七月という状況を無視して抜き出した言葉である。これは、アンネ・フランクの当時の考えを蹂躙するばかりか、世界に広がった致命的ともいえるユダヤ人に対する憎悪を無視し、軽視しようと、一貫して行われてきたことの結果だと、声を大にして批判する評論家もいる。アメリカンズ・フォー・セーフ・イスラエルという組織の機関誌で、コラムニストのダニエル・グリーンフィールドは「ヒューマニストを装ったホロコーストのハイジャッカー」と非難している。「ホロコーストにはユダヤ人、非ユダヤ人の両方に教える重要な教訓がある。普遍的な寛容という教訓ではなく、個人と共同体は自分たちを守ることができなければならないという教訓だ」とグリーンフィールドは書いている。人間の性質について暗く悲観的な捉え方をするこの考え方は、ホロコーストを用いて寛容や普遍的な兄弟愛を高めていこうとすることはよくないことだと思っている。第二次世界大戦後に広がった無邪気な見方だとグリーンフィールドは述べる。だが、それはもう終わった。ジェノサイドが存在する。国際機関は腐敗している。イスラム原理主義が新たな反ユダヤ主義を推進している。ユダヤ人はこれまでと同じように脅威にさらされている。イスラエルは危険な状態にある。「偉大な人間的な経験は死に絶えた。放たれる悪臭から逃れるすべはない」。

これらは極端な見解だが、多くに共通しているのは、今日の世界で起こっていることをホロコースト史のなかにある重要な場面と重ね、同じものとして捉え、それがホロコーストに向かう道の途上にある鍵を握る指標と「まるで同じ」か「思い起こさせる」か「類似性がある」、と宣言していることだ。こうした考え方をしていると、そこから引き出される教訓は、ナチズムの歴史と第二次世界大戦を通して世界を見ることにつながる。こうした言葉のあやには数多くの種類があり、おそらく一番よく引き合いに出されるのは、ホロコーストに向かう歴史のプロセスで重要な瞬間となった一九三八年のことだろう。この年が重要だということについては、歴史学者も一般に異議を挟まない。ナチズムによるドイツ支配が決定的に強化された年だった。ユダヤ人に対してさらに残虐な攻撃が行われ、ドイツ中で「クリスタルナハト（水晶の夜）」と呼ばれるポグロムが行われたのだ。ナチ・ドイツがオーストリアを併合した結果、そこでは重点的にユダヤ人迫害が行われた。欧米のリベラルな民主主義者が、急速に増加する難民に対して、特にエビアン会議で効果的な対応ができなかった。チェコスロバキアで危機が生じ、ミュンヘン会議が行われた。ドイツの侵略準備がますます明白になった。ユダヤ人を多く抱える国々でユダヤ人の状況が急激に悪化した。特にポーランド、ルーマニア、ハンガリーで著しかった。この年は、あるドイツ文書で計画的にナチスがユダヤ人を襲撃する「運命の年」と位置づけた年であり、これら一連の出来事をホロコーストの始まりと捉える人々もいる。

評論家の多くは、一九三八年の時の脅威と同じように、ユダヤ人に対する脅威を読み取り、警告を発するようになっている――ヨーロッパで起こっている反ユダヤ主義的な事件や核武装したイランがイスラエルに与える脅威、アメリカ合衆国のオバマ政府に見られる孤立主義の潮流に対して発言するときには特にそうだ。二〇〇六年、イスラエルの首相ベンヤミン・ネタニヤフはロサンゼルスで行われたユダヤ人コミュニティー連合の年次総会で行った演説で、イランとナチ・ドイツの間に類似性があると指摘した。「ユダヤ人が自ら武装しなければ、ユダヤ人を守るものは誰もいない」とネタニヤフは付け加えた。イスラエル国防相で労働党のメンバーであるエフード・バラクは、イランに対してネタニヤフと同様の威嚇的な態度を取った。二〇〇七年、ニューヨークにあるクイーンズ・カレッジ・ユダヤ研究センターは、このテーマについて会議を開いた。「一九四五年以来、今ほど恐ろしいと思っていることはない」とノーベル賞受賞者でホロコーストの生存者エリ・ヴィーゼルは述べ、二〇一二年には反ユダヤ主義に関する映画を紹介した。「洗脳された者がホロコーストの教訓をやがてわかるときがくる」と一般に知られた自称急進的フェミニストで心理療法医のフィリス・チェズラーは、最近ブログでこう疑問を投げかけた。彼女が伝えたいことは、明らかにユダヤ人が攻撃を受けやすいということだった。新たなホロコーストをはっきりと予期するということではなく、ユダヤ人あるいはユダヤ人国家が恐るべき危機的状況にあるということを、皆が理解すべきだということである。このような形で捉えることができないと、ほぼ間違いなく「宥和」とレッテルが貼られてしまう。イギリス首相ネヴィル・チェンバレン内閣のアナロジーであることは明らかだ。この話とともに、歴史学者が一九三八年について考えるように、こうした状況はまさに恐るべき怪物を止める最後の機会となる可能性があるという推論を付け加えてもよいのだ。

だが、このことをホロコーストの教訓としてはっきり表現した場合、さまざまな感情がそれに伴い、うごめくことになる。多くのイスラエル人はこのアナロジーを嫌っている。イスラエルの戦略計画において最高のレベルでは、軍および情報のトップは違う考え方をしてきた。「首相と国防相は部下が歴史的な捉え方をせず、勇気がないと考えた。軍の情報を担当するお偉方は、上司のことを預言者気分で戦争をしたがる狂信者だと考えた。二者の激しい闘争は個人的で俗悪で醜悪なものとなった」と、ジャーナリストのアリ・シャビットは最近出した本『私の約束の地 *My Promised Land*』のなかで書いた。議論が激しくなると、一九三八年のアナロジーに対する批判も激しいものとなった。評論家は、ヨーロッパにおいてでもユダヤ人は無力な犠牲者というわけではないこと、他の多くの集団はそれなりの理由で、さらに脅威が増しているのでないにしても同じように、イスラエルは中東で無力な存在とは言えないこと、イスラエルに代わって戦ってくれる勢力があちこちにあることなどを付け加えた。「安心して深呼吸してよいのではないか」――テレビジャーナリストのファリード・ザカリアは数年前、このテーマについて執筆した記事のなかでこう推奨している。

だが、ホロコーストが影響力のある議論で、イスラエルやイスラエル以外に暮らすユダヤ人の両方の心に強く訴えていることは間違いない。状況が重大であるとユダヤ人自身が考えたがらないのは、そのこと自体警告すべきことだと歴史学者は考える。たとえば、一九三〇年代と一九四〇年代を考えてみるとよい。ユダヤ人は当時、厳しい現実に蓋をしてしまいたい気持ちになった。他の人々と同じだ。さらに進めて、絶望的な状況におかれていることを強く警告するシナリオをユダヤ人が受け入れようとせず、波風を立てることを恐れてユダヤ人としてのアイデンティティーを隠すことが原因だと歴史学者が考えることも往々にしてある。最も極端な例では、ユダヤ人が自分自身を嫌っている――一般に言われるだけでなく、このテーマに関する大学の授業のなかでも言われるのだが、ユダヤ人が弱々しいという非難を助長してしまうような、彼ら自身の行動――を責める場合もある。一九三八年のように、過度に楽観的な見方や、平和を構築できるという幻想、常に軍事より外交を好むといった表現は、これまでよくあったお伽話で、こうした見方ではだめだということを歴史がわれわれに教えてくれる。最後に自分たちに代わって戦ってくれる勢力――アメリカ合衆国やリベラルな民主主義勢力や地政学上の複雑さがどうあるのか――に依存することは、歴史を紐解くと明らかなように軽蔑され、馬鹿にされる。「ユダヤ人はこうしたことが一九三八年に起こったと思い込んだ。それがどこで自分たちに襲いかかってきたのかを考えている。これが歴史の教訓だ」とザカリアは述べている。

第5章　イスラエルの教訓

ヤド・ヴァシェムはホロコースト、あるいはヘブライ語ではショアとして知られるものを記念し、研究するイスラエルの機関だが、パラドックスが存在する場だ。国民の記念の場として、ヤド・ヴァシェムは大きな恐怖を思い起こさせる場だが、平和の場でもある。溢れんばかりの日が降り注ぎ、大量殺人などおよそ考えられないような選び抜かれた素晴らしい景色のなかに溶け込んでいる。エルサレム西方の丘陵の尾根十八万二千平方メートルの敷地に建ち、標高二百五十メートルにあって、眼下に素晴らしい渓谷を見ることができるヤド・ヴァシェムは、大きな建物の集合体だ。それぞれ小さな大学くらいの大きさがあり、その多くはクリーミーホワイトか黄金色のエルサレム石でつくられている。堂々たる記念物、新しく改築された印象的な博物館、美術館、シナゴーグ、美しい庭園、管理・研究棟、さまざまな集会が行われる場、それに加えて、それぞれの建物を結んでいる閑静な歩道がある。首都エルサレムのヘルツル丘、すなわち「記憶の丘」にあり、敷地のうち約六万平方メートルが素晴らしい景色を見るための場となっていて、この機関を記念する数々の石と木々が、正しい行動をした諸外国の人々――ホロコーストのときに迫害する者たちからユダヤ人を守った非ユダヤ人――を表している。ヤド・ヴァシェムの名はイザヤ書の一節「わが家のうちで、わが垣のうちで、息子にも娘にもまさる記念の印と名〔へブライ語でヤド・ヴァシェム」を与え、絶えることのない、とこしえの名を与える」から取られており、無名のホロコースト犠牲者の記憶を安置する場として今に至っている。イスラエル議会クネセトの制定した法により、一九五三年に「殉教者と英雄の記憶機関」としてヤド・ヴァシェムが設立されると、建てられた像には「この機関独自の発案と独自の運営のもと、記憶のプロジェクトを立ち上げ、ホロコーストについての証言を集め研究・出版し、人々にその教訓を伝える」と、その役割が厳粛に刻み込まれた。教訓はヤド・ヴァシェムがつくりここに置いているもので、建物に使われたエルサレム石と同じく、ヤド・ヴァシェムの活動の中核を占めている。

今日、ヤド・ヴァシェムはイスラエルという国の自己定義の中心にあると理解されている。当然のこととして、外国から著名な客がこの国にやってくると、真っ先にここを訪れる――ユダヤ人国家が誕生したばかりの頃、キブツやイスラエルが誇りとしていた今日達成した成果物のところを訪問したのと同じだ。歓迎のスピーチと訪問者の反応はいつもワンパターンだ。イスラエルの知識人バーナード・アヴィシャイが言うように、こうした式辞には「必ず三段論法があって、『ホロコースト』のことを最初に持ち出して、次に『ユダヤ人国家』の話が出る」。そのあと、ときには明らかに、詠唱でもするかのように述べられるのは、幾度となくほのめかす教訓である。

こうしたことをどう理解したらよいのか合意はない。設立当初、ヤド・ヴァシェムと連携したホロコースト研究者は、取り組みの優先順位や方向性について各々ばらばらだった。イスラエルの学者ボーズ・コーエンが道筋を示したことから、主にポーランドとリトアニア出身の生存者の知識人は、その意義を大きく広げ、ユダヤ民族と自分たちもその一部であるヨーロッパ文明にとって、ユダヤ人の惨禍がいかなる性質のものだったのかという大きな問題を取り上げた。彼らの出発点は、「社会的側面を強調した有機体としての民族の概念だった」とコーエンは書いている。だが、イスラエルの学会から来た若い研究者はヘブライ大学エルサレム校出身者ばかりで、ドイツの歴史学の伝統に陥り、さらに学究的なアプローチをして、歴史学者が書いたユダヤ史の大きな流れにホロコーストを統合しようとする。強調するところが違ったのだ。だが、議論が続くなかで、一つのことがはっきりした。どちらのグループにとっても、ホロコーストの傷は生々しく、それぞれの解釈のなかにしみ込んでいた。

深い意味の探求は、喪に服すプロセスと交錯しながらせざるを得なかった。さらに、ホロコースト調査に最初にかかわった人々が、今なお包囲されている新しいユダヤ人国家の現実を、独立戦争と、また実際に国民としての精神を形づくったシオニストの世界観と切り分けて考えることは、実際には不可能だった。ヤド・ヴァシェムがイスラエルの軍人を埋葬した国立共同墓地に隣接しているのは偶然ではない。政治的シオニズムの創始者テオドール・ヘルツルの墓所と、一八五一年以降の迫害によるユダヤ人民間人の犠牲者の追悼碑がそばにある。恐るべきシオニストで政治家のベン＝ジオン・ディヌールはヘブライ大学の歴史学者でもあり、一九五一年から一九五五年にかけてはイスラエルの教育大臣を務める傍ら、ヤド・ヴァシェムの初代館長にも就任した。ディヌールにとってのホロコーストは、イスラエルがユダヤ民族の中心にあることを補完するものだった。「ホロコーストの根本的な教訓は、ディアスポラは災いで悲劇であるだけでなく、罪であり違反行為だ」とディヌールは断言した。「ディアスポラ」と「破壊」は二つに分類できるものではなかった。むしろ「ディアスポラ」は「破壊」を含むのだ。ヤド・ヴァシェムはこうした教訓を明確にし、それを広く人々に伝えるために必要な研究を行うべき施設であると、創設にかかわった者たちの意見がまとまった。これはホロコースト生存者で歴史学者のジョゼフ・カーミッシュが言うように「神聖な義務」で、研究によってこのテーマに吹き込む「感情と偏見」を解毒される可能性があるから、最も重要だった。近い過去に関する真実がユダヤ民族の未来を形づくるはずだった。ホロコーストのなかで起こった出来事を通して「われわれが引き出した国民としての結論が、将来の世代にとって静かな警告となるよう役立ってほしい」とカーミッシュは付け加えた。大衆文学はこの任務に必要な水準に達していないだけだとカーミッシュらは感じていた。

このように、ホロコーストの教訓を公式化することがヤド・ヴァシェムの役割だと考える学者や理論家の見方だ。一方、もっと強硬な考え方をする人々——政治指導者の場合もあるし、ホロコースト問題は今なお解決を求めていると声高に主張している人々でもあるのだが——独自の考えを持っている。イスラエルの創設者ベン＝グリオンが力を入れたのは、新国家の基軸を確固としたものにすることだった——この任務には大局を見通して、戦略的な同盟関係を模索することが求められた。つまり、実際に役に立つ同盟相手を探し、ヨーロッパの新しいドイツ国家とも協力し、国内外を問わず、過去をめぐる罪の擦り合いに陥らないようにすることが必要だった。このために、悲しみ、怒り、未解決の問題の本元であるホロコーストを避けることが求められたのも理解できる。だが、多くの人々はそうは感じなかった。多くの人々には解決すべき問題がたくさんあった——まずはドイツと。次に、ナチスがヨーロッパで猛威を振るっていたときにパレスチナの門を閉ざし、ユダヤ人国家の発展を禁じたイギリスと。そして、「最終解決」に協力した、あるいはユダヤ人が助けを求めたのにそれを拒否したと思われる国々と。さらに、ホロコーストのときに取った行為に対して適切な応報を受けていないと思われたユダヤ人と。

後者の見方では、こうした裏切り者のなかには、暗黒の日々に「パレスチナ中心主義」と非難されたパレスチナのユダヤ人共同体の指導者も含まれることになる。イギリスにもっと積極的に対峙せず、あるいはナチスが席巻するヨーロッパのユダヤ人の救出を優先せず、もっぱらユダヤ人国家の建設に汲々としていたというのだ。他にも、ユダヤ人評議会に参加したり、ナチスが課したユダヤ人警察あるいは強制収容所もしくは絶滅収容所の運営を手伝うカポになったりして、敵であるナチスに協力した、あるいはナチスと交渉したとされる人々がいる。うわべではユダヤ人を救うためといいながら、現実にはこの船を追求した人々の話によると、自分が富や権力を得たり、自分の仲間や家族、特権的なエリートだけを助けたりした、というのだ。

ユダヤ人が戦時中に受けた試練に関連する問題は、戦後になってたびたび爆発した——そのうち最も注目を集め、一九五〇年代初めに長く苦しい話し合いが続けられたのが、ドイツ首相コンラート・アデナウアーとのホロコーストの補償協定締結をめぐっての努力だった。結果的には、イスラエル政府が成功を収めたのだ。困難な交渉が繰り返され、多くのイスラエル人はドイツとの協定を受け入れ難いと思ったが、ベン＝グリオンは何とか協定を結ぶことに成功した。彼は自分の政策を、聖書の一節を用いて表現した有名な、「わが民族を殺せし者を相続人にしたもうな」だ。当時、右派のヘルート党の党首だったメナヘム・ベギン率いる野党は協定に反対し、これはドイツが行ったヨーロッパ・ユダヤ人の殺害を許すも同然のものだと批判した。また、戦時中のユダヤ人一人ひとりが取った誤った行動とされる問題、すなわちドイツ人の共犯者となったことやさまざまな違反行為に注力したこと、が非難された。一番深刻だったのは、一九五〇年代半ばに起こったルドルフ・カストナー事件だった。その頃、政権与党だった労働党幹部のうち、戦争中ナチスに協力しユダヤ人の犠牲者たちを裏切った者がいるとほのめかし、問題提起したマルキール・グリューンヴァルトを労働党と密接な関係にあったハンガリーのシオニスト指導者カストナーが、名誉毀損で訴えたのだ。一審でカストナーは自分を苦痛に陥れた者を有罪に追い込めず、その後一九五七年に暗殺された。ところがその後、高等裁判所が、逆転有罪判決を出したことで世論が割れ、あとに苦いものが残った。一九五〇年代のイスラエルは、生まれたばかりの若い国家として、さまざまな制度をつくっている真っ最中だった。活発で何事にも前向きで、ホロコースト生存者を何万人も迎え入れていた。その一方で苦い罪の擦り合いが繰り返されるという不毛の土壌もあった。過去の行動と戦争中に行うべきだった行動をめぐる陰謀論が横行し、ホロコーストが何を教えたのかということ、人々がホロコーストをどう捉えるのかということ、いまだ裁きを受けていない人々に何をなすべきかということをめぐって激しい論争が行われていた。

アイヒマン裁判に関する著作のあるイスラエルの歴史学者ハンナ・ヤブロンカは、一九六〇年五月にベン＝グリオンがイスラエル議会で「ナチスの指導者とともにいわゆる『ユダヤ人問題の最終解決』——言い換えると六百万人のヨーロッパ・ユダヤ人の絶滅に責任を負う」アドルフ・アイヒマンを逮捕し、裁判のためイスラエルに連れてくると発表したときの国内で見られた対照的な反応について書いた。民衆は大混乱となった——大きな歴史の出来事があったときにそうであるように、イスラエル人はこのニュースをどこで聞いたか、いつ聞いたかなど、この日一日のことをよく憶えている。「ショック、誇り、満足、鬱憤が晴れたという思い、期待、法の下で正義を実現すべきだという気持ち」――こうした強い反応が一緒くたになって現れた。だが、イスラエルの全人口のうち四分の一を占めるホロコースト生存者約五十万人の反応はもっと暗く、抑制的で、複雑だったとヤブロンカは続ける。このニュースを聞いたとき、満足のなかにも「大きな悲しみ、苦しみ、欲求不満」が含まれていたとヤブロンカは要約する。

多くの生存者の間にある二律背反の感情は、彼らがイスラエルに受け入れられたときに感じた落胆から来ていた。戦後、そして独立戦争のとき、後にイスラエルとなるパレスチナのユダヤ人共同体はホロコーストの犠牲者を数多く熱心に受け入れた。しかし、ほとんどの生存者は新しいユダヤ人国家で安心して過ごすことができなかったのだ。彼らは新しい国の流れに適応する難しさを感じた。歴史学者のイディス・ゼルタはこのテーマに関する本のなかで、この時期を「埋められた記憶」と呼んでいる。ホロコースト生存者の話の大部分が、光の当たらないままになっている。イスラエルのジャーナリスト、トム・セゲフは次のように要約している。「ホロコーストはユダヤ人の敗北と見られるようになった。犠牲者は命を賭して戦うことなく、あるいは少なくとも『名誉ある死』を選ぶことなくナチスに殺されるがままだったと非難された」。このときの状況が後々心理学的、政治的亡霊のようなものとなり、イスラエル国家に取り憑いた――軽蔑と恥辱、傲慢と恐怖、不正と愚行を映し出していたのだ。ホロコーストの生存者は、当時ヘブライ語のスラングで「サボニム」と呼ばれていた。これは、ドイツ人がユダヤ人の死体からつくった（後に間違いだとわかった）と思われていた石鹸の意味だと言う者もいたし、「弱虫」を意味するヘブライ語由来の言葉だと言う者もいた――いずれにせよ、残酷で人を見下した言い方だった。こうした環境のなかで、ホロコーストの記憶は主に宗教団体が独占することになった。誇示することを避けたのだ。生存者に対するイスラエルの関心は大部分が、ホロコーストの英雄に向けられた――ゲットー蜂起とパルチザン組織のリーダーが、パレスチナのユダヤ人国家のために戦った人々と共通する戦いをしたと認められた。生存者は英雄とは見なされなくなった。

アイヒマンがアルゼンチンで誘拐されてイスラエルに送られ、裁判と刑の執行が行われたことによって、イスラエルにとって戦時中の悲劇に関する概念はまったく違うレベルに達した。それ以前にあった、あるいはそれ以後に起こった国内の他の出来事など足元にも及ばないほど、イスラエル人の心をとらえたのだ。若い国に与えた衝撃は大きかった。イスラエルの指導者がことの重要性を認識していたのは間違いない――しかし多くの者は、裁判が始まったときに衝撃がどれほど大きなものになるか予測できなかった。だが、イスラエル人がここから引き出した結論――またそれが推進した教訓――はもちろん別問題で、歴史学者は今日までこれを論じ続けている。

実務肌のイスラエル首相は、建国以来十三年になるユダヤ人国家を固めようとした。ベン＝グリオン首相はホロコーストのテーマをじっくり考えようとするタイプではなかった。このテーマを研究した一人であるイェヒアム・ウェイツは、カストナー事件にも一九五〇年代に起こった他のホロコースト関連の問題にも首相はほとんど関心を持たなかったと書いている。アイヒマンが逮捕されたとき、裁判がイスラエル人の国民意識にとって重要な転換点となる可能性があることをベン＝グリオンは考えなかった。ベン＝グリオンが宣言したアイヒマン裁判の目的と、それを国民の目的にしたいと考えていたことについて、多くの者が言及している。ハンナ・アーレントはアイヒマンをエルサレムに連れてきた背後にはイスラエル首相の力が働いていたと捉え、「陰に隠れた舞台運営者」がいると大げさに表現した。しかし実際は、イスラエル首相はこの事件の詳細にほとんど関心がなかった。にもかかわらず、ベン＝グリオンは裁判に介入した。少なくともまったく不規則な手続きのなかで、イスラエルの検事ギデオン・ハウスナーは冒頭陳述の内容を事前に首相に提出していた。ベン＝グリオンは西ドイツとの関係に関する部分で、検事に数箇所の変更を求めた。その内容はすべて、普通のドイツ人とホロコーストの加害者を区別するように意図してのことだった。イスラエルの首相はナチズムとドイツ民族の区別を明確にさせるため、「ドイツ」という言葉に「ナチ」という言葉を付け加えてほしいと言った。ベン＝グリオンはハウスナーに、ドイツではナチズムが必然だったとする主張を取り除くように求めた。また、ベン＝グリオンはドイツの犯罪性について、イスラエル国内ではまだ懸案だった新しいドイツ国家との関係を推進するよう意図うした点すべてが、普通の市民よりヒトラーの果たした役割を強調するように求めた。こしたものだった――イスラエルと西ドイツの間には、当時外交関係は何ら存在していなかったのだが。それどころか風刺も教訓もなかった。ベン＝グリオンの行為について、「指導者が国民の歴史を書いた」とセゲフは捉えている――以前にはホロコースト問題を何とか避けようとしていたのに、正反対の行動だった。

ベン＝グリオンは国家建設を目標の中心に掲げていた。かつてのイスラエルのシオニスト戦士で、最も権力のある政治家ベン＝グリオンが考えたように、この裁判の目的は国内外におけるイスラエルの立場を強化することだった。裁判は「ホロコースト以後に育った世代のイスラエル人に、事実の詳細を知らしめることになる」とベン＝グリオンは「ニューヨーク・タイムズ」紙のインタビューに答えた。裁判を通して明らかになる事実のなかに教訓があるとベン＝グリオンは暗に示しているのだが、その意図しているところは現在の国民が過去を恥じ入る必要もなく、ドイツあるいは第二次世界大戦を責めるものでもなく、未来の世代に関係するという点だった。「わが国の若者たちがユダヤ民族に起こったことを記憶することは必要だ。われわれは、わが国の歴史のなかで、いや世界史のなかで起こった最も悲劇的な事実を彼らに知ってほしいと思う。彼らが知りたいと思うかどうか、それは別問題だ。ただ、ユダヤ人は殺されてもかまわない大人しい羊ではなく、抗う力のある人間だという教訓を教わるべきだ――実際に独立戦争のとき、ユダヤ人はやってのけたのだから」。

ユダヤ人国家が世界的に「殺された六百万人の唯一の後継者」であると国際的に承認されることを望むと、ベン＝グリオンはアメリカユダヤ人委員会のジョゼフ・プロスカウアーに宛てて書いた。さらに「記憶する」義務を世界全体に拡大すべきとした。ベン＝グリオンは世界が恥じることを望むと述べた。このことは、国際社会のなかで特別な位置を占めるイスラエルに向き合ううえで必須である。

何百万人という人々が偶然ユダヤ人であるからという理由で、百万人の赤ん坊が偶然ユダヤ人の赤ん坊だからという理由で、ナチスに殺害されたのだということを、私たちは世界の人々に提示したいと思う。そして、世界の人々がそれをずっと忘れないでほしいと思う。私たちは世界の人々に、ある民族を抹殺しようとする意図があったことを知ってほしいと思う。この意図は反ユダヤ主義に根ざしていた。反ユダヤ主義が危険であるということを世界の人々は知り、恥じるべきだ。この裁判を通じて、私たちの時代に反ユダヤ主義がガス室と石鹸工場につながったということを人々が認識できるようになると信じている。ものを考えることができるならば、そう帰結するだろう。

ベン＝グリオンがイスラエルの司法に持ち込んだ事件は、この基本目的と結びついていた――国際的には、イスラエルの諜報員がアルゼンチンにいたアイヒマンを誘拐し、裁判のためにイスラエルに連れ帰ったことから、厳しい追及を受けたのだが。裁判が始まると、ベン＝グリオンはイスラエルに正当性があることをはっきり述べた。首相にとって、何百万人という殺害行為を行った犯罪、言うまでもなく、世界中のユダヤ人に対する犯罪をイスラエルの司法機関が訴追するのは必須だ。「ナチスがユダヤ民族に対して押し付けたホロコーストは……唯一無二で他に比べようもないことだった。世界にいるユダヤ民族すべてを完全に抹殺しようとする試みだった」とベン＝グリオンは述べ、さらに続けた。「細大漏らさず詳細にすべてを語ることが、ユダヤ人唯一の主権国家であるイスラエルの務めだ。ナチ体制が行った人類に対する他の犯罪を無視せずに。だが、（ホロコーストは）こうした犯罪のうちの一つではなく人類史のなかで比類のない唯一無二の犯罪として、その規模と恐ろしさを伝えなければならない」。「私の考えを言えば、罰は重要ではない」とベン＝グリオンは閣議で述べた。「六百万人のユダヤ人殺害に見合う罰はない。だが、私たちが望むのは、ユダヤ民族にすべての話をすることだ。なぜなら、ユダヤ人の問題は検討されないままだったからだ。ニュルンベルク国際軍事裁判でも検討されなかったのだ」。

国際的な目的に集中する一方、ベン＝グリオンの戦略はユダヤ人内部の政治的状況も考慮していた。これには、裁判の性質をめぐって厳しく対立した、世界シオニスト機関の長ナフム・ゴールドマンとの関係もかかわっていた。慇懃で洗練されたゴールドマンには貫禄があった。イスラエルおよびゴールドマンのライバルであるイスラエル首相に対して、世界に離散しているユダヤ人の利害を主張することで、強く圧力をかけていた。ベン＝グリオンに対抗し、ゴールドマンはアイヒマンの逮捕後、被告人がイスラエルの裁判に付されるならば、法廷を拡大し市民を殺された他国からも判事を入れるべきだと簡潔に述べた。ベン＝グリオンは激しく憤り、ゴールドマンの要求はユダヤ人国家を辱めるだけでなく、ユダヤ人の名誉を損なうものだと非難した。首相の反応は、歴史の話をするときと同じで遠慮がなかったとトム・セゲフは書いている。極めて簡潔に、「ホロコーストはユダヤ人に自分の国がなかったから起きた」と述べたのだ。熱を帯びた会合で、ベン＝グリオンがゴールドマンを「イスラエル人でもアメリカ人でもない。さ迷えるユダヤ人だ」と非難したのは有名な話だ。

ベン＝グリオンが歴史的教訓を口にすることはまずなかった。自分に反対する者たちとは違って、ベン＝グリオンはアナロジーをつくるような無駄な努力をしなかった。「一九四五年以来、世界は変わった」とベン＝グリオンは質問に答えて書いた。「世界を支配する力は同じではない。私たちはヨーロッパで殺され、焼かれた六百万人を取り戻すことはできないが、中東、エジプトとシリアでは、ナチスの弟子がイスラエルを破壊したいと考えている——これこそ私たちが直面している最大の危機だ。私たちはこれに抵抗しなければならない」。

一九六一年四月十八日の朝に裁判が始まった。検察当局はあらかじめ決めていた戦略を展開した。法律家ではなく生存者がホロコーストの様子を伝えた。イスラエルの検事長官ギデオン・ハウスナーは、ホロコーストの歴史とアイヒマンの役割の概観を述べる長い弁論を行い、聴く者の心を揺さぶった。簡素な黒い法服を身にまとい、ときどき保護ガラスのついたブースにいる被告人を指差しながら、ハウスナーは聖書を読み上げるような声で、裁判官に向かって次のような話をした。「イスラエルの裁判官」――ハウスナーは裁判官をこう呼んだ。

イスラエルの裁判官の皆様を前に、アドルフ・アイヒマンの訴追を行うところですが、私は一人でこの場に立っているのではありません。私には六百万人の告発人がついております。けれども、告発者たちは立ち上がり被告席に座っている彼を指さし、「私は告発する」と批難することができません。彼らの遺灰はアウシュヴィッツの丘やトレブリンカの畑に積まれ、ポーランドの森に蒔かれているのです。彼らの墓はヨーロッパ中に散らばっております。彼らの血は叫び声を上げていますが、声は聞こえません。それゆえ私は、彼らに代わって話をし、彼らの名において私は恐ろしい告発を展開いたします。

法律家のロレンス・ダグラスはこの訴訟を明晳に分析した。そしてこれがイスラエル人および世界に対して、ハウスナー流の「歴史の教訓を教える」やり方だと述べた。「ハウスナーはナチスの中心的犯罪を、肉体上の抹殺行為と記憶そのもの　一民族の文化生活と最終解決の犯罪の両方――を抹消しようというさらにどす黒い試みとして扱った。人々が生存者と死者の代理人の話を共有する機会をつくる行為は、それ自体が正義を実現する方法だ」。十五年前のニュルンベルク国際軍事裁判はアメリカの戦略によって文書に依拠して行われたが、それとは対照的に、アイヒマンに対する訴追は、生存者が耐え抜いた経験を苦悶しながら詳細に語る姿を目の当たりにさせることに依拠した。

長い時間を要した裁判準備と実際の司法手続きの間に、この裁判がイスラエルの一般の人々に与える衝撃をベン＝グリオンは現実に理解するようになった、と歴史学者は書いている。司法手続きが始まると、イスラエルの一般の人々の関心もさらに高まった。延べ八万人近いイスラエル人が裁判を傍聴し、世界中から約七百人のジャーナリストが裁判につめかけた。何万人というイスラエル人が生存者の証言を生放送で聞き、一日のニュースのあとで行われる国営放送コル・イスラエルのジャーナリストによるニュース解説を毎晩聞いた。法廷から中継が始まると、バスは止まり、店主も商売の手を止め、街角から人が消えた。政治戦略を考える人々は迷走した。これほど多くの人々を動かす力がラジオにあることを理解できなかったし、メディア戦略を持ち合わせていなかった。イスラエル国外では、アイヒマン裁判は大事件としてテレビで流れた。ベン＝グリオンはテレビを信じず、ユダヤ人国家にテレビ放送を導入することを拒否していた。多くの人々と同様にベン＝グリオンも、多くの生存者の証言がイスラエルの一般の人々の心の琴線に触れたことに驚きを感じたようだった。ホロコーストに関して一般の人々を巻き込んだ論議をイスラエルが受容するという、新たな重要なステップとなったのだ。

それだけではなかった。アネット・ヴィヴィオルカが述べたように、アイヒマン裁判では初めて、生存者が証人として舞台の中央に現れた。「エルサレムの裁判は理論上加害者の裁判だった。だが、アイヒマンはすぐに舞台から消えた。メディアの関心はもはや、『最終解決』のこの主役には向けられなくなった。ガラスのブースのなかにいる男は犠牲者を前にかすんでしまった」。生存者の証言のおかげで、ホロコーストの記憶が国民に広く共有されるようになり、これまでにないくらい一般の人々が受け入れるようになった。この過程のなかでラジオは重大な役割を担った。生存者が言わなければならなかったことが、肉体から離脱し生の声となった。声の主が何歳であろうと、力がこもらなくても、苦痛を表現していても、その声の作用が薄まることはなかった。「放送電波に乗るということは、刺青を入れられて傷が残る体から離れ、頭がおかしいとか馬鹿だとか言われ、貼られたレッテルも剥がして話をする機会がある、ということだった」とイスラエルの二人の研究者アミト・ピンチェフスキとタマー・リーブズは書いた。「肉体から『生存者の声を切り離すことで』ラジオはトラウマを明確に、効果的に表現できることを改めて示すことになった」。裁判によって、新しい回想録など多くの著作物が出版された――このことは、生存者の数が極めて少なくなった今日まで続いている。映像、文学、その他の芸術作品を含むホロコーストに関する一般の議論が現れ、メディアの関心が高まり、歴史研究やこのテーマに関する大衆本が現れた。

イスラエルが被告人の訴追について厳密な決定を下すとき、三人の判事はほんの少し――かかわる部分はわずかであったにせよ――教訓の問題に立ち返った。「被告人の他者との関係を含めて、これらすべてのことからユダヤ人と他国民が引き出さなければならない教訓は何か」と三人の判事は尋ねた。これに対して、弁護人が明確な答弁を避けたことは有名だ。「法廷は……法理以外のことに踏み込むことは許されない」と弁護人は答えた。「司法のプロセスには独自の形があり、法により規定される。裁判のテーマによって変わるものではない……したがって、一般的なことを陳述する資格は限られている。法理以外の、思想信条にかかわる問題については、誰にも判断することができない。ましてその問題について専門に研究し、考察する人々の判断に比べて、私たちの見解の方に重みがあるわけではない」。法廷としての教訓を定義したくなる稀な機会だったが、法廷は教訓を示さないことにした。

だが、現実には期待する者などいなかったのだが、アイヒマン裁判は、文化的なトラウマを共有しているという感覚を広めることになり、以後、国民意識の中心部分を占めることになった。また、必然的にシオニストのメッセージとなった。この訴訟の過程で現れたメッセージの核心について「私たちは皆、ホロコーストの極悪非道を理解し、国を維持するための国民の教訓にしなければならない」とハウスナーは述べた。「私たちはこの国を大切に支えていかなければならない。私たちの最後の逃げ場だからだ」。さまざまなレベルであらゆるテーマについて議論が行われた。自分たちの考え方をホロコーストの教訓とした人々も少なからずいた。「アイヒマンのおかげで『ホロコースト』の意味が明確になり、良し悪しはさておいても、イスラエル市民の宗教の一部となった」とデビッド・セサラーニは書いている。教訓の教えはそこにとどまらなかった。イスラエルの弁護士で、アイヒマン裁判では判事を務めたモシェ・ランダウの詳細な回想録を著したマイケル・シャクドは、自分の教訓を人に教えた。イスラエルは法の支配が行われる国だ、ということだ。シャクドはランダウが詩的に書いた回想録を引用して、ランダウが自分の教訓に強く固執し、成功したことを明らかにしている。

アイヒマン裁判から数年のうちに、ホロコーストによって、イスラエル国民の間にアイデンティティーとその役割と強さが浸透した。そして社会学者のダニエル・レヴィーとナタン・スナイダーが言うように、国民の自己イメージが定着していった。イスラエル議会の議長で、律法の厳密な遵守を主張する正統派ユダヤ教徒であるアブラハム・バーグも、「われわれの生活のなかでは神よりショアに存在感がある」と同様のことを述べている。バーグのこの驚くべき発言には、テルアビブの教員志望者たちの調査結果がもとにある。それによると、アンケート回答者の九〇パーセント以上が、ホロコーストは「ユダヤ史のなかで最も重要な経験だ」と応えている。しかしバーグは、イスラエル人がこの結果にとらわれることを楽観的に捉えていない。「政治家たちはこれを倫理問題として利用し、人々を操作するための議論の中心に持ってきている。街頭で人々は毎日、恐怖の再現を経験している。新聞にはショアから出てきた体験談などの記事や論評が溢れていて、われわれの生活に反映する」。

この点を指摘したのはバーグが最初ではない。「イスラエルで生まれたその日から、過去数世紀の間にヨーロッパで起こったことは、迫害とポグロム（破滅）の連続だと教え込まれる。常識が修正されても、この教育を受けて身についた教訓は腹のなかで炎症を起こし続ける」とエトガー・ケレットはイスラエル人について述べる。ホロコーストは「われわれの意識を定義する強迫観念といってもいいくらいの事実になった」とイスラエルの歴史学者スティーブン・アシュハイムは述べているが、これは多くの人々に共通する考え方である。取り憑かれた状況は時が経つにつれて薄れるどころか、明らかに年々強くなっている。二〇一二年、「ハアレツ」紙がイスラエルのユダヤ人に宗教観についてアンケートを行ったところ、イスラエルのユダヤ教の一指針」は一ホロコーストを記憶すること」だという結果が得られた。回答者の九八パーセントがホロコーストを記憶することが非常に重要、もしくはとても重要と考えており、それは、イスラエルに住んでいることや安息日を守ること、「過ぎ越し」を祝うこと、ユダヤ民族の一員だと感じることよりはるかに重要だと捉えている、と人気のあるジャーナリスト、ミカエリ・ミーラブ（ルドルフ・カストナーの孫）が報じた。ミカエリはこう結んでいる。「イスラエルが自らを定義する場合、ホロコーストが真っ先にくる。しかしこの定義は極端に考えると幅が狭く、弱いといえる。ホロコーストが教訓と同様、ごく特化した形でしか記憶されていないからだ。ホロコーストはイスラエル国家の存在と必然性を正当化するため長く利用されてきたし、同時に、イスラエル国家が未来永劫存在の危機に曝されていることの証拠としてあげ連ねてきた」。国が危機にあるときには、一般の人々は不安になってホロコーストの教訓から指針を求め、その文脈のなかで直面している危険がどこにあるのか探そうとする。たとえば、迫害された人々について、あるいは地方や国や世界の無関心に対して行う正義の戦いについて、ホロコーストのアナロジーを適用できると主張し、衝突する利害関係に正統性を付与する場合もある。たとえば、何かの運動を行う者たちが自分たちの苦しみを劇的なものとして示そうと、強制収容所で囚人が着せられたストライプ柄の制服を身につけて登場したり、迫害された人々と結びつけて考えてもらおうと黄色い星を身につけて現れたりする可能性もある。それによって問題がややこしくなり、さらに解決が難しくなることもあるし、ホロコーストのときのように、静かに対応した結果、解決不能に思えるようになることもある。

ホロコーストの魔力を強力に呼び出そうとする動きとして、イスラエルの物理的存在にかかわる安全保障問題もある。アイヒマン裁判の六年後に当たる一九六七年六月、イスラエル人は現実の脅威に直面した。それは結果的に六日間戦争（第三次中東戦争）に至ることになる出来事だった。背景となる問題の一つは、核武装さえしかねないほど強力な軍事力を備えるようになったエジプトが「新たなホロコースト」を引き起こすのではないか、とイスラエルが恐怖感を抱いたことだった。そのあと連続して危機が訪れた。五月、エジプト大統領ガマル・アブドゥル・ナセルは重装備の軍隊をイスラエルの南部国境沿いに集中させ、イスラエルからエジプト軍を隔てる国連の緩衝軍を放逐し、ティラン海峡を封鎖した。これによりイスラエル船舶は、イスラエル南部の港エイラートへの航路を取ることができなくなった。イスラエルが戦争を仕掛ければ、「限定戦争を推し進める。エジプトはこの戦争で、最終的にイスラエルを地球上から抹消するつもりだ。十一年前からこの瞬間を待っていた」とナセルは同盟国に向かって宣言した。不安が高まり、イスラエルは予備軍を動員し、この紛争を判断するためホロコースト関連の分析を行った。「待機期間」と呼ぶ準備段階だった。危機が高まるなか、ヨルダンがシリアとエジプトについた。ホロコーストとの関連が分析され続けた。「警告が続いた数週間、新聞はナセルをヒトラーになぞらえ続けた」とトム・セゲフは書いている。「戦争以外の方法でこの危機を回避しようとする提案は、第二次世界大戦前にチェコスロバキアに押し付けられたミュンヘン協定に喩えられた」。

数週間後の一九六七年六月五日、イスラエルはエジプトに対してかねてから準備していた先制攻撃を行い、空軍と地上軍を送ってシナイ半島を席巻した。ヨルダン、シリア、イラクの遠征軍が戦闘に加わるなか、イスラエル軍は東エルサレム、ガザ、ヨルダン川西岸、ゴラン高原を占領した。これによって、イスラエルは戦前のイスラエルの三倍の領土と、百万人近い住民を支配することになった。勝利は戦争の脅威と同じように、ホロコーストと結びつけて考えられたとトム・セゲフは書いている。イスラエルの若き将校ユーリ・ラモンは、このときの特別な経験について次のように書いているが、それは人々の間に広がっていた気持ちを反映している。

戦争の二日前のことだ。私たちは決定的な瞬間が来たと感じていた。夜警から戻ったところで、汚れた軍服を身につけ武器を携帯していた。私はロハメイ・ハゲタオトのキブツにあるゲットー・ファイターズ博物館にやって来た。私はかつての戦士たちに敬意を表したいと思っていた。戦士たちのごくわずかしか、国が自らを守るために立ち上がるこの日まで生きることができなかった。私たちの戦争は火葬場で、強制収容所で、ゲットーで、森で始まるのだとはっきり感じた。

目覚しい勝利のおかげで、ホロコーストの場所とイスラエル社会が学んだ教訓について深刻に考えなくてもよかったし、イスラエルの正統性が確認できたように思えた。歴史学者は、多くのイスラエル人がホロコーストと結びついた不安感をかなぐり捨て、達成感を味わった短い内省期間について叙述した。だが、これでいいのかと思う気持ちは長く続かなかった。六日間戦争のあと、一九六九年から一九七〇年にかけてエジプトが報復戦争に出て、断続的に攻撃を行った。一九七二年のミュンヘン・オリンピックでは、イスラエルの選手が殺害された。一九七三年のヨム・キプルの日（贖罪の日、十月六日）には、エジプトとシリアが率いるアラブ諸国がユダヤ人占領地を攻撃する戦争が起こり、イスラエルは緒戦で敗北を喫した。この戦争がイスラエル最大のトラウマとなることは初めからわかりきっていた。まず、エジプト軍がスエズ運河のイスラエル側にあるバーレブ・ライン要塞群を超えて襲撃した。そこは、一九六七年にイスラエルが獲得した地域だった。イスラエル北部では、シリア軍がゴラン高原に敷いたイスラエルの防衛を突破し、席巻した。何千人ものイスラエル兵が戦死し、イスラエル空軍は重大な損失を蒙った。イスラエルの国としての統率力が動揺したように思えたにもののすぐに立て直し、戦いの流れを変えた。しかし人々がホロコーストにとらわれる気持ちが続いたのも当然だった。イスラエルは絶えず包囲下にある、という感覚だ。

安全保障問題とホロコーストと結びつけて考えるときに最もお寒く感じて困惑せざるを得ないのは、ホロコーストの過去をイスラエルに対する地政学的な脅威と結びつけた「アウシュヴィッツの国境線」などという誇張した表現だ。第四次中東戦争（ヨム・キプル戦争）が終わってまだ二年しか経っていないときに生まれた表現だが、それは今日まで使われている。この発想は、征服した領土から撤退すれば、アウシュヴィッツ規模の虐殺、すなわち悪夢がよみがえることに他ならない、とするものだ。「アウシュヴィッツの国境線」は、イスラエルの著名な外交官アバ・エバンが、イスラエルが戦争前の状態に戻ることを心配して、一九七五年に国連の総会行った演説に端を発する。

私たちは、現在の地図が一九六七年六月四日のそれと同じものではないということを公の場で話してきました。私たちにとって、これは安全保障と原則の問題なのです。六月の地図は私たちからすると、安全のない危険な状態です。私はそれがアウシュヴィッツの記憶に重なるものだと表現しますが、大げさに言っているわけではありません。もし敗れていれば、一九六七年六月にどんな状況が待ち受けていたのかということを考えると身体が震えます。山上にはシリア人がいて私たちは谷底にいる。海の見えるところにはヨルダン軍がいて、私たちの喉もとを手で押さえているエジプト人がいる。こうした状況は歴史のなかで繰り返されてはならないものです。

エバンが説明したイスラエルの感じた不安から、いかなる状況下であっても撤退することが必ずや死をもたらす危険につながる——ジェノサイドまで至る——と論じるところには、かなりの飛躍がある。だが、多くの人々がこの考え方を受け入れた。イスラエルの定住者たちは、何年もかけて「アウシュヴィッツの国境線」の歌を歌いながら前進し、平和のために土地を取引することに抗議した。「アウシュヴィッツの国境線」に賛同して、相互に領土を交換し一九六七年の休戦ラインに戻ることを論じ、それ以前に戻すことを提言したバラク・オバマ大統領を非難する者も最近では現れている。私が見つけた最も言語道断と思える例として、アメリカの最右翼シオニスト機関が二〇一一年に宣言した言葉がある。
「私たちはアウシュヴィッツには戻る気はない！」

準備が間に合わずイスラエルが最大の危機に瀕した一九七三年の第四次中東戦争に続いて作家のヨシ・クレイン・ハレヴィが「償いについて十年続いた国内戦争」と呼んでいる国民的な議論——ユダヤ人国家があの戦争の初期の敗北でどれほど圧倒されてしまったのか——をイスラエルは始めた。左派も右派も独自の思想を打ち出した。左派にとって、教訓は政治指導者が傲慢でエジプトの申し出に応えず、過度に武力に頼った、ということだった。右派にとっては、問題はイスラエルの統制が取れていないこと、決断力のなさ、平和に対する幻想だった。この対立でショアに言及したのは、左派が歴史的な主張を放棄すると主張していることを非難してきたイスラエル右派だった。一九七四年、領土を増やしたイスラエルと新たな占領地を積極的に植民地化することを支持する人々は、宗教的な霊感を得たという過激派のグッシュ・エムニム（信者のブロックの意）周辺に集まり、極右だけでなく労働左派からも支持を得ている。この運動は定住活動に宗教的、シオニスト的エネルギーを注ぎ込み、労働党を衰退させ、強硬路線をとるメナヘム・ベギンとホロコーストのレトリックと緊密なつながりを持つ右翼のリクード党の党勢を拡大することに貢献した。その右派には過激派のアメリカ人ラビ、メイル・カハネがいる。カハネのカッチ（「汝！」）党は、リクード党以上に、ユダヤ人の脆さを例示するものとしてホロコーストを引き合いに出す。「もう二度とあってはならない」という言葉をつくり出したのはカハネだ。この言葉はベギンらが引き継いだ。この議論のもう一つの結果は、以前に隆盛だった労働党に対し、イスラエル国民に優先権があることを十分強く主張していないと、不信感を募らせることになったことだった。一九七七年、ベギンが選挙で勝利し右派と宗教諸派政党の連立が成立したことによって定住政策が固まった。パレスチナ人に対してテロと暴力で攻撃的に応酬することを正当化しようと、ますますホロコーストに依存するようになった。

こうした傾向には、第四次中東戦争後にイスラエルの威信が崩壊したことが絡んでいた。こうした感情によって、イスラエルでホロコーストと結びつけたレトリックがますます強化されることにつながったのは間違いない。だが、人の要素もあった。メナヘム・ベギン自身、強力な影響力を持っていたのだ。リクード党の党首にショアが深く刻み込まれていた。戦争中に両親と兄弟の一人が殺害され、自身はかろうじて逃れたのだ。偉大なライバルであるベン＝グリオンと違って、ベギンにとってのホロコーストは今なお継続する現実だった。ベギンの伝記を著したアヴィ・シロンは、次のように書いている。「ベン＝グリオンは生存者について考えるが、ベギンは犠牲者について考える」。「ベギンは国民の名誉と死に絶えた人々の記憶を復活させようとしている。それに対して、ベン＝グリオンは未来を見ている」。ベギンは生涯を通じて、ホロコーストは現存する現実で、自分の信念を強化し、精神を強くすることに役立っている。ベン＝グリオンはイスラエル国家が独立したあと、ホロコーストは遠い記憶となったと強調する。ベン＝グリオンはユダヤ人に、民族の過去にある素晴らしい部分を見てほしいと思っている。「ハアレツ」紙の主筆アルフ・ベンは同様に、労働党の前任者がとらわれていたことと、ベギンがとらわれていることを次のように比較している。

一九七三年のイスラエルの指導者、ゴルダ・メイアとモーシェ・ダヤンは、戦争が最も厳しかったときもホロコーストに関する話をしなかった。ネタニヤフ以上に民衆との関係の重要性を信じていたゴルダは当時、外国の記者にこう語った。「近隣諸国が私たちを滅ぼそうと戦っている」。ゴルダは降伏が死を、すなわち主権の破壊とわれわれの民族すべての身体的絶滅を意味するということがわかっていると述べた。イスラエル議会でゴルダは次のように述べた。「この戦争は国として、民族としての存在にかかわる戦争だ」。だが、当時でもゴルダは、アンワル・サダトやハーフェズ・アサドをナチスになぞらえたりしなかった。

メナヘム・ベギンはまったく違っていた。公の場で何か発言する際には必ずと言っていいほど、ヨーロッパ・ユダヤ人の絶滅について繰り返し言及した。危機が起こるたびに「ホロコーストの教訓は、国の政策を導く政治上のイデオロギーとして、ベン＝グリオンの実用主義の精神的支柱となった」とセゲフは捉えている。複雑な経過をたどったヨーロッパ諸国のみならず、中東でイスラエルに敵対する国々について発言するときにも、ベギンは、ホロコーストを引き合いに出した。ナチス寄りの過去があった国だとか、ナチスのような目的と願望を抱いている国だ、などとベギンは表現したのだ。一九八一年にイスラエルがイラクを攻撃し、バグダッドにあるオシラク原子炉を爆撃したことを正当化したときもそうだった。ＰＬＯのリーダーであるヤセル・アラファトとの外交交渉で公然と敵対したのも、一九八二年に行ったイスラエルのレバノン侵入を正当化したのも、パレスチナの戦闘員を弾圧したのも、一九九三年に成立したオスロ合意の弱点を絶えず批判したのもそうだった。

イスラエル社会では、国内でユダヤ人国家を批判する人々に対しても、国外でイスラエルを守ろうとする人々に対しても、ホロコーストに絡めて話しをすることが多い。数年前、ノーベル賞を受賞したポルトガルの小説家ジョゼ・サラマーゴは、ヨルダン川西岸のラマラ市を訪問した際、その地をアウシュヴィッツのナチスの絶滅収容所になぞらえたことから、異常なほどの注目を集めた。二〇〇二年のこのとき、人々はショックを受けた。だが、十年以上経ち、反イスラエルの人々がこのようなアナロジーを用いることは日常茶飯事になり、インターネットやテレビ、新聞や雑誌や書籍などさまざまな媒体で、このようなむちゃくちゃなレトリックがたびたび使われていることに不安を感じる。占領政策に対するイスラエル人自身の批判が、同じようにホロコーストにとらわれていることもよくある。「ハアレツ」紙は、イスラエル人がパレスチナ人に対してホロコーストの教訓を無視した政策を執っていると批判する記事を時折掲載する。イスラエル人作家のＡ・Ｂ・イェホシュアはインタビュアーに対して、占領下にあるパレスチナ人の権利を侵害しているということをイスラエル人が理解できないから、ホロコーストの頃、ドイツ人が実際に起こっていることを知らなかったという主張をなぜか理解しやすくなっている、と述べたことがある。

アミラ・ハスは左翼の論争的なジャーナリストで、ヨルダン川西岸とガザに関する著作がある。この何年間か、ハスは占領地域のアラブ人のなかに混じって生活する唯一人のユダヤ人だった。ホロコースト生存者の娘であるハスは、母親がユーゴスラビアでドイツ人に捕まりベルゲン・ベルゼン収容所に入れられていたときにつけていた強制収容所日記を編集している。ハスは最近、自分の動機についてある記者から聞かれたとき、次のように話している。「私は自分が傍観者になることを恐れています。イスラエルのパレスチナ人に対する扱いに反対しているイスラエル人活動家は、占領地のチェックポイントをワルシャワ・ゲットーの橋のところにあったチェックポイントやホロコーストの間、屈辱的な管理を行う場になぞらえてきました」とハスは説明した。このアナロジーについて、ある評論家はこう述べている。「歴史分析を感情に置き換えたいと思う誘惑が強い」。

ホロコーストにとらわれるのは、イスラエル右派にはよくあることだ。特に核武装する潜在的能力のあるイランを考えるとき、それはピークに達する。二〇〇五年から二〇一三年までイランの大統領はホロコーストを否定することで有名なマフムード・アフマディーネジャードだった。イスラエル首相ベンヤミン・ネタニヤフは特に、ホロコーストの教訓と思われるものに――あるいは言うなれば歴史の教訓に、頼る傾向があった。国際ホロコースト記念日に国民に向かって次のように述べている。「ショアから学んだ最も重要な教訓は、計画を実現させないうちに人殺しの悪魔をできるだけ早く止めなければならない、ということだ」。二〇一〇年のことだ。イランの核施設に先制攻撃を行うと威嚇したとき、ホロコーストを拠りどころにしたのは間違いない。先頃、アメリカのイスラエルを支持するロビイストグループであるＡＩＰＡＣ（アメリカ・イスラエル公共問題委員会）に向けてネタニヤフは演説を行ったあと、アウシュヴィッツを爆撃することを求めた一九四四年の書簡を誇示したことがあった。これについて「フィナンシャル・タイムズ」誌のは次のように伝えた。「ネタニヤフが国際的に展開しているキャンペーンのうちの、小さくはあるがかなり重要性のある部分に対し、国内で批判が高まった。何度もホロコーストを引き合いに出したことだ」。不満を述べたイスラエル人のなかに、外相の経験があり、野党の党首を務めていたツィッピー・リブニがいる。リブニはネタニヤフ政権に「ヒステリックな喩えをやめるよう」求めた。ネタニヤフは他の脅威に対してもホロコーストを引き合いに出した。二〇一二年一月の国際ホロコースト記念日のときだ。イスラエル議会での演説で、ネタニヤフは、シリアで起こっているジェノサイドを見れば、世界がホロコーストの教訓を学んでこなかったということがわかると述べた。残念ながら、イスラエル人のなかには、ホロコーストの教訓を忘れてしまった者もいる。「ホロコーストの一番の教訓は、それがわが身に降りかかってきたときに、頼りになるのは自分だけだということだ」とネタニヤフは主張した——幅広く受け入れられている考え方だが、自己達成的な予言となるリスクのある信念だとネタニヤフに批判的な人々は感じた。

ネタニヤフがホロコーストのレトリックを好んで使うことに対して、私たちはどのくらい重視すべきか正確にはわかり得ない。というのは、結局、これまで見てきたように、ネタニヤフはこのような形でものを言うイスラエル右派の性質を反映しているからだ。特にネタニヤフのように、自分のことを修正主義シオニストの創設者でユダヤ人ナショナリスト思考のなかで最も軍事色の強い流れの筆頭だったウラジーミル・ジャボチンスキーの後継者だと考える人々の性質を反映している。ネタニヤフがイスラエルとホロコーストをシオニスト右派と忠実に結びつけて考えていることは、一九九三年のネタニヤフの著作『諸国民の間の場所 *A Place among the Nations*』に概要が書かれており、中東で起こっていることの文脈のなかでネタニヤフがホロコーストを捉えていることがわかる。ネタニヤフの説明によれば、アラブ人はユダヤ人を殺害するナチスの運動に手を貸し、戦後もナチスと結びついた対象であり続けている、ということになる。かつてベギン内閣にいた歴史学者のアーイ・ナオールは次のように述べている。「ネタニヤフはホロコーストの文脈でアラブ＝イスラエル抗争を解釈しない。むしろアラブ＝イスラエル抗争の文脈でホロコーストを解釈する」。現実面では「これはホロコーストがまだ終わっていないということを意味する」とナオールは見る。重要なのは、ネタニヤフ、そして多くのイスラエル人にとって、第二次世界大戦以来、国際社会において、ユダヤ人とユダヤ人に期待する者の基本的な関係に変化はない、としていることだ。「現実に何が変わったのか」――ネタニヤフは最近疑問を呈した。「ユダヤ人に対する憎悪は形を変えたが今なお残る――人種の優劣に基づくものでなくとも、宗教の優劣に基づくものでなくとも変わらない。ユダヤ人に向けられる憎悪に対して、世界の無関心はまったく同じだ」。起こったことは、何百万というユダヤ人を絶滅させたいという人々に対して、世界が再び鈍感になってきたということだ。唯一変わったことは、「自分を守り新たなホロコーストを避けるように行動するとわれわれが決意し、その力を備えたことだ」。

こうしたことから考えると、ネタニヤフには自身と家族の修正主義者の過去との結びつきがあることが間違いないということがわかる。数年前、アメリカのジャーナリスト、ジェフリー・ゴールドバーグが、エルサレムのメナヘム・ベギン・ヘリテージ・センターでネタニヤフの父親ベン＝ジオン・ネタニヤフの百歳の誕生日を祝う式典で、このつながりに関心を示した（ネタニヤフの父親はそれから二年後の二〇一二年に亡くなった）。この式典で、大統領のシモン・ペレスや修正主義運動家などイスラエルの年配の政治エリートが、自分たちが行ってきた過去の政治を振り返り、今なお達者なこの人物を祝福するために集まった。シオニスト右派で歴史研究者でもあるベン＝ジオン・ネタニヤフはポーランドで生まれ、家族とともに一九二〇年にパレスチナに移住し、ジャボチンスキーの秘書を長年務めた。そして、シオニストの領土を最大にするというジャボチンスキーの信仰や、シオニズムの敵アラブ人に対し、最も非妥協的な姿勢を分かち持った。アメリカ合衆国では何年にもわたって教鞭を執った著名な歴史学者ベン＝ジオン・ネタニヤフの頭には、ホロコーストが深く刻み込まれていた。大著『十五世紀スペインにおける異端審問の起源 *The Origins of the Inquisition in Fifteenth Century*』には、十五世紀におけるユダヤ人改宗者に対するスペイン人の攻撃は、犠牲者自身理解していなかったのだが、宗教的な敵対心というより本質的には人種差別的な憎悪に由来していたとする修正主義的理論を提示している。「ネタニヤフは二十世紀半ばのヨーロッパ・ユダヤ人の絶滅の影響下で書いている。彼の言葉と発想はこれに極めて近いものを映し出している」とイベリアのユダヤ人の権威ベンジャミン・ギャンペルは評している。「〔ネタニヤフは〕改宗者の間でユダヤ人化がはびこっていると異端審問者が主張しているのは『暴虐なプロパガンダ』で、彼らを異端であると弾劾するのは『大嘘』だ。新キリスト教徒を『抹殺』している人々が主な理由としているのは、このグループの『人種理論』だと書いている」。ネタニヤフにとって、ユダヤ人の歴史は繰り返される「ホロコーストの歴史」だとギャンペルは一九九八年に「ニューヨーカー」誌のデビッド・レムニックに述べている。

ベギン・センターで、年取ったベン＝ジオン・ネタニヤフが立ち上がって話し始めると、出席者は耳を澄まして見つめた。「彼の演説は息子とは違って簡潔で、感情に溺れず、曖昧なところは驚くほどなかった」とゴールドバーグは感じた。短い演説の中身はイランの脅威に絞っていて、「シオニスト運動は終焉を迎え、世界にシオニストは存在しなくなる。イスラエルの地のユダヤ人は抹殺されると思うだろう。一方、アメリカでは指導者たちがイランに圧力をかけることを拒んでいるが、アメリカのユダヤ人は抹殺されるユダヤ人に含まれることはないと暗に言われているのだ」。際立っているのは、ネタニヤフがホロコーストのとき以来ほとんど変わっていない修正主義シオニズムの主張を繰り返していることだ。イスラエルは物理的、道徳的な力によって敵に勝利を収めることになる。「私は父親が話をしているときにビビ〔ベンヤミン・ネタニヤフ〕の顔を見た。ビビはすっかり夢中になっていた」と出席者の一人がゴールドバーグに述べた。実際そうだったらしい。ベン＝グリオンはレトリックを使ってユダヤ人の悲劇を強く漂わせ、これから発展していくとする覚悟があると強く主張したことによって、右派の聴衆の心を掴んだようだった。政治的立場が違う多くのイスラエル人も、おそらく同意しただろう。

ゴールドバーグは記事を書くにあたり、イスラエルの戦争計画担当者にインタビューした。そのとき、執務室にイスラエル空軍機のF−15戦闘機三機の写真が何十枚も飾ってあることに気がついた。写真は、二〇〇三年にアウシュヴィッツの絶滅収容所跡の上空を儀礼飛行したときのものだった——イスラエル軍がホロコーストの歴史およびこの収容所で犠牲となった百万人近い犠牲者と結びついていることを紛うことなく示す掲示物だった。このテーマに取り組む代表的なイスラエルの歴史学者イェフダ・バウアーは、ユダヤ人の力とホロコーストへの追悼を関連づけようとするこうした努力を痛罵した。アウシュヴィッツは世界最大のユダヤ人の墓地だとバウアーは読者に思い起こさせた。バウアーにとって、上空から武力を誇示するようなやり方は、恥ずべき俗悪な形で軍事力を見せつけることに思えた。「墓地で旗を振り回すものではない」とバウアーは書いた――明らかに「生存者の行進」で撮った写真の何枚かのことを指している。「墓地の上を儀礼飛行するものではない。上空の飛行と地上の墓地の間で脚色をしたパフォーマンスを行うものではない。やりたいなら劇場でやればよい。墓地では周りをつま先で歩いて大声で泣くものだ。深くなかに埋められてもいい。宗教心があれば祈ることだ。アウシュヴィッツの上空を飛行するなど子どもじみた行為だ。これ見よがしの、まったく余計な行為だ――ホロコーストの記憶がこんなことで保存できると考える者の浅はかさを強調するだけのことだ。イスラエルの未来にとって、これは間違った行為だ」。

今日の、イスラエルに避難を求める人々――近年、逃げ場を求めてアフリカ諸国から来る何千人もの人々――について熱のこもった議論が行われるとき、ホロコーストが取り沙汰されている。政府の意見はこうした主張に強く反対している。本書を書いている今、イスラエル内相は五万人以上の人々が主にエリトリアとソマリアから不法にイスラエルに入国しており、彼らは国内の生命を脅かす迫害や虐殺から逃れてきた人々だと主張している。排他主義者たちは、ホロコーストの根本的な教訓はイスラエルがユダヤ人国家としての正当性を維持することであって、外国人が大量に流入すること、特に郊外の特定の隣接地に難民収容所があることは、イスラエルにとって「存在を脅かす脅威」となると抗議する。彼らは、難民は実際には経済難民で、行きやすい国のなかで最も発展しているのがイスラエルだから引き寄せられてくるのだと主張する。こうした状況に対処するため、イスラエルは二〇一二年に侵入防止法を施行し、大量の不法移民を処罰した。これに対してデモが行われ、難民反対の人々は押し戻され、ときには醜い非難をすることもあった。この問題がヒートアップするなか、難民支援者はさらなる開放を主張し――まったく反対の気持ちでホロコーストを引き合いにする反対者に対し、こちらもまたホロコーストを持ち出した。

ホロコーストを常に頼みにすることで、イスラエルは建設的な決定をすることができるようになるのかと考えてみることが、合理的だと思える。多くの人々はショアにとらわれることによって、イスラエルがナショナル・アイデンティティーといった問題に対して想像力を働かせて対応する力、またグローバル社会が危機を迎えるなかにあって新たなチャンスを掴み損ねているのではないかと心配する。「私たちは自分が何者で、どこに向かうのかを決定しなければならない時期にきている」とアブラハム・バーグは書いている。「私たちはいつも気持ちに引きずられて過去に向かって進むのか、あるいは何世代も経て初めて、未来を選ぶのか。トラウマではなく希望に、疑念だらけの孤立主義や偏執狂ではなく、人間性を信頼し、よりよい世界を選ぶのか。そうした場合、私たちは過去の苦痛を置いて前を見て、自分で自分を正し、世界をも正すところを見つけなければならない」。

ホロコーストの教訓を頼みにすることが、イスラエルで一般に行われる議論のなかで過大評価されているのではないだろうか。イスラエルの最も傑出した政治学者シュロモ・アヴィネリは、ネタニヤフを指してこんなことを言っている。「毎朝起きると、彼が新たな脅威を見つけている。それにはもううんざりだ」これに賛同する意見は多い。最近、イスラエルでは選挙が行われたが、ネタニヤフがホロコーストのレトリックを使うことに対して同様の批判があった。二〇一四年十二月、イスラエル首相ネタニヤフは「偽善的なヨーロッパ人はホロコーストから『何も学んでいない』」と主張したとある見出しに書かれた。大衆紙「イェディオト・アハロノト」紙で、シモン・シファーは不遜にもネタニヤフがホロコーストに言及することを、ネタニヤフの「最終兵器」だと述べた。「ハマスに対して強く出られないと、ネタニヤフは少なくともヨーロッパに対して強く出る」と「ハアレツ」紙の外交通信員バラク・ラヴィドは書いた。「右派の選挙民の感情に火をつけられるものがあるとすれば、それはフランス人、ベルギー人、あるいはアイルランド人を罵ることだ。彼らの動きが鈍いとみると、ネタニヤフはホロコーストを使う」。当時、ネタニヤフ個人の人気は常に低かった。もちろん、イスラエル人の多数がホロコーストの教訓というテーマについて、アヴィネリやシファーやラヴィドらに同意するかどうかいまだ明らかではない。

イスラエル社会におけるホロコーストの位置を堂々と批判した故トニー・ジャットの答えは、ホロコーストにとらわれることをやめるのではなく、ホロコーストを普遍的に響き渡らせることだった。

私たちはホロコーストの記憶をたった一つの国――イスラエル――を守ることにきつく結びつけてしまっているので、ホロコーストの道徳的な意義を地方的なものに貶める危険を冒している。前世紀の悪の問題は、アーレントの言葉を引用すれば……ユダヤ人を抹殺しようとするドイツの試みという形を取った。だが、ドイツの問題だけでない、ユダヤ人の問題だけでもない。ヨーロッパで起こった問題だが、ヨーロッパの問題でさえない。悪の問題――全体主義の悪、あるいはジェノサイド的な悪――は普遍的な問題だ。だが、地方的な利益に合わせて操ると、これから起こること（すでに起こりつつあることだと私は思う）はヨーロッパの犯罪の記憶から距離を置いて立っている人々――ヨーロッパ人でないからという理由で、あるいは若すぎて問題を覚えていないという理由で——は、記憶が自分たちにどう関係しているのか理解できないだろうし、私たちが説明しようとしても聞かないだろう。

第6章　普遍的な教訓

バラク・オバマが共和党候補ジョン・マケインと戦った二〇〇八年のアメリカ大統領選挙のとき、予想だにしなかったことだが、ホロコーストの教訓をめぐって意見交換が行われた。オハイオでオバマが演説をしたときのことだ。それを聞きに来ていたサミュエル・ジョゼフ・ウーゼルバーカーなる人物が、小事業税についてオバマに質問をした。オバマは、「富を拡大する」のに大きく役立つことになるという言葉を使って答えた。その日の論争は他にも多くの話題があったが、オバマのこの答えはすぐに大きな反響を呼び、民主党の大統領候補者が『社会主義』的だということの証拠とされた。共和党本部がこの機をとらえ、言葉尻を捉える選挙戦略に打って出るなか、鉛管工で真っ当な中産階級の代表としてメディアに登場したこの質問者が、実際はそういう人物ではないということが判明した。ウーゼルバーカーはかつて鉛管工事の契約人として仕事をしたことがあったが、実は保守の活動家で、過去に脱税していたことがすぐに判明した。ウーゼルバーカーはメキシコ移民についてかなり攻撃的な意見（「忌々しいメキシコとの国境線に忌々しいフェンスをつくって、撃ち殺してしまえ……というのが自分の気持ちだ」）を表明して、穏やかな庶民の代表だという評判に影がさしていた。メディアはウーゼルバーカーを「ジョー・ザ・プランバー」（配管工のジョー）と呼び、大きく取り上げた。彼はジョン・マケインとともに演台に立ち、自らオハイオ第九選挙区の議会候補者となり、結果的に民主党の対立候補に敗れた。

二〇一二年夏、議会選挙運動の一環として、ジョー・ザ・プランバーは「私はアメリカが好きだ」というタイトルの短いビデオを出し、そのなかでホロコーストに言及した。問題は銃にかかわることだった。彼の主張によれば、一九三九年にドイツが「銃規制」を導入した結果、ユダヤ人は武器を持てなくなり、「自分の身を守ることができなくなった」、そのため「ユダヤ人の六百万人」と「他の人々七百万人」が殺された、という。ウーゼルバーカーはまた、一九一一年頃にトルコが「銃規制を導入」したあと、百五十万人のアルメニア人が虐殺された、とも述べた。アルメニア人も「自分の身を守ることができなかった」、というのだ。言うまでもないが、どちらの主張にも証拠はない。発言に対する批判は大きく、ユダヤ人のさまざまな集団がこれらの主張は「常軌を逸して」いると非難した。困惑する共和党員もいた。ウーゼルバーカー自身は、「愚痴を言っている輩が大勢いる」と不満を述べた。彼のスポークスマンは、候補者ウーゼルバーカーは「歴史を研究して」おり、話した内容は「まさに歴史的事実」だと説明した。最も重要なのは、ジョー・ザ・プランバーがアメリカ合衆国憲法の修正第二条（規律ある民兵は自由な国家の安全保障にとって必要であるから、国民が武器を保持する権利は侵してはならない）は、常に「圧政に対する国民の最後の砦」だったと理解していたことだった。

ジョー・ザ・プランバーの話は、別のホロコーストの教訓とも関連している。アメリカの政治文化がメディアを通じて問題を矮小化することができるということと、個人の利益のためにホロコーストの歴史を最もばかげた話に貶めて用いる傾向がある、ということだ。また、この話は、「教訓」――この場合にはジョー・ザ・プランバーが「歴史を研究している」ということが最大の権威付けとなるという教訓

――を通じて、極めて異常な事態が起こり得ることを披瀝する羽目にもなった。この話の裏にはアメリカのポピュリストが絡んでいることは明らかで、その構成要素を考えるとどこでも起こり得るというものばかりではない。そうあってほしい。幸いに、この話はすぐにメディアから消えた。アメリカの選挙の数ヵ月後、ウーゼルバーカーが保守系のケーブルテレビネットワークであるＰＪメディアの戦争通信員として現地ガザの戦闘を取材するためイスラエルに姿を見せたときにも、彼の人気が復活することはなかった。

＊　このテーマを拡大して、ウーゼルバーカーはオバマの勝利は「イスラエルの死」を意味すると予言さえした。

一九六〇年代以後、私たちの文化のなかでホロコーストの存在が大きくなるにしたがって、この事例が示すように、まったくありえないことを含めて、あらゆる大義を進めるために利用されるようになるのは避けられなかった。ホロコーストの重要性を知れば知るほど、世界にはびこる悪から自分たちを、世界を救うためだったら、ホロコーストの教訓らしきものを使ってもかまわないと次第に思うようになった。そのために、教訓と主張されているものが、ホロコーストから引き出したというより、ホロコーストに関連付けようとするものであることが多いのではないかということを明らかにする考察が行われるようになった――ピーター・ノヴィクが『アメリカの生活におけるホロコースト *The Holocaust in American Life*』のなかで指摘したことだ。当然のことながら、「銃規制」に対する反対はこのテーマに持ち込まれて災いを招いた数多くある問題のうちの一つだ。他にも、中絶や学校のいじめ、同性愛者の権利、軍隊や組織のなかにある規律、動物虐待、行き過ぎた資本主義、環境破壊、融通の利かない官僚主義などさまざまである。いずれの場合にも、ホロコーストはどうやって巨悪と闘えばよいのか私たちに教えてくれる、と期待されている。また、ここで挙げたさまざまものから、私が本書で取り上げようとした疑問を提示できる。つまり、ホロコーストのアナロジーを使って考える方法が爆発的に広がっているが、ヨーロッパ・ユダヤ人の絶滅を一般の人々が理解することにつながっているのか、また、ホロコーストの教訓について幅広く考えるようになっているのか、と。

以下、教訓に追加するいくつかの例を示す。ジョー・ザ・プランバーの俗悪な主張から離れ、ホロコーストを社会の関心事に結びつけるもっと真面目な努力に話を変えよう。だが、次に挙げるものを考えるにあたって、ウーゼルバーカーの例を調べるのとは質的に違うモードに入っているのは自明のことだと思うのだが、これらの例は特殊な大義や目的に合わせて教訓を求めるために、既知の出来事を変形させてしまうこともたびたび起こり得るという私の主張を補足してくれるものと思う。私が主眼とするのは、これらの推論を拒絶するというより、これらの推論が並外れて形を変えやすいこと、証拠となる歴史的事実はごくわずかしか存在しない場合が多いこと、微妙なニュアンスを無視したくなる気持ちになるのが不可避であることを示すことにある。ホロコーストの教訓をみだりに口にするのは、それぞれ独立しているさまざまな問題の解決をはかるために、大量殺人や他の残虐行為に対して感じる恐怖を人々に思い起こさせるためではないかと思う。私はここで三人の有名な思想家と、彼らが主張した教訓を検討していくことにする――ハンナ・アーレント、ジグムント・バウマン、エリ・ヴィーゼルだ。

アイヒマン裁判について書いた本のなかで、戦時中のユダヤ人虐殺の内容に関心が集まることを蔑んでいたにもかかわらず、ハンナ・アーレントはホロコーストに関連する教訓を提唱した。それは、アーレントが全体主義にとらわれていると同時に、歴史学者がこれまで相当な研究を重ねたテーマ――ホロコーストの責任の所在を明らかにし、特にドイツの責任を明確にすること――に関心を持っていることの表れだ。どのような理由があるのかはともかく、アーレントが深い関心を持っていたこの種の議論について、評論家たちはほとんど論じてこなかった。アーレントは被告人を論じるなかで責任というテーマを取り上げた。それは、危機の時にありながら、現実にユダヤ人を助けたあるドイツ兵のケースを、短いながらも取り上げた。彼のことは裁判の目撃者の証言を報じるなかで浮かび上がってきた。それまであまり論じられることのなかった、アントン・シュミットだ。シュミットはドイツ軍の曹長だったが、ヴィルナ（ポーランド北東の町）に潜伏しているユダヤ人戦闘員を極秘裏に助け、身分証明書などを提供した。シュミットは逮捕され、軍事法廷で有罪となり、一九四二年三月に処刑された。

アイヒマンの法廷として使われたのは、エルサレムの大劇場ベイト・ハームだ。レジスタンスにかかわったイスラエル人の詩人で、ユダヤ人パルチザンのリーダーであるアバ・コヴネルはそこで、静まり返ったイスラエル人聴衆に向かってアントン・シュミットの話をした。アーレントはこのとき深く感動し、シュミットがユダヤ人を助けるために行った無私の努力についてコヴネルが証言するのを熱心に聞き入った。アーレントにとってこの経験は、裁判のなかのありふれた一場面にはならなかった。これは全体主義を理解するうえで非常に重要な瞬間であり、ヨーロッパ・ユダヤ人の虐殺を理解するうえで鍵となる瞬間だった。感情が高ぶることがめったにないにもかかわらず、アーレントは自分が聞いたことや、エルサレムの法廷の外に向けて放送されたものを振り返り、次のように考えた。「測り知られぬ黒一色の闇の中に突然輝き出た光のようなこの二分間のあいだ、或る一つの考えだけはあらゆる疑を超えて否定しがたく明瞭に人々の頭に描かれた――このような話がもっと語られさえするならば、今日の法廷でも、イスラエルでも、ドイツでも、いや全ヨーロッパで、すべてはどれだけ変わっていたろうかという考えが」（大久保和郎訳『イェルサレムのアイヒマン――悪の陳腐さについての報告』みすず書房）。

アーレントの主眼点――アーレントは「教訓」と呼んだ――はシュミットがユダヤ人に手を差し伸べ、それによってナチスの意図を暴き、全体主義支配の「忘却の穴」に裂け目をつくったことだった――アーレントはこの姿勢を熱く語ることで読者に理解してもらおうとしたのだ。シュミットの行為が教えてくれるように、全体主義の願望は決して全うされることはない。ドイツの軍曹や、彼と同じような人々のおかげで、全体主義支配は完全なものとはならない。情報は必ず出てくるものだ。体制に合わせられない個人は必ずいる。だからこそ、抵抗運動が「無駄だ」ということなどあり得ない――シュミットの努力が教えている。

もし先ほどのような事例がもっと多く語られたとしたら、それは今日のドイツにとって――単に海外でのドイツの名誉のためだけでなく痛ましいまでに混乱しているその状況のためにも――実際問題として大いに有益だったろう。このような話に含まれる教訓は簡単であり、誰もが理解できるからである。政治的に言えばその教訓とは、恐怖の条件下ではたいていの人間は屈従するだろうが、いいいい或る人々は屈従しないだろうということである――ちょうど最終的解決の申し出を受けた国々の与える教訓が、たいていの国では「それは起こり得た」が、しかしどこでも起こったわけではなかったのと同様に。また人間的に言えば、この地球が人間の住むにふさわしい場所でありつづけるためには、このような教訓はこれ以上必要ではないし、またこれ以上求めることは理性的ではあり得ないということだ（大久保和郎訳）。（傍点訳者、イタリックは原文のまま）

アーレントの教訓に対して活発な批評が行われた。そうした批評のなかで、シュミットとその行動については論議されることは一切なかった――一九六四年にヤド・ヴァシェムが「諸国民のなかの正義の人」の一人としてこのドイツ軍人の名を挙げて認めたのだが。評論家たちが食いついたのはむしろ、シュミットを絶賛したアーレントの主張だった。なぜシュミットがドイツ人であることがそれほど重要なのか、また、ドイツにとってシュミットの役割が重要なのはなぜか、と。ある研究者が尋ねた。彼が言わんとしていたのは、アーレントが他のドイツ人を好意的に見ようとして、レアなケースを不適切に利用したのではないか、という主張だった。なぜシュミットは「現実に役立つ」のか、と。別の研究者が尋ねた。哲学教授でアーレントを最も激しく批判したうちの一人であるガートルード・エゾルスキーだ。アーレントの引き出した教訓を激しく譴責した。

ヨーロッパのユダヤ人が殺され、スターリンの犠牲者が何百万にもなったときに、ミス・アーレントはこの地球に政治的により必要とされているものを、このままでよい、としていることを記録してほしい。たしかに（大勢というわけではないが）全体主義のテロに遭遇した人々のなかには、ミス・アーレントのいう道徳原理に達するまで生きていた者もいたし、最終解決がどこでも行われていたというわけでもない。だが、何らかの真の道徳的な関心を持っている者が、人間的に言って、この地球を「人間が住むにふさわしい場所にする」ために必要なものではないし、それを求めることが理性的ではあり得ないと考えることなどできるだろうか？

私はエゾルスキーに敬意を持ちつつも、この場で少々この反対意見に反論したい。アーレントがこのくだりで回りくどい表現をしている（有名なアーレント流の曖昧な言い方となっている）ためにこうした解釈が浮かび上がってきているように見えると私は思うのだが、ここで引用しているのは、個人がこの惑星から悪を取り除こうとすることではなく、ナチスが自分たちの犯罪を完全に隠蔽し、ユダヤ人を「忘却の穴」に閉じ込めておこうとすることにシュミットがフラストレーションを感じている、ということを述べたのだと私は思う。

ベルリンを拠点に活動する著名な哲学者であるスーザン・ニーマンは、アーレントを擁護した。アーレントが『イェルサレムのアイヒマン』でドイツの軍曹に言及したのは、「本書のなかで最も感動的で記憶に残るくだり」で――また、このくだりが、アーレントがユダヤ人評議会やアイヒマンの陳腐さについて書いたことと比べてあまりにも関心が払われていないことは特筆するに価するとした。ニーマンは、アーレントの教訓には贖罪のメッセージが含まれているとして、次のように書いている――あらゆるタイプの歴史学者と評論家の多くが、ホロコーストの教訓が話題になると、アーレントのこのメッセージに対して批判を浴びせる。この文のなかでアーレントが言わんとしたのは、最も極端な状況下にあっても、個々の人間には国家権力に抵抗する能力のようなものがある、ということだ。ここで述べられた概念は、「私たちのなかには、地球を住むことができる場所にする正義があり、道徳を脅かすアイヒマンのような人物がいる」ということだとニーマンは書いている。この見方によると、アントン・シュミットはジャン・アメリーが永遠に失ってしまった、世界のなかにある信頼と呼んだもの――ほとんどの人々がホロコーストの教訓とは期待しないもの――を体現している、ということになる。

だが、アーレントの教訓は「簡単で誰もが理解できる」推論なのだろうか。私はそう思わない。悪の性質と全体主義を深く考えたアーレントは、シュミットの話に慰めを感じたのだ。アーレントの教訓は、人々は抵抗することができた、ということだ。全体主義の支配は決して完全なものにはならない。しかし、これを、人々がホロコーストの教訓を考えるときに頭のなかに思い描けるだろうか。私は難しいと思う。世界をよりよくするための実践的な行動に訴えるような教訓を人々は求めている。アーレントはそれをせずに、「今日のドイツの実際問題に役に立つ」問題を取り上げた。そしてシュミットのような人物がもっと多くいたら、ドイツの公的な関係改善の一助となると示唆したように思えた。アーレントの思いがどうであれ、これがアーレントの言葉として人々に受け止められた。だからこそ、多くの人々がアーレントの「教訓」にかくも盛んに反対するのだ。

一九二五年生まれのジグムント・バウマンは、ポーランド人とユダヤ人の間の厄介な関係について頭が真っ白になるまで考え続けてきたベテランだ。ポーランド系ユダヤ人で著名な社会学者だったバウマンは、他の多くのポーランド系ユダヤ人同様、戦後に作られたソ連を後ろ盾にした、ポーランドの共産党に組み込まれた体制を熱心に支持していた。これらのようやく生き残った哀れなポーランド系ユダヤ人にとって、第一の優先事項は、当時権力を求めて争っていた保守的なナショナリストの反ユダヤ勢力を撃退することだった。だが、長い眼で見ると、共産主義はユダヤ人にとって非常に悪いものであったことが明らかになった。一九六八年、心酔し自分の運命を委ねてきた党に裏切られたバウマンはイスラエルに移住し、それから数年後にはイギリスに移り、リーズ大学で社会学を教えた。一九八〇年、バウマンは影響力のある本『近代性とホロコースト *Modernity and the Holocaust*』を出し、ヨーロッパ・ユダヤ人の絶滅は近代社会の落とし穴で、啓蒙主義の理想——自然と人間が作った環境の再編——がいかにして「完璧な社会の形」を目指す恐るべき殺人的な行為を伴うことになったのかを論じた。

バウマンにとって、ナチズムは野蛮な過去への回帰ではなかった。むしろ、ソ連の共産主義体制とともに、伝統的あるいは道徳的制約を受けずに作動し、近代の目的を実現するため猪突猛進する国家を代表していた。二つの体制それぞれが、理想的で完璧な社会の建設を目指していた。ヒトラーとスターリンの計画には完璧という概念に違いがあり、一方は人種、もう一方は階級が交じっていたが、殺人願望を共有していた。

スターリンとヒトラーの犠牲者は、領土を獲得し植民地化するために殺されたわけではない。憎悪を含めた人としての生きた感情が存在しない、無感覚で機械的な形で殺されることが多かった。彼らは何らかの理由で、完璧な社会の計画に適合しないからという理由で殺された。破壊するためではなく創造するために殺されたのだ。彼らはよりよい世界——より効率的で道徳的で美しい世界——をつくることを目的に抹殺された。共産主義世界、あるいは人種的に純粋なアーリア人の世界をつくるために抹殺されたのだ。

この見解によれば、ホロコーストは近代性という大波の一部、ということになる。アメリカのラビであるリチャード・ルービンステインを引用して、バウマンは「ホロコーストの究極の教訓を『文明の前進』の証人となること」だと考えた。二重の意味で「それは前進だ」とバウマンは付け加えた。「最終解決においては、私たちが誇る産業の能力と技術は新たな頂点に達し、前例のない大量殺人を行った。同じ最終解決で、私たちの社会に、これまで思いもよらない力があることが明らかになった。技術上の効率性と立派な意匠に敬意を覚え讃えたい気持ちになるよう教えられた私たちは、われわれの文明がもたらした物質的進歩のよいところだけを見て、潜在的に持っている本当の恐ろしい力を過小評価してきたことを認めないわけにはいかない」。バウマンはナチスにいる個々の人物が怪物のような存在だとか、進歩という啓蒙的なリベラルな概念から逸脱した存在だとか考えることはしなかった。こうした思考法は「自己弁解的」で、近代性がいかにして私たち自身の社会を歪めたかということに目をつぶらせてしまう。そんなことより、バウマンは近代主義者の理想が近代のさまざまな社会を唆したのであり、その理想こそが人間的な価値観を卑しくも地に落とした元凶だと考えていた。近代の活動家は社会を「管理の対象として、解決しなければならない非常に多くの『問題』が集積したものとして、本来の『ソーシャル・エンジニアリング』の標的として、一般に力によって計画した形につくり維持する庭として（ガーデニングというものは、野菜を手入れをするときに『苗』として残すものと間引きしてしまうものとに分ける）捉えた」。これが「ホロコーストという思考を醸成し、ゆっくりと、だが確実に成長し、結果に至った」

とバウマンは述べる。バウマンは「近代国家の官僚制が舵を取って生み出した青写真が非政治的（経済的、社会的、文化的）な力の足枷から解放されること」をひどく不安に思った。

マックス・ウェーバーの影響を受けていたバウマンは、官僚制について、目的を追求するためには道徳的な足枷をも剥ぎ取るもの、と捉えていた――ナチスの場合、ソーシャル・エンジニアリングを行う社会は「完璧な社会のデザインに一致するように社会的秩序を実現する」社会という意味だった。この魅惑的な理想を前にして、かつて機能していた道徳基準は萎縮した。暴力を「大部分の社会のメンバーが立ち入ることのできない」社会の周縁に移した。「あるいは、文明人が暮らすうえではまず関係がない遠いところに追いやった」。ホロコーストが明らかにしたのは、「以前存在していた倫理的な日常や近代的規制」がほぼすべて侵食されるということだけだった。バウマンは「倫理的な原則の新たな土台を強烈に求める」「ホロコーストの挑戦」を論じてこの本を結んだ。バウマンが求めたのは、前社会的あるいは超社会的な社会の道徳性の再構築だった――これはバウマンがエマニュエル・レヴィナス哲学的人類学から引き出した概念である。

近代性とホロコーストの関係について述べた重要な論評として評価されたバウマンの作品は、数多くの教訓を生み出した。その多くはバウマン自身の作品に見い出せるものだった。本書で検証した他のケースと同様に、バウマンの教訓は史実が確固としていないものもあり、ホロコースト研究者の領域から遠く離れている場合も確かにある。一番はっきりしているところから述べてみると、ほとんどの近代国家はナチ・ドイツやソ連のような破壊的な政策を真似しなかった。なかには近代主義者の経験を押し付けようとして多くの人命と国の富を失い、文化遺産を破壊した国もあったが。さらに言うと、いわゆる近代主義体制が行った最悪の残虐行為の多くは、殺害を行うにあたって原始的な技術や手法に頼っていた。同時に、近代の官僚機構が善政を敷くという確かな例もあった。啓蒙主義的な思考は、間引きした庭と言語道断な残虐行為を残していただけではなかった。寛容や博愛主義、批判的分析をも兼ね備えていた。バウマンの思想は、批評家にあれこれ叩かれ続けてきた。バウマンの作品は敬意こそ払われていたが、かなり利用しにくかった。はっきり言って、近代性が持つ破壊的な影響力を和らげようとする者から武器を取り上げたいと思う者などほとんどいないのだ。だが、ホロコーストの普遍的な教訓として考えると、多くの歴史学者の支持を勝ち取る力があるとは言いがたいところだ。

ノーベル賞受賞者であり、最も著名なホロコースト生存者の代弁者とされるエリ・ヴィーゼルを熱烈に讃える人々でさえ、ホロコーストの教訓を求めてエリ・ヴィーゼルのもとに出向こうとは思わないにちがいない。ルーマニアの小さな町サイトに生まれたヴィーゼルは五十冊以上の本を書いているが、そのうちアウシュヴィッツでの経験を綴った何冊かの本が有名だ。そうした作品が認められて、ヴィーゼルは一九八六年にノーベル平和賞を受賞した。ノルウェーのノーベル委員会は、作品を紹介するにあたり、ヴィーゼルを「人類に贈られたメッセンジャー」と呼んだ。作品でも講演でも、ヴィーゼルは自分の体験を巧みに伝えた。自分がそこに至った道筋を伝えるのではなかった。ヴィーゼルがホロコーストを伝えるときには、折々に感じたことや見たことを挿絵で描くように話をし、いくつかの質問をした——私の考えでは、教訓を公式にして示すようなものではなかったと思う。ヴィーゼルは喩え話をし、多くの人が異論を唱えるかもしれないようなことを言い、彼が言いたいことはさまざまに解釈できるように、あるいはまったく曖昧なままにすることがよくあった。新しいホロコースト記念博物館ができるとき、

「犠牲者のすべてがユダヤ人というわけではないが、ユダヤ人はすべて犠牲者だ」とアメリカ大統領ジミー・カーターに書き送ったのは有名な話だ。この博物館でヴィーゼルと一緒に仕事をしたマイケル・ベレンバウムは、ホロコースト記念評議会の議長として、ナチズムのユダヤ人犠牲者と非ユダヤ人犠牲者の間をヴィーゼルが仲立ちしたときのことを書いている。カーターに手紙を書いたとき、ヴィーゼルはナチの残虐行為が特にユダヤ人にとって重要だったことを伝えようとした。だが、本当に「ユダヤ人はすべて犠牲者だった」のか。ヴィーゼルの主張について、ドイツの意図に関することではなく、単純にユダヤ人がすべて犠牲者だということに注意してほしい。どうしてそんなことがあり得るのか。戦争中、北米で安全に穏やかに過ごしたユダヤ人を犠牲者に数えることはできない。だが、ヴィーゼルの言葉は生き続けた。ユダヤ人が普遍的に犠牲となったとする明白な主張となり、多くの人々がホロコーストの教訓として言及するのだ——理屈にはそぐわないのだが。

ヴィーゼルは何年にもわたってホロコーストをうまく言葉にできないことについて話をしてきた——「その場」にいなかった人々に、ヨーロッパ・ユダヤ人の殺人を掌握できるはずがない、ということだ。「その場にいた人々だけがわかるし、その場にいた人々は語ることができない」とヴィーゼルは言ったことがあった。このテーマを追求した結果、ヴィーゼルはこの言葉を叙述したり分析したりするよりも、会話のなかに織り込んだ。この話法を用いて、問題提起することが中心の講演になった。「アウシュヴィッツとは何か。終わりか、始まりか。何世紀にも遡る頑固な迷信と憎悪の黙示録的な結果か、あるいは、人間の本質にある悪魔的な力が最終的に発作のように爆発したものなのか」。いったい誰が答えられるのだろう。ヴィーゼル自身も答えなかった。最終的に、ヴィーゼルの講話を教訓のつかみどころのなさを示すものとして解釈することができる。ホロコーストが教えるのは悲観主義なのか――その通りだ。だが、私たちは屈してはならない、私たちは楽観的になろうと努めている。世界には学ぶことなどあるのか――あるようには思えない。だが、だからこそ私たちは教えるように努めなければならない。人は人に対して人間らしさを持たないということを表現しているのか――違う、人がユダヤ人に対して人間らしさを持たなかったということだ。それでもなお、ホロコーストは私たち人間に悪の部分が現れたとき、それと戦うように求めている。ホロコーストによってヴィーゼルはイスラエルに移住をする気持ちになった可能性があるのか――ある、だがヴィーゼルはそうしなかった。

ヴィーゼルは「アメリカで最も影響力のあるユダヤ人」と言われてきた。おそらく世界中で最も影響力があるのだと思う。二〇〇五年、国連創設六十周年に際し、国連で演説を行った。そのとき、明確な教訓の公式をもう少しで口にしそうになった。「アウシュヴィッツを生き延びた者は、絶望ではなく希望を訴える。怨恨や悲痛な経験ではなく寛容を。暴力ではなく感謝を。私たちはかかわりを持たなければならない。無関心になるのを拒否しなければならない。無関心は抑圧者の力となり、犠牲者を苦しめる。記憶が無関心に対する高貴で必須の反応でないならば、いったい何の意味があるのか」。これはホロコーストから得たヴィーゼルの教訓なのだろうか。私は言葉のまま捉えてきた。多くの人々がしっかりした教訓を求めてヴィーゼルの作品を紐解く。だが、高度に一般化すればするほど、案内の道具となるべき警告は曖昧になり、特別な場面で役に立たなくなる。また、言い及んだ状況から引き出したと思われる言葉があてにならなくなる。実際、ホロコーストを研究している者が、ヴィーゼルの問題提起や教訓として読んだヴィーゼルの答えと、自分が研究している特別な出来事の間に関連性を見い出すことなどほとんどないのだ。ホロコーストのときに寛容であったことが、怨恨や悲痛な経験より多くのことをなし得たのだろうか。おそらくそうではないのだろう。感謝が役に立ったのか。そうではなかった例を私はたくさん思い出せる。ワルシャワ・ゲットーの蜂起のときに用いられた暴力が非難されるべきだったのか。他のゲットーにいた多くのユダヤ人には意味不明のまま、共同体全体を危険にさらしたと批判する者もいるが、ほとんどの人は違うと言うだろう。無関心にならないよう、どこでどのように努力したらよいのか、数多くある間違いのうちどれに反対したらよいのか、どうやって決めればよいのか。確かに、こうしたことは無視できない。エリ・ヴィーゼルにホロコースト記念博物館の運営にかかわるように求めた委員会に、私は一度ならず出たことがある。しかしヴィーゼルに手伝ってもらって決める教訓が、ホロコーストにあるのかどうか、私にはわからない。

人権思想の権威でカナダ自由党の元党首マイケル・イグナティエフは、私たちの時代にはホロコーストのような大きな悲劇が至るところで発生したという印象的な表現を使って述べた。「道徳が普遍性を持ち、それに則った行動を多くの人が行うようになり、私たちの道徳的想像力は一九四五年以来大きく変容したが、それに気づかずにいる」とイグナティエフは書いている。一九八〇年代からこのような傾向が表れていたが、その頃に、ホロコーストを言及する人々は、たとえばエリ・ヴィーゼルやエミール・ファッケンハイムといったホロコースト思想の先駆者が考えた重要な議論に蓋をしようとしていた。一九六〇年代から一九七〇年代にかけて、白紙状態といってもいい頃から研究を始めたヴィーゼルやファッケンハイムは、ホロコーストが唯一無二の出来事だということを強調した。ファッケンハイムはそれを自分のユダヤ神学に取り入れ、ヴィーゼルは収容所での自身の経験とその後取り憑かれたように行って収集したナチによる迫害の証拠をもとに、ユダヤ人の犠牲という見方を公式化した。

だが、最近になって、ホロコーストを論じる人々は普遍的なテーマを好むようになったように思える。ドイツでは一九八〇年代後半、ホロコーストに関するいわゆる歴史論争（Historikerstreit）があった。そこではドイツにおけるホロコーストの解釈と記憶の仕方について知識人が議論し、メディアがそれにかなりの関心を示して報じた。論争の一部は、ナチスのユダヤ人殺害運動が歴史上唯一無二の出来事だったとする概念に集中した。この考え方に批判的な人々は、主に右派の人々だが、比較の有効性について発言することが多くなった――一義的にはソ連との比較だったが、他のジェノサイド、特に植民地で行われたジェノサイドとの比較もあった。当時、誰もがはっきりと認識していたわけではなかったが、教訓とかかわるのは避けられなかった。ホロコーストが唯一無二の出来事だとすると、そこから普遍的な教訓が現れると考えるのは難しい。その一方で、ホロコーストが他の大量殺人に類することができるなら、ホロコーストから何かを導き出せる可能性がある。同時に、すべての比較が有効だというわけでもなかった。だが、ホロコーストの研究者に次第に、戦時中のユダヤ人殺害を、ナチスがやろうとしていた他の帝国主義的な施策やユダヤ人以外の大量殺人関連の話と並列して考えるようになった。この考え方はその後、冷戦後の社会状況のなかで後退していったが、ホロコースト研究はドイツでは依然として活発だった。旧ソ連支配国で新たな文書資料を利用できるようになり、実質的な恩恵も受けた。

ソ連の崩壊と人権問題を国際社会が重視するようになったのに続き、アメリカ合衆国のクリントン政権が行ったさまざまな政策によって、ホロコースト関連の問題に一般の人々の関心が再燃した。大きな論点は賠償問題だった――第二次世界大戦が終わったときに適切な処置がなされなかったホロコーストやナチスの他の残虐行為から生存した人々が主張した、補償問題の解決だった。こうした主張のなかには、いわゆるスイスの銀行の「休眠口座」に対する集団訴訟や強制的な奴隷労働を課したドイツ企業に対する訴訟、殺された犠牲者にもともと権利があるのに支払いをしなかった国際保険会社に対する訴訟もあった。すべての問題について、解決のためにに必要な、詳細で複雑な交渉が行われた。もう一つの問題は、ホロコースト教育と歴史的な記憶を形づくることだった。しかしそれは、ナチズムが崩壊し、第二次世界大戦が終わった直後には予想だにできない、国際的な関心事だった。多くの人が考えたように、人権が世界の人々の心を捉えた。

ホロコーストと人権の関連は、スウェーデン首相ヨーラン・ペーション内閣がアメリカの支持を得て、二〇〇〇年一月、ストックホルムで開催したホロコースト教育、記憶および研究のための国際会議で表面化した。これはホロコーストに関するストックホルム国際フォーラムが企画した最初の会議だ。二十三カ国からは国家元首もしくは首相、十四カ国からは副首相など、バチカンを含む四十六カ国の代表者が集まった。ヨーロッパ連合のアメリカ代表であるアメリカ合衆国大使スチュアート・アイゼンスタットが合衆国政府を代表して、ホロコーストと人権問題について演説した。アメリカ合衆国上院で話したように、金銭すなわち補償の問題から記憶の問題に移る時期だった。「ホロコーストに関して最後に言うべきことは、犠牲者の記憶と永遠不滅の教訓を教えることである」。国際的な問題――すなわち諸国間の関係――に焦点が絞られるから、アメリカの舵取りが不可欠だった。

こうした環境の下で、公的に宣言されたホロコーストの教訓は、これまで行われてきたナチス・ドイツとのアナロジーから、第二次世界大戦以後に広がったジェノサイドと大量殺人問題（テロ）へと移った。ホロコーストを引き合いに出すことは、特にアメリカの好みに合っていた。アイゼンスタットは、ホロコースト問題をグローバルに解決することこそ、アメリカ合衆国に与えられた特別な任務だと主張した。「ホロコーストのアメリカナイゼーション」と言う人々が出てくるのと同時期だ。ヨーロッパ人がこうした傾向を冷静に受け止めたわけではないことは理解できる。アメリカが一九四五年にユダヤ人を受け入れたと主張していることを揶揄する者もいた。ホロコースト犠牲者の大多数を解放したのはアメリカの兵士ではなくソ連の赤軍だったのだ。アメリカがヨーロッパ・ユダヤ人の絶滅にはまったく責任がないので、道徳の面においても世界を牽引できると主張することは、一九九〇年代はホロコースト時代の補償を求める運動を経験した多くのヨーロッパ人にとって肯首しがたいものだった。当時、集団訴訟がアメリカの法廷で起こされているという問題があった。判決の内容によっては、ヨーロッパ各国の政府や企業、銀行に大きな影響を及ぼす力があった。

これに対し、次のような努力が続いている――顕著な例として、ごく最近のことだが、フランス国有鉄道（ＳＮＣＦ）に対してホロコースト生存者がアメリカ合衆国で訴訟を起こした。この問題は、アメリカとフランスの政府間で双務協定を結ぶことで解決している。フランス人にとって特に苛立たしいのは、原告がフランスで訴訟を行ってうまくいかない場合にアメリカの法廷に持ち込むことだ。ストックホルムの会議を痛烈に批判した学者ヤン・シュールマンは、こうしたグローバルな流れが「ホロコーストの記憶を歴史の流れのなかから取り除いて」いると書いた。高度にシンボル化した訴訟においては、出来事が起こった当事国からホロコーストの記憶を取り除いて、アメリカ合衆国で裁判が行われる。「アメリカ合衆国の歴史政策は、戦後ホロコーストについてなされてきた話を変容させ、それを新しい、国を超えた大きな物語にはめ込もうとするものと理解され得る。そこでは、アウシュヴィッツの教訓は人権に対する普遍的な責任につながっていく」とシュールマンは書いている。そうすることで「本当にあった歴史の出来事は輪郭がぼやけ」、「矮小化され非歴史化」されてきたのだ。

第一回ストックホルム会議から数年経つと、ホロコーストと人権を結びつける傾向はますます強まった。声を大にしてホロコーストをグローバルに論じる機関や個人から、厖大な数の教訓が溢れ出した。国連では潘基文事務総長がホロコースト犠牲者に対し、毎年メッセージを表明している。バラク・オバマ大統領もホロコーストをよく口にする。カナダ首相スティーブン・ハーパーもそうだ。多くの国々で、記念行事の場面となれば高官が話をする。ロンドンでは、エリザベス女王がインペリアル・ウォー・ミュージアム（帝国戦争博物館）のホロコースト常設展を主催した。さまざまな国にホロコースト記念碑がつくられた。カナダのものはドイツの建築家ダニエル・リベスキンドがデザインしたもので、オタワにある。国内レベルでは、数多くの北米のホロコースト関連機関がホロコーストの教訓をそれぞれの行動宣言文に盛り込んだ。歴史を記憶しない者たちに対するサンタヤーナの言説や、はっきりした証拠はないがエドマンド・バークが言ったとされる――善良な人々が何もしないと悪が勝つ――言葉がいつも繰り返される。これらに加え、さらに多くの教訓が出てきた。

こうした無視できないホロコースト関連の活動があっても、いずれも教訓の本質に関する合意に近づくことができない。この新しく、広く知られるようになった言い方に調子を合わせた発言をする政治家や評論家の多くが、ホロコーストやドイツ、ユダヤ、ヨーロッパの背景に関する知識をほとんど持ち合わせていないことがよくあるという事実があり、問題は残されたままだ。ホロコーストの教訓の本質は、たいていこうした教訓が何とか機能する形で想定されるものだ。普遍的な教訓は、良き行動をとるにはどうすべきか明確に戒めてくれるものから、政治的、倫理的にみても頭をひねるようなものまで、ごちゃ混ぜにした袋だ。お題目にまで落ちてしまうと、教訓を包む容器にはなじんでも、広告紙のように簡単に捨てられてしまうことが多いのではないかと私は思う。

教訓について行う講義のなかには、雄弁でわかりやすい論評もある。革新的なジャーナリスト、I・F・ストーンの人間らしい発言を私はいつも好ましく思ってきた。しかし、「ホロコーストの教訓は、決して竈《かまど》送りにしない存在として他の人間を扱うことだ」という言葉を、私はごく最近まで聞いたことがなかった。カナダの議会議員で人権を専門にする法律家アーウィン・コトラーがよく言う「ホロコーストはジェノサイドという特異性がある唯一無二の悪だ」という言葉には、あまり心が動かない。私はその意をつかめない。だが、全体として捉えると、ホロコーストの教訓を明確に分類することは難しい。その理由の一つに、教訓がそれぞれ矛盾していることがある。たとえば、ある教訓は予言的だ。また、一直の教訓のなかには、ユダヤ人が「坑道に送い込んだカナリヤ」的な存在だとするテーマもあり、さまざまな種類がある。これらに密接に関連するのは、教訓は普遍的でグローバルな規模でつくるべきだ、とする主張だ。ここからくる教訓は、「このこと」はユダヤ人に起こったが、誰にでも起こり得る、というものだ。一方で、違うホロコーストの経験をした犠牲者から違う教訓が引き出されてきた。よく知られているように、野蛮な行為と言い尽くせない残酷な行為によって精神的に追いつめられた生存者もいた。自分の命を救った小さな親切や無私の好意を強調する生存者もいた。ホロコーストに関する本を読んだ人々のなかには、ダニエル・ジョナ・ゴールドハーゲンからドイツ人の矯正しがたい「抹殺主義者」的な反ユダヤ主義について教訓を得た者もいる。戦時中のポーランドで殺された親族の運命を丁寧に調べ上げたダニエル・メンデルソーンの調査が素晴らしいという人々は、メンデルソーンがナショナル・パブリック・ラジオのインタビューに答えたときの言葉を好むのかもしれない。「人は何にでもなれる」と言ったのだ――間違いなく、私が自分で本を読んだなかで出会った最も包括的な教訓だ。

問題を複雑にしているのは、新たな問題が起こり、新たな世代が歴史を検討すると、ホロコーストの教訓が変化することだ。「地平線は動いている」という言葉を、私はメイン州にあるホロコーストおよび人権センターで作成しているブログで読んだ。このセンターはポートランド（オレゴン州）とオーガスタ（ジョージア州）に事務所がある。「それに合わせて、ホロコーストセンターは、ホロコースト機関の役割と守備範囲は必然的に進化しなければならない」。メイン州のホロコーストセンターは、無料のフィルムと、いじめ撲滅および関連する正義を取り戻すためのプログラム（パネルディスカッション）とワークショップを用意しており、「倫理的なリテラシーを高める」使命を追求している。素晴らしい仕事に思えるが、こうしたプログラムがホロコーストそのものから遊離しているのが垣間見えて不安に思う人々もいる。ホロコーストこそ直観でわかるように導いてくれるのだと彼らは主張する。関連する問題は、すべての間違いの違いが単に程度の問題として提示され、区別がまったくできなくなっているということだ。だからこそ、ホロコーストの歴史を誤って解釈し、歪め、放棄してしまうことが簡単になされている。ホロコーストにあるさまざまな要素からかけ離れ、心許ないものになり、時間と労力を使わずに教訓を引き出そうとすることになる。私たちが教訓は変質しやすいということを強調する必要があるのは、この点である。

読者の理解を助けるために、決定的な答えのない問題を提示する、よく言われる普遍的教訓の具体例をこれから挙げてみよう。これらがあくまでも例であって、使い古された名鑑ではないことを私は強調しておきたい。

――寛容を学ぶためのものとしてのホロコースト

少なくとも北米で最も普通に言われるホロコーストの教訓は、ホロコーストを学ぶことで寛容の精神が高まり、文化、倫理、人種の多様性の理解を深め、生きていく世界をよりよい場所にする、という考えだ。これは、ロサンゼルスにあるサイモン・ヴィーゼンタール・センターの寛容博物館がはっきり宣言している内容だ。寛容博物館では「トレランセンター」が主要なホロコースト展示棟だ。そこでは「訪れた人々が日常生活の一部となっている不寛容に注目する」ことを大きな目的に掲げている。私はこうした素晴らしい目的に異を唱えるつもりはないし、このような教育を行う小学校のカリキュラムを批判するほどの力もない。だが、寛容と多様性の概念を推進している博物館学的、教育的メッセージに、私は現在少なからず不安を抱いている。ヨーロッパ・ユダヤ人の絶滅とは現実に関係のない概念をホロコーストに関連づけているのだ。善意に溢れる人々が主張する「不寛容」あるいは「偏見」がホロコーストのすべてだとする考えは、歴史学者にとっては、深刻な話どころか、滑稽な話なのだ。事実を述べよう。二十一世紀の北米の定義によると、歴史上の人々は「不寛容」で「偏見」を持っていたが、だからといって必然的に殺しあったわけでも、ジェノサイドを行ったわけでもなかった。ホロコーストは大陸的な規模で、特別な犠牲者を選んで行った大量殺人で、不寛容や偏見とは関係がない。歴史を通じてみると、さまざまな社会が当たり前のように集団や個人を非難し、搾取し、残忍な仕打ちをし、迫害を行ってきた――取り憑かれたようになって虐殺するというのでも、地球上から抹殺しようというのでもなく、もっと酷いこともしてきた。ホロコーストについて重要な問題は、法と慣習および宗教によって保たれていたものが、第三帝国の下でなぜ、どのように崩壊したのかということと、いかにしてドイツ人がこれほど巨大な規模で組織的に殺人を行ったのかということだ。ホロコーストを不寛容と偏見の問題に狭めてしまうことは、今日の私たちの世界で行われている悪事に対する誤解を増進するばかりか、ホロコーストの権威を軽々しく借用し、その重要性を間違えて述べることになる。

――ホロコーストは言葉から始まる

メディアやインターネットで行われるヘイトスピーチに規制を求めてきた人々は、史実とは無関係にホロコーストを例に挙げて「それは言葉から始まった」と主張した。束縛を受けず無節操に行われたヘイトスピーチが唯一の根本原因というわけではないにしても、ホロコーストの一因となったとして、こうしたスピーチの規制は適切な予防対応となるというものだ。ホロコーストから引き出した教訓というわけだ。この特殊な教訓が、アメリカ合衆国において主流とならないのは驚くにあたらない。アメリカ合衆国には、ヨーロッパ諸国やカナダと比べて、極端なまでに強固な合衆国憲法に基づく言論の自由の伝統がある。だが、カナダとアメリカの国境の両側で、何百回もこの主張を耳にしてきた。このことも、これまで見てきたことと同じ土俵にある。この特定な一要素をホロコーストの原因として取り出す根拠は歴史的に存在しない。というより、そうしてしまうと私たちが理解しようと主張している歴史を歪めてしまう。他者を悪魔のような存在にして捉えるのは、残念ながら歴史的に多くの社会が普通に行ってきたし、私たちがホロコーストと結びつけて考えるジェノサイドがなくても、今日でも世界の至るところに存在している。この教訓がホロコーストを理解するうえで不適切であるということを歴史学者は繰り返し示してきた。反ユダヤ主義というテーマがナチズムの研究に重要であるのはもちろんだが、反ユダヤ主義が、ヒトラーが権力に昇りつめる道を固めた、あるいは反ユダヤ主義がドイツ人を動かしてユダヤ人にジェノサイドを行わせたとする考えについて、多くの歴史学者が異論を唱えるのは間違いない。数年前、歴史学者のウィリアム・シェリダン・アレンは、歴史学者の間で合意形成されていることを簡潔に要約し、多くのドイツ人はナチスになったから反ユダヤ主義になったというより、反ユダヤ主義だったからナチスになったのだと述べた。とはいえ、反ユダヤ主義を突出させる主張も、比較検証すると効力を失う。たとえば、ドイツの反ユダヤ主義は、たとえばポーランドやハンガリーやルーマニアの反ユダヤ主義よりも広がりを持ち、悪意がこもっていたのだろうか。おそらくそうではない。戦前のカナダの反ユダヤ主義と比べるとどうだろう。反ユダヤ主義に基づいてホロコーストを説明することが多いが、それがいかに無用のことか、ジョージ・モッセは次のように描いている。一八九〇年代に自分の身を置いてみて、当時のヨーロッパ諸国のうち一国がホロコーストに責任があると言われたとすると、どの国を選ぶだろうか、とモッセは問う。当時のヨーロッパの反ユダヤ主義についていくらか知識があれば、おそらくは帝政ロシアを選ぶだろう。その次は、ほぼ確実にフランスだ。ドイツは上位の国に入っていない。では、なぜドイツなのか。

――悪の勝利に必要なのは、善良な人々が何もしないことだ

この言葉は、ホロコーストの教訓のなかで最も人気があるものの一つだ。しかしこの言葉は、よいことも表現しているが、陳腐な決まり文句ともなっている。ヘイトスピーチで名を上げようと思っている者がほとんどいないのと同じように、善良な人々が「何もしない」ことなどあり得ようか。だが、「必要なものはそれだけか」とドリス・バーゲンは独自の批判を述べている。「『必要なのは』というスローガンは市民の勇気を求める言葉だ。この言葉は、私たちが立ち上がり、社会の不正に対して声を出すように促している。同時に、この言葉は政治的に安全で扱いやすくさえあるソフトなホロコーストを想定している。というのは、そこには殺人者の姿がなく、犠牲者と目撃者がいるだけだからだ」。ホロコーストを研究する歴史学者は加害者の動機、煽動した人々の考え方、協力者の政策を丁寧に検証した。また大量殺人を促した制度的、状況的要因も丹念に検証した。ナチズムの勃興あるいはホロコーストを評価するのに、ナチズムに反対するため――ドイツが最終解決を実行するにあたって抵抗するため――「善良な人々が何もしなかった」と主張するのはひどく乱暴で、間違った物言いとなるはずだ。何かをした人はあまりにもわずかだ――それは間違いない。あまりにも遅い――人間に関することではよくあることだ。根性が足りなかった――無遠慮な者はそう言うかもしれない。だが、「必要なもの」「何もしなかった」という言葉はスローガンの類で、まともな評価を行ったわけではない。さらに悪いのは、「善良な人々」が対応してさえいればすべてがうまくいくという教訓として喧伝することだ。そんなことをすればジェノサイドがどのように機能したのかということについて、単純で子どもじみた考え方を押しつけ

ることになる。それればかりではない、実際に起こったものの何ら効果を上げることができなかった抵抗を軽視することにつながるのだ。

――人は別の行動も取れる

ホロコーストの歴史から善意的なものを引き出そうとすると、新たな歪みが生じる。この言葉は一人ひとりにナチ・ドイツのような国家の悪に立ち向かう能力があると考える教訓だ――現実に容赦ない権力に現実に立ち向かわなければならなかった者にとっては、嫌悪せざるを得ない概念だ。ナチズム体制下のユダヤ人の日常生活の歴史を見ると、まったくその逆だったことがわかる――最も資質に恵まれ、最も勇敢で、絶滅の機械に対して進んで立ち向かっていくような人々であっても、殺人へ突き進むその過程を遅らせることさえできないことが多かった。現れた善行については祝福するという宗教的な議論から出てきたこうした主張は、私たちが他の何より、贖罪のメッセージを求める気持ちと関係があるのかもしれない。そのうちの一つは、普通の人々は現実をきちんと直視するべきだった、あるいは、もっと勇気を持って立ち向かうべきだった。あるいは、傍観せずにもっと強い行動をとるべきだった、というものだ。だが、ほんのわずかでも他の事象と比べてみれば、この考えがどれだけ夢物語なのかがわかる。ピーター・ヘイズは驚くべき数と割合で死亡したソ連の戦争捕虜のケースを指摘した――捕虜は軍事訓練を受け戦闘の経験を持った若者だったが、捕虜のうち三百五十万人近く、ほぼ六〇パーセントが飢餓と虐待と直接の殺人によって死んだのだ。「抵抗するには圧倒的に不利な状況だった。したがって、どれだけドイツの作戦を食い止めることができたかということを仮定して話してもらうのは、犠牲者には酷なことだった。仮にできたとしても、ドイツへの協力を拒むことくらいのものだった」とヘイズは述べている。自らの命を犠牲にした、あるいは善き大義のために殉教者となった英雄に重ね合わせて考えるのは自己満足なのだろう。私たちは善き例としての殉教者に共鳴するかもしれない。だが、こうしたケースをホロコーストの教訓として公式化するのは、戦時中のジェノサイドの歴史的現実をぼやかし、傍観者たちが現実に直面した状況を隠してしまうことになる。

――犠牲者に寄り添う

「無関心でいることと行動しないことは犠牲者の側に立たず、犠牲を強いる側に立つことだ」というのも、おなじみの標語だ。ホロコーストの間、ユダヤ人を救うために何ができたかということについてはかなりの歴史的議論がある。はるか以前に亡くなった歴史上の人物を容赦なく追及し、犠牲者を救うためにできることはたくさんあったし、すべきだったと責めるホロコーストの教訓の専門家もいる。こうした主張を、少なくとも一般的な言い方で否定できる者がいただろうか。振り返ると、そんな例はほとんどないし、そんな人もまずいない。誰にとっても事実ではないし、実際起こった一つひとつの人災――個人のことについても、公的なことでもそうだ。あとになってから、もっとうまくできたのにと私たちは考えるものだ。だが、振り返ればもっと多くのことができたかもしれないし、現実になかったことを仮定して歴史をたどってみれば教えられることがあるのかもしれないが、そういうときには注意しなければならない。第二次世界大戦のとき、犠牲者自身を含めて最終解決の現実をつかんでいた者はほとんどいなかったし、想像できないような破壊が行われる世界中の闘争の断末魔のときに、現代の私たちが取りたいと思う行動をするような贅沢は、当時の人々にはなかった――今になって想像することは簡単なのだ。私たちが完全に理解したいと思うなら、重要なことは、人々が直面していた状況を冷静な判断力を持って、できるだけ十分な証拠を踏まえて評価することだ。だが、そうすることが難しいのが人間だ。こうしたことをめぐって判断が分かれるのは避けられない。実際に、ナチスが行う大量殺人からユダヤ人の多くを救えたという考えに歴史学者が全員一致して賛成することはない。また、救出の優先順位について、第三帝国と絶望的な戦いをしている意思決定者に考えられる選択の余地があったかどうかについても一致することはないのだ。

この議論を強力にするためには、連合国が移民に対して閉鎖的な政策を執るようになった一九三〇年代後半の世界恐慌以後の時代を扱う必要がある。そのあとにオーストリア併合（「アンシュルス」）とクリスタルナハト（「水晶の夜」）が続いたのだ。それでもなお、それぞれの国々のユダヤ人に対する政策を検証して、難民一般に、特にユダヤ人に門戸を開いておくことに強烈に反対したことを歴史学者は重ねて考えてきた。いったん作動した絶滅に追い込む装置は、一九四一年にドイツがソ連に侵入したことで大きく加速し、ユダヤ人が連合国に救われる可能性はほとんどなくなった。一九九〇年代以降に使うようになった「人道的介入」という言葉で呼ぶような、戦時中に何百万人も救うための努力など、連合国の政府にとっては無縁のこととなった。十九世紀の帝国主義勢力が人権について無縁だったのと同じだった。こうしたことは未来の人々が考える概念だったのだ。ホロコーストを持ち出す人々には、特別なケースだと先に判断せず、集めることのできるあらゆる証拠を評価する義務があるのではないかと私には思える。特殊な道徳命令に一致する証拠だけを教訓として考えるのは違うのではないか。

本書で私が論じてきたホロコーストの教訓をまとめるなかで、私を批判する人々に限界があることを明らかにしたいと思う。私が抗おうしているのは、さまざまな人々が引き出したと言っている教訓に誠実さがあるかどうか、ということではない。そうした教訓のなかには本物があるかもしれない。多くは警告として価値がある。そうした教訓を推し進める人々には、非常によく意図されたものがある場合や、その目的も賞賛に値する場合もある。問題は意図や目的ではない、ホロコーストの歴史を十分に知ってはいない、ということだ。学校でいじめを行うのは明らかに間違った行為だし、この問題を取り上げる人がいるのはよいことだと思う。だが、私が教訓について指摘したい問題は、人々がそれを歴史に絡めて話したり、結論をそれなりの重みを持たない決まり文句に落とし込んでしまったりする場合のことだ。

私が例に挙げたような決まり文句は、一般的に実際のところホロコーストの史実に基づかない。こうした決まり文句はあらゆる点で事実とは言えないし、確認するためのものとしてホロコーストが必要だったり、頼みにしなければならなかったりするというわけでもない。今日的なさまざまな問題に対する道案内にもならない。ホロコースト研究者が取り組んだホロコースト理解とも違っている。最後に指摘しておきたい。一番の責任だと私が思っているのだが、ホロコースト教育を行う者、研究を行う者が、歴史を正しく捉えようと、すなわち教訓のもとだと主張する出来事に忠実であろうとしているだろうか。これこそが、このテーマについて権威をもって語ると主張している人々が最初に試されるところだと私は言いたい。ホロコーストの本当の事実と状況にできるだけ近づけるかどうか、これらの出来事を理解するにあたって、できるだけ深く、洗練された、何物にも寄りかからない精神で求めることができるかどうか試されるのだ。

こうして書いているうちに、私のコンピューターに、私の教訓のリストに付け加えることのできる一風変わった例が「ハフィントン・ポスト」からEメールで届いていた。高いところからのニュースだ。「アントニン・スカリアの発言。ホロコーストの一部は司法積極主義（司法が憲法判断により法令を拡大解釈することによって事実上の立法や行政の機能を果たすこと）によって引き起こされた」とウェブの見出しに書いてある。コロラド州の地元紙「アスペン・タイムズ」発の記事だ。同州のスノーマスで開催されたユタ弁護士会二〇一三年サマー・コンベンションで行われた最高裁判事スカリアの演説が掲載されていた。そのなかで、スカリアはいつも公言してきたように、司法積極主義を痛罵した。だが、今回は著名な保守系の法律家がナチ・ドイツの問題を取り上げた。「アスペン・タイムズ」紙は次のように書いている。

スカリアはホロコーストの言及するところから話を始めた。ホロコーストは当時「世界で最も先進的」だった社会で起こったと述べた。ドイツが一九三〇年代に犯した多くの過ちのうちの一つは、司法が法律を「時代の精神」を反映する形で解釈し始めたことだった。司法がこの手の道徳的な権威を受け入れたことから、スカリアが今アメリカ合衆国で実際にそうなりつつあると主張しているように、トラブルに巻き込まれるようになった。

この短い記事から言える限り、スカリアはホロコーストの原因が司法積極主義にあるとしているわけではなかった。スカリアのスピーチは法律問題に関することで、ホロコーストの教訓でないことは幸いだった。だが、スカリアの話が行動を呼びかけるものとして、温かく受け入れられたので（スカリアはスタンディングオベーションを受けた）、見出しをつけた記者たちは、スカリアが教訓について言ったと主張したい気持ちになったのだ。

スカリアの教訓は、言葉通りだとしたら、人々がこの文章を読む頃には忘れ去られたにちがいない。それにもかかわらず、私たちは、ホロコーストのアナロジーを使ってなじみやすくなり、ホロコーストの教訓として一括りにしたことで、強調されたスカリアの尋常ではない主張を受け入れる可能性もある。だが、それだけだ。私の考えを述べるちょうどよい機会だと思う。ホロコーストについて話をするとき、私たちには皆、時代を画した出来事にできるだけ誠実に向き合わなければならない根本的な義務があると思う。そこから私たちはヨーロッパ・ユダヤ人に対する行為を通して表現できるようになったと思えることを発言するのだ。私は、ホロコーストをあまりに当然のように確認のために用いるのは、根本的に間違いだと思う。ホロコーストは私たちがある行動を支持したり、賛同したりするときに特別な権威を与える手段ではない。ホロコーストが重要だという認識がますます世界的に広がるなかで、それに伴って出てきた不幸は、現実に起こったことの詳細に対する敬意が失われたことだ。私はこのことをあまりにも多く見てきた。私の基本的なホロコーストの教訓は、それゆえ、教訓に気をつけることである。

第7章　ホロコーストの教訓

ホロコーストの研究は、さまざまなテーマがある今日の歴史学のなかで最高の水準を満たしている。研究者や作家や特定のテーマを学ぶ学生の国際的なコミュニティーから、この分野で行われている研究成果が、バランスと客観性を保ち実態のない一般化を回避し、時流にあわせて信頼できる調査を重ね、最良の状態で提示されている。研究者は創造性に富んだ問いを投げかけ、しっかりした証拠に基づく答えを用意している。このテーマに関する優れた歴史学者は無理を避ける――あらゆる状況下で無制限に適用されることを狙って未来の人間の行動の掟を書くことなどしないのだ。こうした掟は本書で「教訓」と言ってきたものだが、この掟に当たる――ホロコーストの歴史の場合には、『ホロコーストの教訓』となる。

私は本書を始めるにあたり、今日の歴史学者が自分の書いているテーマについて教訓を一般化して列挙することを嫌う、という章を設けた。古典だろうと、プロテスタントの宗教改革だろうと、フランス革命だろうと、奴隷制だろうと、第一次世界大戦だろうと、重要性のある他のテーマだろうと同じだ。ホロコーストの歴史はこうした出来事のパターンに並ぶものだ。このテーマについて書く歴史学者はたいてい、一般の人々が求めるホロコーストの教訓を避ける。私たちの文化がホロコーストの教訓を公式化できるとする主張で溢れていてもそうだ。さまざまなところから寄せられた教訓は互いに矛盾することが多く、私たちの理解を歪めてしまうものも多い。こうした教訓はさまざまに広がる現在の問題に対応するようつくられており、出来事それ自体よりも教訓を定義した人々について多くのことを語る。さらに言うと、これらの教訓が、人の行動について非の打ち所のない立派な主張をしている場合でも、確証をとるためホロコーストを不必要に引き合いに出すと間違えてしまう。だが、それでも、私たちがホロコーストの歴史から多くのことを学んでいると、私は信じている。このテーマに取り組む歴史学者は、因習的に受容された教訓の追求を避けるそれなりの理由がある。しかし、彼らの仕事によって、私たちの時代に起こった大異変への理解が深まるだけでなく、人間に対する知識が広がるということをこの最終章で、私は説明したい。

なぜ人々は歴史を学ぶのか。人々が過去の出来事を読んで面白いと思うだけではなく、それ以上のものが――何であるのか明確にしなくとも、自分で考えていることが漠然としていても――得られるからだろうと多くの歴史学者は思っている。だが、一般的に言うと、過去を深く知れば知識が豊かになり、周りの世界を理解できるようになることは、読者も賛同するだろう。歴史を学ぶことで、人々は人間の能力について、より深く成熟した感覚を持てるようになる。思考と行動と制度がどんな状況で相互作用するのか、どんなふうに社会が機能し進化するのか、どうやって人々が公的な生活のなかでかかわりあうのか理解できるのだ。言い換えると、歴史を学ぶことで知性の地平線が拡大する。他の訓練を受け、それぞれの取り組みを通じて人間の、あるいは自然の世界に広がるのと同じなのだ。ベテランの歴史学者ジョージ・モッセは自分の仕事を説明するにあたり、旅行に喩えたことがある。彼の願いは「出発点に縛られず、自分の分析的精神だけを頼みに知識人になること——永遠の旅行者となって、分析し、観察し、起こった出来事を上から見ること」だ、と。歴史には時間があるだけで空間はないかもしれないが、旅のようなものだ。現在の環境から別の場所に連れて行ってくれる。私たちは自分のいる世界でない別の世界になじまなければならないし、無作為な先入観や印象でなく疑問に導かれ、規則正しくなじんでいかなければならない。もちろん最後には旅から戻るのだが、上手に旅行を楽しむことができると賢くなる。事実、家から出たときとは別人になって戻ってくると多くの人々が言ったものである。

時間の旅から拾い集めたものをどう定義するのか——特に、ヨーロッパ・ユダヤ人の殺害が行われ恐ろしい場所を旅したときにはどう定義するのか。本書を結ぶにあたり、人がホロコーストの歴史から学ぶことができるものについて、少々考察したい。前章でしてきたように、私がよく知っている分野、すなわち私が何年も学んできたこの仕事とのかかわりを例に挙げて考察したいと思う。

人々は、たとえば近代初頭の農業に対するのと同じような平静な気持ちでホロコーストに取り組むことはできないということを認めよう。人々は私がやっていることは重要だし、焦眉の急だとさえ言うのだが、そう言われると困惑してしまう。ホロコーストの歴史は、直接の経験を持つ人々がだんだん少なくなってきたとはいえ、多くの人々の記憶のなかにあり、家族の記憶のなかでは今なお生きている。近づいてみれば、はっきりと傷があるのがわかる——何世代をも隔てて、心理的な衝撃は戦後の集団、新しい世代、新しい個人に伝わっている。今なお廃墟が残る心象風景は、あとの世代に受け継がれてきた。

歴史は慰めとなる安定した景色を与えてはくれない。揺れ動く分野だけに、数多くの意見があり、数多くの権威が登場する。生存者が簡単に一つの枠にはまることはなく、それぞれ特別なこだわりがある。町の指導者が記念日の際に統一した意見を言うことがあっても、その考えに反対する者は大勢いるし、皆が合意するわけではない。ホロコーストの歴史を資金集めや政治目的のために使う者もいるし、そうしたことに反感を感じる者もいる。ユダヤ人の指導者のなかには、ホロコーストの教訓をユダヤ人のアイデンティティーを活性化する手立てとして推進する者もいるが、特に現実の流れと違っていると感じて、自分たちを永遠の犠牲者だと定義するのは不健全だと反対する者もいる。地図の上を見渡すと、非ユダヤ人が至るところにいる。もうたくさんだと言う者もいるし、もっと深く掘り下げて考えたいと思う者もいる。他のエスニックコミュニティーやナショナルコミュニティーには特に強い思いがあって、ホロコーストの教訓が自分たちに降りかかるのではないかと不安になる。左と右には違う教訓の断片がある。メディアが提供するものは思慮があり丁寧に表現したものから、俗悪で汚い言葉を用いたものまでさまざまだ。

私は長い間、これらの問題に取り組んできた。私は一九六〇年代半ば、バークレー校でもっと大きな文脈で、言ってみれば歴史学者の技法について、仲間の大学院生と議論したことを憶えている。歴史学者とは何か。さまざまな意見が出たが、向こう見ずなベトナム戦争と公民権運動の時代の只中にいた私の周りでは、多くの者が自分の任務を社会的、政治的変化をもたらすものと捉えていた。政治学がすべての水面下に潜んでいると信じていた(私の博士論文と最初の本の題は『同化の政治学 *The Politics of Assimilation*』だった)。私たちは見苦しい社会の裏側を映し出す鏡を持って、ものごとを正さなければならないと思っていた。私たちにはたくさんの仮定があった。歴史学は鋭く批判的で、名声とは無縁だった。そうした環境にあっては教訓は意味があった。私たちは若かったが、それを言い訳に尻込みしたりはしなかった。

こうした見方にどんな反応があったのか、今日まで憶えている。今でも賢明な道だったと思うし、トロント大学で私が学んだ指導者の一人で、その素晴らしい技法で教師として広く尊敬を集めた人物がはっきり述べていた在り方だった――政治的な立場については当時はそれほど素晴らしいとは思わなかったのだが。その人物は、大英帝国の研究者Ａ・Ｐ・ソーントンだった。赤ら顔のスコットランド人で、グラスゴー大学とオックスフォード大学トリニティー・カレッジで学んでいた。後に「アーチー」と呼ぶようになるだが、ソーントンはフランスのノルマンデイに上陸した元兵士で、一九六〇年代にトロント大学にやって来る前にはアバディーン大学と西インドのユニバーシティー・カレッジで教鞭を執っていた。カナダ人学生にとってソーントンは、まさに帝国を体現する人物だった。後にソーントンはトロント大学の学部長になった。私はアーチーが電話に応答していたときのことを思い出す。キングズリー・エイミスのコミック小説『ラッキー・ジム *Lucky Jim*』（一九五四年ヴィクター・ゴランツ社が出版。サマセット・モーム賞を受賞。中世史を研究している主人公の乱暴な物言いが評判になる）の映画版のなかに出てくる人物のように、「はい歴史学部」と独特の調子で答えていた。「歴史学者の仕事」は「真っ直ぐに正すことだ」とソーントンは教壇で主張した――私はソーントンのスコットランドなまりを六十年たった今でも憶えている。「真っ直ぐに正すこと」は、若い理想主義者たちには真面目で、気の滅入る訓令だった。というのは、詳細に正確に検証するために異常なほどの精力を（本来力を注ぐべきところからそらして、と私たちは思っていた）振り向けなければならない、という意味だったからだ。だが、それは大きな絵に目を向け続けることをも意味していた。調査に最大の注意を払うこと、幅広く本を読むこと、原書を読むこと、外国語を学ぶこと、特別な文脈で使われる慣用句を学ぶことを意味していたのだ。多くの場合、うら寂しい未整理の文書を訪ね（実際には皆好きだった）、何時間も文書をめくっていくことだった。がまんしてじっと座り続けることが研究には必要だった。これは高らかな宣言を着実に地に足がついたものにする確実なプログラムで、逆に、地に足がついていないものを挫くものでもあった。

「真っ直ぐに正すこと」はプロの歴史学者の努めであり、また、特別な義務でもあると私は考える。慣習や、あるいは機会や良心、公約や根本的な信念の命じるところに従い、この優先事項から迷い出る者がいるかもしれない。ホロコーストの歴史については、ユダヤ人と非ユダヤ人、教師と政治家、聖職者と芸術家には、このテーマを違う形で扱う職業上の理由があると思うのかもしれない。私は職業上の理由から違うアプローチをすることを軽蔑するものではない――そんなことはまったくない。さまざまな場面で、私は違う役割を演じる。たとえば記念行事のときに、歴史学者ではなくて戦時中ヨーロッパ・ユダヤ人を殺した人物の役を務めることもある。だが、人々が想像して演じるホロコーストは歴史的な真実に忠実なものであることを、あるいは少なくとも私たちの力が及ぶ限り歴史的真実に忠実なものであることを保証する存在が必要だ。語られたことが正確かどうか、一般化し説明したことが証拠にかなっているかどうか、過剰になっていないかどうか、バランスの取れた見方であるかどうかを確認するものが必要なのだ。それが歴史学者の仕事だ。ある意味、出来事そのものについての一般の人々の記憶を管理する者となる。

こんな形で言ってしまうと、聞いた人は不安な気持ちになるだろうし、もっと悪いことを考える人々もいる。問題の核心部分に対して外部の権威が断言したことを穏やかな気持ちで受け取る者はいないし、ヨーロッパ・ユダヤ人の殺害の場合のように記憶が神聖なものとなっているときには、歴史学者が理解する歴史と厳しくぶつかる場合もある。それゆえ、ホロコーストに関するアカデミックな講義は、終わり際に嵐のような質疑に見舞われて講演者が逃げ出すこともある。「言わせてください。お話くださったことと全然違っています」と質問者が言うこともある。「教授。素晴らしい講義でした。けれども何かお忘れではないですか」と言われることもある。そのあとに続くのは、質疑応答についての別のバージョンだ。「真っ直ぐ正すこと」には、ホロコースト生存者の記憶に疑問を投げかけること（事実を歪めて記憶している生存者がたいていいるものだ）、すでに受け入れられている知恵に挑戦して議論すること（知恵の受け止め方はさまざまだ）、反論する本を示すか、少なくとも大切な、トラウマを抱えた記憶と併置するかすること（こんなことをすると聴衆から批判を受けることになるかもしれない）が含まれるのだ。こうした挑戦を考える若い歴史学者には、「素晴らしい勇気だ！」と誉め称えざるを得ない。

だが、その見返りは大きい。ホロコーストの歴史は少なくとも想像し得る他分野と比べ、勝るとも劣らないほどやりがいがあり、歴史上の問題を提起していると私は言いたい。「真っ直ぐに正すこと」に求められるのは強い情熱と確信だ。それを持つことで、研究者は加害者や犠牲者、傍観者に関する膨大な文書を扱えるようになる――しかも今や、旧ソ連とソ連の支配下にあった国々の文書が公開され、使える文書は著しく増えている。歴史学に取り組む者は、まず疑問を発しなければならない。特にホロコーストの場合には、疑問が重要な意味を持つことが多い。疑問のなかには歴史学者の領域を超えるものもある。というのは、答えを出すにあたって、人間を理解するだけでなく、さらに深く、善悪を見分ける力が求められることがあるからだ。確かに、些細な疑問も無数にあり、ホロコーストを研究する歴史学者はいつも疑問を発しては答えを見つけているのだが、そのなかには飛び抜けて道徳的重要性を含む問題もある。残虐行為の決定がどうやって伝えられたのか。彼らはどんなふうに実行したのか。決定したのは誰か。行動したのは誰か。指導したのは誰か。従ったのは誰か。誰が手伝ったのか。傍観していた者は誰か。知っていたのは誰か。いつ、どうやって、場所によってどう違うのか。これらの問題や他の多くの問題は、他分野で行われる調査で問われる疑問と、それほど違いはない——ただし、ホロコーストの場合には、証拠と答えの両方に、重大な残虐行為や殺人などの惨禍が現実に想像できないほどの規模で起こっていたという事実がかかわることが、他と違うところだ。

「真っ直ぐに正すこと」にはこのような疑問を発し、私たちの社会が提供する最良の道具ともいえる歴史文化を使って答えることも含んでいる。最大の想像力を働かせ他人の靴を履いてみること、あらゆる人間の環境について深く広く調査を行って想像力を鍛えぬくことも含む。客観性を持つように最大の努力をすることも求められる。ホロコーストを学ぶ者にとって最も重要な方法論だ。客観性は、顧みられず、今日の研究者が異議を唱えることの多いものだが、私たちの生活のさまざまな場面で私たち自身が主張していることだ。殺人があったときに対応するやり方は数多くある。たとえば、調査官や検視官や裁判官であれば、彼らの任務は証拠に対して真摯に、適切に、感情にとらわれずに事実を確認したり認定することが求められていると感じる。自分に近しい者が重病に陥ったら、私たちはたとえば友人として、親として、配偶者としてふさわしい対応をすることができるが、手術を行う外科医となるとまったく違う考え方をするものだ。実際、手術となると、法の執行などの職業活動を行うときと同じだ。関係が近すぎると職業上の責任をもって健全に執刀することが難しくなる恐れもある。単純に言うと、執行を行う者は、職業人として行動する場合に最も責任を果たすことができるのだ。

ホロコーストの専門家が機械のように行動するとは誰も思わないし、そうしてほしいとも思わない。だが、殺された人々に誠実であり続け、神聖な義務として調査する――悲しんだり、追悼したり、非難したり、未来の世代に警告したりするなど心からかかわりを持つ――のと、それとはまったく異なる分析という任務の間には、別世界が存在する。分析は、一般的な文化で用いる言葉を使って理解を深めようとする試みだ。これが本書の目的なのだ。ホロコーストの歴史を歴史認識の一般の潮流に統合し、さまざまな分析の様式と今日他の大きな問題で用いている議論を適用するよう努めることである。

「真っ直ぐに正すこと」には、これを噛み砕いて消化し、ホロコーストの位置を現代の広い歴史のなかに定めることを含んでいる。私は、アルヴィン・ローゼンフェルドが最近出した本『ホロコーストの終焉 *The End of the Holocaust*』に反対の立場だ。ホロコーストが責任のある歴史の記憶から後退し、歴史におけるホロコーストの位置を問題にする研究者はホロコーストの記憶が「イメージが衝突し、さまざまな解釈が行われ、歴史的主張が対立する領域」となっていることが残念だとする主張を、私は受け入れられない。ローゼンフェルドが論争を仕掛けていることについては正しいと思う――ローゼンフェルドが最近まで長を務めていたアメリカ合衆国ホロコースト記念博物館アカデミック委員会でさんざん聞かされていた問題を論じるのはかまわない。だが、このような代表的な機関が存在できるのは、このテーマに関する歴史書などの著作物が活況を呈し、広く受け入れられている証だとも思っている――代価として、少々の矮小化と俗化が行われている。こうしたことは一般に広く理解されるために、特に先例のない人間の悪行にかかわるものを理解するには、避けられない代価のように思える。二十世紀に人類に起こったことを省察したときに、私が若かった頃とはまったく違い、今では、ナチスが行ったヨーロッパ・ユダヤ人に対する虐殺を回避できたと思う者はいない。第三帝国に取り組む歴史学者はこの事実に歩み寄らなければならない。第二次世界大戦を研究する者も同じだ。さまざまに違う学問的背景を持つ研究者は、この問題を避けることができない。モラリストと政治理論家、社会学者と心理学者、宗教思想家と人道主義者は、人生のある時点でホロコーストのことを徹底的に考えなければならない。ドニー・ジャットはこう言ったことがある。「二十世紀の終わりには確実に、西ヨーロッパのアイデンティティーと記憶の中心にホロコーストがおかれるようになる」。私は産業化した西ヨーロッパ以外の世界についても同じことを言いたい。

最も重要なのは、一つの民族を丸々抹殺する試みが、高度に発展した産業社会の中心目的とされ、ヨーロッパ規模で実行されており、ヨーロッパ文明だけでなく人類そのものにとってこれまでにない様相で広がっていたことだ。ホロコーストは「私たちの時代の道徳の指標」だと述べた者がいる。過去には、対立する民族は相手に対して常に苛酷で、相手を痛めつけ、やられた方は敵に何か恐ろしいことが起きてほしいと夢想していた。だが、いつも限界があった——政治、技術、人間感情、宗教的躊躇、地理、軍事的能力によって最後の線を超えることはなかった。第二次世界大戦で、人類は恐ろしい敷居を超えた。ナチス・ドイツは歴史的な限界に関係なく行動し、軍事力で圧倒したのだ。

結果として、私たちは人間の能力について以前と違う感覚を持つようになった。最も厳しい結論を出す者もいる。特にナチスの手にかかって苦しみ、奇跡的に生き残ったユダヤ人はそうだ。「毎日新たに私は世界への信頼を失っていく」――ジャン・アメリーはこう書き残して自殺した。警告を引き出すことができると考える者もいる。プリーモ・レーヴィのメッセージは、「それは起こり得るし、どこでも起こり得る」だ。レーヴィも自分で人生を閉じた可能性がある。だが、生きている間レーヴィは、ホロコーストのことを省察するだけで新たな惨劇を回避するのに役立つと論じていた。それぞれの考え方があるが、ホロコーストは私たちの時代で最もよく引き合いに出されるものとなり、世界の状態を判断するときにはいつも、その見方が生きる――たとえば、フランス革命や第一次世界大戦を考える場合にはそうだ。

加害者について研究することに加えて、「真っ直ぐに正すこと」には犠牲者を見ることも含まれる。犠牲になったということで、犠牲者のことをヒロイズムや正義と結びつけたり、素晴らしい資質に恵まれた特別のオーラがある人々として捉えることを拒否するのは別問題だ。イスラエルの研究および記念機関ヤド・ヴァシェムが一九五三年に創設されると、英語では「殉教者と英雄」の記憶機関と表記された。この機関を設立する法律に、イスラエルが犠牲者の経験をどう捉えているのかが明確に表れていて目を引く箇所がある――「破壊が行われた場で、人間の尊厳とユダヤ文化のためイスラエルの家に住む大勢の人々が行った荘厳な不屈の闘い」だ。強調されているのは、闘志と反逆と屈服しない意志の力である。その重要な成果は、抵抗と武装闘争によって民族が再生したことだった。だが、ヤド・ヴァシェムが創設されるや、イスラエルの異なる声が聞こえてきた。一九五四年、この世代のイスラエルのいわゆる「無冠の桂冠詩人」で、戦争中パレスチナに住んでいたヘブライ詩人ナタン・アルテルマンは有名な詩を書いた。反乱を起こしたユダヤ人の反対者――「抵抗は私たちすべてを絶滅させる」と主張した人々――

を称えるものだ。当時、反体制派だったアルテルマンは、板挟みになったユダヤ人――ユダヤ人評議会の長――を真の英雄として理解しようとした。彼らは共同体の指導者だったが混乱もし、困惑もしていたが、武器を取った比較的数少ない若者たちと違い、「交渉し忍従した」責任ある年長者だった。アンテルマン発言のあと、密度の濃い議論が始まった。議論は新しい発見や新しい著作が出るたびに更新され、今日まで続いている――私のイスラエル人の同僚ダン・ミッチマンが描いたゲットーの運営者に関する新しい本『ホロコーストの間のユダヤ人ゲットーの出現 *The Emergence of Jewish Ghettos during the Holocaust*』のなかにも書かれている。この点で、ホロコーストの歴史は再生している。その結果、歴史の理解が深まり、調査が行われ、違う見方がぶつりあうことによって、豊かになっていると私は思う。

最後に、「真っ直ぐ正すこと」には正しい〝言語〟を見つけることを含むと言っておきたい。正しい慣用句を使って表現すること――要するに、恐ろしさを極めた出来事を体験した人々と、この分野を選んだ最も新しい世代の人々の両方に、うまく通用する言葉を使って話すことだ。ホロコーストの歴史はこの点で、すべての歴史と同じである。一般の人々の認識から消えていかないように、また、ホロコーストの意義といえるものを失わないようにするため、絶えず書き換えていかなければならない。改めて言うが、ホロコーストの歴史には特別な挑戦が含まれるのだ。三十年以上前に出版された『ナチズムに関する省察 *Reflections of Nazism*』のなかで、歴史学者がヨーロッパ・ユダヤ人の虐殺を論じるのに適切な言葉を見つけ難いと考えることをソール・フリードランダーは考察している。フリードランダーは、特に映画や文学作品に見られる、ナチズムに対する不健全な熱狂と感じられるものに不安を感じていた。これは、自分がひどく困惑していることをいかに他者に伝えるかという問題なのだが、私たちにはなじみがない問題であり、気持ちのうえで理解するのが難しい――もちろん今なお問題なのだ。〝歴史学者は恐怖をニュートラル化する〟とフリードランダーが言っているように思える。つまり、フリードランダーは「過去に対する見方を正常化し、円滑化し、中立化する」歴史学者の言葉の用い方に不安を感じている。学問的な論説が麻酔をかけて、こんな形を生み出しているのか。フリードランダーには簡単に答えが出ないということがわかっていた。「私が言おうとしていることに誤解があってはならない。歴史学者は他のやり方で仕事ができないし、歴史研究は受容されている線に沿って行われなければならない。描かれた出来事は通常でないことで、歴史学者が取り組む仕事ではない。私たちは表現できる限りぎりぎりのところまで来ている」。

それでも、続けていく以外選択の余地がない、というのが私の結論だ。ホロコーストを学ぶ者はさまざまな説明を提示することが求められている。彼らが心を奪われているのは、たどり切れない多くの資料だけでなく、新たな経験を積み重ね、新たな関心を持ち、これまで知らなかった新しいことに向かう一般の人々だ。生存者の日記と回想録には、ホロコーストの犠牲者たちの頭のなかに共通してあったもの――「自分に起こったことをどうやって理解してもらうのか」「戦後世界は自分の経験を理解できたのか」が映し出されている――。こうした犠牲者が、自分の苦悶を過去に遡って見ようとしている新しい世代をどうやって理解し得るのか、想像してみよう。隔たりは大きくなり、それとともに歴史学者らに対する挑戦も大きくなる。

未来に同じようなことを起こさないようにホロコーストを知ろうとする人々が増えているにもかかわらず、私たちは教訓よりも永続するものを持っているのだと思う。どんなことでも、時の経過とともに進化し、変化する。ホロコーストは歴史となり、強さと弱さを併せ持ちながら歴史の規範の域に達した。論争と不一致もあるが研究があり、新たな疑問があり、古い問題について新しい見方がなされる。世界中に研究者がいる。さまざまに異なる背景を持ちながら「真っ直ぐに正す」必要性に基づき、理解を深めるという任務に就いている。これこそが私たちの文化において、歴史を理解しようとする態度を維持し、前進する方法である。戦後のショックを経て、ホロコーストが歴史になったというのは、今となってみれば何でもないことのように思える。私たちにある一番の保証は、ホロコーストが記憶されていくということなのだ。未来に、教訓をとっておくことだ。私が本書で勧めたことを深く理解することによって、未来の社会が過去に起こした悲劇を回避できるかどうかなど誰にもわからない。私が言えることは、こうした努力をあきらめてしまうより、私たちにはもっとましな準備ができているというくらいのことだ。ホロコーストを研究することで、人間の現実に対する理解は深まる。そうすることで、一般的な意味で、私たちが成熟し、賢くなり、人間事象についてより「経験を積んだ」見方ができるようになるのだ。

謝　辞

回想と分析と歴史の方法論が混在している本書は、トロント大学、カリフォルニア大学バークレー校、オックスフォード大学セント・アントニーズ・カレッジ、ＵＣＬＡ、ケープタウン大学、加えてカナダ、アメリカ合衆国、ヨーロッパ、イスラエルで行われた数多くの会議の場で、ホロコーストの歴史について何年にもわたって調査し、教え、講義したことを反芻した成果として書いたものである。こうした素晴らしい機関で人前に出る機会をいただき、このように温かく迎えていただき、何年にもわたって私の話を忍耐強く聞いてくださった学生や同僚や一般の方々と出会うことができたことを名誉に思う。私のホームグラウンドだったトロント大学には特に感謝を申し上げたい。半世紀以上も前に、私はトロント大学で最初に学問への道に出会い、四十五年以上にわたって教えることができた――そのなかには、トロント大学の総長を務めたローズ・ウルフと夫でホロコースト研究の教授を務めたレイ・ウルフもいる。このホームグラウンドで、私はマッシー・カレッジの素晴らしい同僚と学生の共同体の一員となることができて幸せだった。マッシー・カレッジは模範的な教師ジョン・フレイザーが過去十九年にわたって学長を務め、そのあと現在に至るまでヒュー・シーガル閣下が引き継いでいる。こうした素晴らしい機関が私に研究の場と資料と時間と同僚たちとのよい関係を与えてくださった。なかでも、私が楽しく行ってきた仕事をあと押ししてくださったことには感謝したい——しかも、自由にやらせていただいた。学問上障害となるものは一切なかった。こうした研究の場からこれ以上望むことなどあるはずがない。せめて私ができることは、こうして感謝の言葉を申し上げることばかりである。

「ホロコーストの教訓」に焦点を絞った本書は、ここで述べたさまざまな研究機関で私がやってきたことを自分自身と他の人々に説明するためのものである。明確に書くのは必ずしも簡単ではなかった。私は明確に書こうと、後任としてウルフ教授となったドリス・バーゲンと何度も会話を重ね、ホロコーストの歴史を教えるうえで持たなければならないさまざまな責任、率直に言ってなぜ私たちが喜んでこの特別に暗い研究テーマに取り組んでいるのかということ、私たちがすべての中核になるものだと考えていることなどについて意見を交換した。私はバーゲンが快活で理知的なおかげでこの分野に熱中できたのだと思う。もちろん私はいつもそう感じてきたことを申し添えたい。私は素晴らしい助言者、教師、同僚、友人、歴史や他の学問を学んでいる学生にお世話になってきたことも書き留めたい。何年にもわたって一緒に仕事をし、学ぶことができたのはある種の特権であり、嬉しく感じる。何人かは本書のなかに登場しているが、この場で全員に感謝申し上げたい。すでに退官しているにもかかわらず、このような仕事をいただけていることに特に感謝していることも申し添えたい。物事の真相を究める探求の仕事をさせていただいた。私は統一のテーマとして教訓を選んだが、それは多くの人々がホロコースト研究者の作品をこのような形で見ていると考えるからだ。「教訓」はホロコーストを教えるにあたって最も人気のある形態であるのは間違いないと思う。私自身の見方では、それは違う。私がやろうとしている一番よい説明は、なぜ私がこう考えるのかを論じることだと思っている。これが本書のテーマである。

本書の内容についての責任はもちろん私にあるが、この問題を一般的に、あるいは特殊な形で議論し私を支援してくださった方々全員に感謝を申し上げたい。本書の草稿を見るという労を取ってくださった方もいた。ハワード・アディルマン、スティーブン・アシュハイム、ドリス・バーゲン、リオラ・ビルスキー、マイケル・ブリス、リブカ・ブロット、クリストファー・ブラウニング、ロジャー・エリーラ、ユージン・フィッシャー、ルイス・グリースパン、ナオミ・クリス、タマー・リーブズ、ウェンディー・ロワー、ダウ・マーマー、マイケル・モーガン、ロバート・パクストン、デレク・ペンスラー、アナ・ポーター、ブレンダ・プルールクス、シーモア・リーチ、ミルトン・シャイン、ジャニス・スタイン、バーナード・ウォッサースタインの方々である。私のエージェント、ビバリー・スロープンにはアドバイスをいただき、特別な感謝を申し上げる。スローブンからは何年にもわたって指導をいただき、苦痛に感じるにちがいない話を丁寧に聞いてくださり、もう原稿を送ってしまいたいと思ったときにも原稿を見直してくださった。最後に、私にはたいへん幸せなことなのだが、他の誰よりも妻キャロル・ランディ・マラスの意見を大切にしたということを書いておきたい。ランディは、私が落ち込んだり、自惚れたりすることがないよう配慮してくれた。本書は妻に捧げたい。

マイケル・R・マラス

トロント大学マッシー・カレッジ

二〇一五年六月

訳者あとがき

本書はMichael R. Marrus, *Lessons of Holocaust*, University of Toronto Press, 2015の全訳である。かつてトロント大学でマラスの同僚で、現在オックスフォード大学セント・アントニーズ・カレッジ学長のマーガレット・マクミランによる序言が付されている。

マイケル・R・マラスはホロコースト研究で草創期からかかわりを持った、この分野を代表する研究者の一人である。マラスは一九四一年にカナダで生まれ、トロント大学、カリフォルニア大学バークレー校で学びMA、PhDを取得したのちトロント大学に戻り、歴史の教授を務めた。その間、パリでの調査研究、さらにオックスフォード大学セント・アントニーズ・カレッジ、ヘブライ大学エルサレム校、ケープタウン大学等で研究員として調査、研究、講義を行った。また、アメリカ、ヨーロッパ、イスラエル等世界各地で行われたホロコーストに関する数々の国際会議や調査研究に参加している。一九八一年に発表したロバート・パクストンとの共著*Vichy France and the Jews*をはじめ、本書を含めて八冊の著書がある。一九八七年に発表した*The Holocaust in History*は邦訳されている（『ホロコースト――歴史的考察』長田浩彰訳、時事通信社、一九九六年）。本書は、マラスが謝辞で「回想と分析と歴史学の方法論が混在している」と述べているように、始まったばかりのホロコースト研究に自らかかわり、研究の発展とともにその時々のマラス自身の体験や思いを踏まえて書かれており、マラスの足跡と、ホロコースト研究の発展とホロコースト研究に現れるさまざまな課題をたどることができる。マラスの著書は次のとおりである。

The Politics of Assimilation: French Jews at the Time of Dreyfus Affair, 1980
Vichy France and the Jews, 1981
The Unwanted: European Refugees in the 20th Century, 1985
The Holocaust in History, 1987
Mr. Sam: The Life and Times of Samuel Bronfman, 1991
The Nuremberg War Crimes Trial, 1945-46: A Documentary History, 1997
Some Measure of Justice: The Holocaust-Era Restitution Campaign 1990s, 2009
Lessons of the Holocaust, 2015

マラスは現在、トロント大学ホロコースト研究チャンセラー・ローズ・アンド・レイ・ウルフ講座教授を務めている。

ホロコーストについては、わが国でも『アンネの日記』やハンナ・アーレントの『イェルサレムのアイヒマン――悪の陳腐さについての報告』（大久保和郎訳、みすず書房、一九六九年）、ラウル・ヒルバーグの大著『ヨーロッパ・ユダヤ人の絶滅 上・下』（望田幸男、原田一美、井上茂子訳、柏書房、一九九七年）、ヴィクトール・フランクルの『夜と霧』の新旧の訳（新版・池田香代子訳、二〇〇二年、旧版・霜山徳爾訳、一九五六年、みすず書房）などが紹介され、生存者が描いた内省的な自伝であるプリーモ・レーヴィの『アウシュヴィッツは終わらない――あるイタリア人生存者の考察』（竹山博英訳、朝日新聞社、一九八〇年）、『溺れるものと救われるもの』（竹山博英訳、朝日新聞社、二〇〇〇年）やエリ・ヴィーゼルの『夜』（村上光彦訳、みすず書房、一九六七年）、『そしてすべての川は海へ――20世紀ユダヤ人の肖像 上・下』（村上光彦訳、朝日新聞社、一九九五年）、加害者の問題を扱い論争を引き起こしたクリストファー・ブラウニングの『普通の人びと――ホロコーストと第101警察予備大隊』（谷喬夫訳、筑摩書房、一九九七年）とダニエル・ゴールドハーゲンの『普通のドイツ人とホロコースト――ヒトラーの自発的死刑執行人たち』（望田幸男監訳、ミネルヴァ書房、二〇〇七年）の翻訳があり、近年ではソ連崩壊後に出てきた新たな史料を駆使してナチズムとスターリニズムの狭間におかれたポーランド、ウクライナ、ベラルーシをはじめとする東欧のホロコーストを克明に描いたティモシー・スナイダーの『ブラッドランド――ヒトラーとスターリン大虐殺の真実 上・下』（布施由紀子訳、筑摩書房、二〇一五年）、『ブラック・アース――ホロコーストの歴史と警告 上・下』（池田年穂訳、慶應義塾大学出版会、二〇一六年）が翻訳出版され、書店の歴史コーナーで平積みとなって並んでいる。クロード・ランズマンの『パタゴニアの野兎――ランズマン回想録 上・下』（中原毅志訳、人文書院、二〇一六年）の翻訳、ジャン・アメリーの『罪と罰の彼岸――打ち負かされた者の克服の試み』（池内紀訳、みすず書房、二〇一六年）の新版も最近出版されている。

一九九四年にはスティーブン・スピルバーグの映画『シンドラーのリスト』（一九九三年・アメリカ映画）、一九九五年のクロード・ランズマン監督『ショア』（一九八五年のフランス映画、日本初公開は一九九五年・東京日仏学院）の公開があり、リトアニア駐在の外交官として逃れようとするユダヤ人にビザを発給した「日本のシンドラー」杉原千畝に対し注目が集まったことも記憶に新しい。その一方で、一般の人々がどれだけホロコーストについて理解しているかというと心もとないところもある。「史実を確認することなくホロコーストを引き合いに出すこと」が、危険で間違っているということが理解されにくくなっている現実もある。「歴史の教訓」が濫用され、真実でないことを真実だと言い切る危険がいたるところに存在する。本書は『アンネの日記』の扱われ方について、一九五五年のブロードウェーの舞台でアンネが最後に言おうとした「どんなことがあっても、人の心は、本当なのだと今も思っています」と言ったことに対し、「アンネが本来考えていたことを歪曲し、一九四四年七月という状況を無視して抜き出した言葉」として述べ、こうした見方はホロコーストをハイジャックするものだと批判する声があることを指摘する。また、ホロコーストをいじめ問題と重ねてしまい矮小化してしまう懸念に触れる。過去のカタストロフィーから何を学ぶのか、そもそも学ぶものがあるのか、あるとすればどう学ぶのかということを本書は問い続けている。

本書のテーマは「ホロコーストに教訓はあるか」ということになるが、序言でマーガレット・マクミランは本書でマラスが言おうとしていることは、「ホロコーストを学んだからといって、すばらしい未来へと導いてくれる明確な教訓を得られるわけではない」「ヨーロッパ・ユダヤ人の抹殺が、人道に対する罪としてだけでなく、歴史のなかで現実に起こった出来事として理解するよう努めなければならない」ということだと述べている。

マラスはそもそも歴史から得られる「教訓」があるのかという根源的な問題を取り上げ、歴史のアナロジーを用いることが危険であること、記憶が頼りなく危ういものであること、歴史が都合よく利用される危険性があることを掘り下げて論じたあと、ホロコースト研究が発展していく歴史をたどる。アイヒマン裁判について書かれたハンナ・アーレント『イェルサレムのアイヒマン』をめぐる問題から始まり、バチカンの役割、ポーランドにとってのホロコースト、ユダヤ人にとってのホロコースト、イスラエルにとってのホロコーストといったように多様な視点から取りあげ、これまでの研究の発展の成果と課題を概観する。そのうえでマラスは「ホロコーストを研究することで、人間の現実に対する理解は深まる。そうすることで、一般的な意味で、私たちが成熟し、賢くなり、人間事象についてより『経験を積んだ』見方ができるようになる」と結んでいる。

本書は今日に至るまでのホロコースト研究史の軌跡をたどった概説書となっているが、そのときどきに現れた課題一つひとつにマラスは自身の思いを鮮明に述べており、乾いた概説書になっていないところが魅力となっている。本書には政治家、思想家、歴史研究者、評論家、映画監督が大勢登場する。マラスが出会った人々についてのちょっとしたエピソードと、スパイスの効いたウィットのあるコメントが読者の心をひきつける。内気で人付き合いの苦手なラウル・ヒルバーグの姿、『パタゴニアの野兎』のなかでマラスに対しクロード・ランズマンが書いたコメント、偶然同じ第百一警察予備大隊の資料を使って加害者について書くことになったクリストファー・ブラウニングとダニエル・ゴールドバーグの出会いとやり取りなど興味深い逸話が随所にある。ハンナ・アーレント、A・J・P・テイラー、バーバラ・タックマンそれぞれの時代に影響力のあった著作が数多く論評、紹介されている。ソール・フリードランダー、トニー・ジャット、マーガレット・マクミランらの著作を、マラスは敬意を込めて引用している。イスラエルを扱った章はまさに現在の問題を論じており興味深いところである。

本書の出版にあたり、さまざまな観点から訳者に助言と刺激をくださり、文章や語句を深く読み込んで数々の助言をくださった、えにし書房の塚田敬幸氏にはお世話になりました。心から感謝申し上げます。

真壁広道

二〇一七年　四月

Michael R. Marrus, *Some Measure of Justice: The Holocaust Era Restitution Campaign of the 1990s*;
Jan Surmann, "Restitution Policy and the Transformation of Holocaust Memory: The Impact of the American 'Crusade for Justice' after 1989," *Bulletin of the German Historical Institute* 49 (Fall 2011);
Irwin Cotler, "An Act of Remembrance, a Remembrance to Act," *Jerusalem Post*, February 1, 2011;
Daniel Jonah Goldhagen, *Hitler's Willing Executioners: Ordinary Germans and the Holocaust*;
Daniel Mendelsohn, *The Lost: A Search for Six of the Six Million*;
Doris L. Bergen, "Studying the Holocaust: Is History Commemoration?" in Dan Stone, ed., *The Holocaust and Historical Methodology;*
Peter Hayes, "The Holocaust: Myths and Misconceptions," unpub. paper.

第７章　ホロコーストの教訓　**Chapter 7. Lessons of the Holocaust**

Stanley Payne, David Sorkin, and John Tortorice, *What History Tells: George L. Mosse and the Culture of Modern Europe*;
George L. Mosse, *Confronting History: A Memoir*;
Alvin Rosenfeld, *The End of the Holocaust*;
Tony Judt, "From the House of the Dean: On Modern European Memory," *New York Review of Books*, October 6, 2005;
Leora Bilsky, "In a Different Voice: Nathan Alterman and Hannah Arendt on the Kastner and Eichmann Trials," *Theoretical Inquires in Law* 1 (2000).

Ruthie Blum, "Recalling the Nazi Parallel," *Jerusalem Post*, April 27, 2014;
Galia Golan, *Israeli Peacemaking since 1967: Factors behind the Breakthroughs and Failures*;
Yossi Klein Halevi, "Resolving Israel's Internal War of Atonement," *Times of Israel*, September 9, 2013;
Meir Kahane, *Never Again: A Program for Survival*;
Avi Shilon, *Menachem Begin: A Life*;
Aluf Benn, "The Short History of the Future Holocaust," *Haaretz*, June 3, 2013;
Amira Hass, "Life under Israeli Occupation – by an Israeli," *Independent*, August 26, 2001;
Allan C. Brownfield, "The Politicization of the Holocaust: Examining the Uses and Abuse of Its Legacy," *Washington Report on Middle East Affairs*, October/November 1998;
"Full Transcript of Netanyahu Speech for Remembrance Day," *Times of Israel*, April 27, 2014;
Herb Keinon, Nissan Tsur, "PM: Israel Ready to Defend against Another Holocaust," *Jerusalem Post*, June 13, 2013;
Benjamin Gampel, "Benzion Netanyahu, Scholar Who Saw Lessons in History: Appreciation," *Jewish Daily Forward*, May 2, 2012;
David Remnick, "The Outsider," *New Yorker*, May 25, 1998;
Arye Naor, "Lessons of the Holocaust versus Territories for Peace, 1967–2001," *Israel Studies* 8 (2003);
Jeffrey Goldberg, "The Point of No Return," *Atlantic*, August 11, 2010;
Yehuda Bauer, "The Israel Air Force Flyover at Auschwitz: A Crass, Superficial Display," *Haaretz*, October 8, 2013;
Tony Judt, "The Problem of Evil in Postwar Europe," *New York Review of Books*, February 14, 2008.

第 6 章　普遍的な教訓　**Chapter 6. Universal Lessons**

Hannah Arendt, *Eichmann in Jerusalem: A Report on the Banality of Evil;*
Gertrude Erzorsky, "Hannah Arendt against the Facts," *New Politics* 2 (1963);
Susan Neiman, "Theodicy in Jerusalem," in Steven E. Aschheim, ed., *Hannah Arendt in Jerusalem*;
"Polish Philosopher Bauman Rejects Honorary Degree over Anti-Semitic Attacks," *JTA*, August 19, 2013;
Michael Berenbaum, *The Vision of the Void: Theological Reflections on the Works of Eli Wiesel;*
idem, "What the Survivor and the Historian Know," *Jewish Daily Forward*, May 4, 2012;
Marion Fischel, "The 50 Most Influential Jews of 2014," *Jerusalem Post*, June 3, 2014;
Elie Wiesel, *One Generation After*;
Michael Ignatieff, *The Warrior's Honour: Ethnic War and the Modern Conscience*;
Alan S. Rosenbaum, *Is the Holocaust Unique? Perspectives on Comparative Genocide*;
Emil Fackenheim, *A Jewish Philosopher's Response to the Holocaust*;

Phyllis Chesler, "Can the Brainwashed Learn the Lessons of the Holocaust in Time?" *News Real Blog*, October 4, 2010, http://www .newsrealblog.com/2010/10/04/can-the-brainwashed-learn-the-lessonsof-the-holocaust-in-time/, consulted on December 10, 2014;
Fareed Zakaria,"The Year of Living Fearfully," *Newsweek*, September 11, 2006.

第5章　イスラエルの教訓　**Chapter 5. Israeli Lessons**

Bernard Avishai Dot com, May 14, 2009. http://bernardavishai.blogspot.ca/2009/05/pope-and-rubys-tuesday.html;
Boaz Cohen, "Setting the Agenda of Holocaust Research: Discord at Yad Vashem in the 1950s," in David Bankier and Dan Michman, eds., *Holocaust Historiography in Context: Emergence, Challenges, Polemics and Achievements*;
Ronald Zweig, *German Reparations and the Jewish World: A History of the Claims Conference*;
Anna Porter, *Kasztner's Train: The True Story of Rezso Kasztner, Unknown Hero of the Holocaust*;
Leora Bilsky, *Transformative Justice: Israeli Identity on Trial*;
Tom Segev, *The Seventh Million: The Israelis and the Holocaust*;
Hanna Yablonka, *The State of Israel vs. Adolf Eichmann*;
Bettina Stangneth, *Eichmann before Jerusalem: The Unexamined Life of a Mass Murderer*;
Idith Zertal, *Israel's Holocaust and the Politics of Nationhood;*
Yehiam Weitz, "Ben Gurion and the Eichmann Trial," *Yad Vashem Studies* 36 (2008);
"The Eichmann Case As Seen by Ben Gurion," *New York Times Magazine*, January 8, 1961;
Ronald W. Zweig, *David Ben-Gurion: Politics and Leadership in Israel*;
Nahum Goldmann, *The Autobiography of Nahum Goldmann: Sixty Years of Jewish Life*;
Lawrence Douglas, *The Memory of Judgment: Making Law and History in the Trials of the Holocaust;*
Annette Wieviorka, *The Era of the Witness*;
Amit Pinchevsky and Tamar Liebes, "Severed Voices: Radio and the Mediation of Trauma in the Eichmann Trial," *Public Culture* 22 (2010);
David Cesarani, Becoming *Eichmann: Rethinking the Life, Crimes, and Trial of a "Desk Murderer";*
Michal Shaked, "The Unknown Eichmann Trial: The Story of the Judge," *Holocaust and Genocide Studies* 29 (2015);
Daniel Levy and Natan Sznaider, *The Holocaust and Memory in the Global Age*;
Avraham Burg, *The Holocaust Is Over: We Must Rise from Its Ashes*;
Steven Aschheim, in Christopher Browning, Susannah Heschel, Michael Marrus, and Milton Shain, eds., *Holocaust Scholarship: Personal Trajectories and Professional Interpretations;*
Merav Michaeli, "Israel's Never-Ending Holocaust," *Haaretz,* January 20, 2012;
Eyal Lewin, *Ethos Clash in Israeli Society;*

Struggle to Create America's Holocaust Museum;
Jonathan Tobin, "Six Million Dead but Eleven, or Is It Twelve Million Universalizing Lies," *Commentary*, December 2014;
Tom Segev, *Simon Wiesenthal: The Life and Legend*;
Sam Shulman, "Holocaust Hegemony ... and Its Moral Pitfalls," *Weekly Standard*, January 3, 2011.

第４章　ユダヤ人の教訓　**Chapter 4. Jewish Lessons**

Raul Hilberg, *The Politics of Memory: The Journey of a Holocaust Historian*;
Christopher R. Browning; *Nazi Policy, Jewish Workers, German Killers*;
Lawrence Langer, *Pre-empting the Holocaust*;
Jean Améry, *At the Mind's Limits: Contemplations by a Survivor on Auschwitz and Its Realities*;
Elie Wiesel, *Night*;
Elie Pfefferkorn, *The Muselmann at the Water Cooler*;
Annette Wieviorka, *The Era of the Witness*;
Barbara Engelking, *Holocaust and Memory: The Experience of the Holocaust and Its Consequences: An Investigation Based on Personal Narratives*;
Christopher R. Browning, *Remembering Survival: Inside a Nazi Slave-Labor Camp*;
Doris Bergen, *War and Genocide: A Concise History of the Holocaust*;
Amos Goldberg, *Holocaust Diaries as "Life Stories"*;
Margaret MacMillan, *Dangerous Games: The Uses and Abuses of History*;
Elisabeth Young-Bruehl, *Hannah Arendt: For the Love of the World*;
Etgar Keret, *The Seven Good Years: A Memoir*;
Ruth R. Wisse, *Jews and Power*;
Klaus-Michael Mallmann and Martin Cüppers, *Nazi Palestine: The Plans for the Extermination of the Jews in Palestine;*
Richard Bretiman and Allan J. Lichtman, *FDR and the Jews*;
Michael R. Marrus, "FDR and the Holocaust: From Blaming to Understanding," *Yad Vashem Studies*;
Raphael Ahren, "The Holocaust Can Happen Again, Warns Top Anti-Semitism Scholar," *Haaretz*, April 12, 2010;
Edward Alexander, *The State of the Jews: A Critical Appraisal;*
Alvin H. Rosenfeld, *Anne Frank and the Future of Holocaust Memory;*
Daniel Greenfield, "Israel, the Holocaust and the Survival Lesson," *Outpost*, April 2010;
Peter Hirschberg, "Netanyahu: It's 1938 and Iran Is Germany: Ahmadinejad Is Preparing Another Holocaust," *Haaretz*, November 14, 2006;
Nicole Herrington, "Viewing Anti-Semitism from a Global Angle," *New York Times*, October 18, 2012;

Charlotte Smith, *Carl Becker on History and the Climate of Opinion*;
Barbara Tuchman, "History Lessons," *New York Review of Books*, March 29, 1984;
Paul Johnson, "Tuchman's Folly," *New Criterion*, May 1984;
Harold Evans, "On the Brink," *New York Times Book Review*, May 19, 2013;
Ernest May, *"Lessons"of the Past: The Use and Misuse of History in American Foreign Policy*;
Kathleen Burk, *Troublemaker: The Life and History of A.J.P. Taylor*;
Michael Howard, *The Lessons of History*;
"Liberté pour l'histoire," *Libération*, December 13, 2005;
Pierre Nora, "History, Memory and the Law in France, 1990–2010," *Historein* 11 (2011);
Millennium Project, *Global Futures Studies and Research*.

第３章　初期の教訓　**Chapter 3. Early Lessons**

Telford Taylor, *The Anatomy of the Nuremberg Trials*;
Myriam Anissimov, *Primo Levi: Tragedy of an Optimist*;
Ian Thomson, *Primo Levi: A Life*;
Naomi Seidman, "Elie Wiesel and the Scandal of Jewish Rage," *Jewish Social Studies* 3 (1996);
Naomi Seidman, *Faithful Renderings: Jewish-Christian Differences and the Politics of Translation*;
Susan Rubin Suleiman, "Problems of Memory and Factuality in Recent Holocaust Memoirs: Wilkomerski/Wiesel," *Poetics Today* 21 (2000);
Raul Hilberg, *The Politics of Memory: The Journey of a Holocaust Historian*;
Alon Confino, "Remembering the Second World War, 1945–1965: Narratives of Victimhood and Genocide," *Cultural Analysis* 4 (2005);
Tony Judt, *Postwar: A History of Europe since 1945*;
Annette Wieviorka, *The Era of the Witness*;
Christopher R. Browning, Susannah Heschel, Michael R. Marrus, and Milton Shain, eds., *Holocaust Scholarship: Personal Trajectories and Professional Interpretations*;
Hasia Diner, *We Remember with Reverence and Love;*
Tony Judt, "The 'Problem of Evil' in Postwar Europe," *New York Review of Books*, February 14, 2008;
Idith Zertal, *Israel's Holocaust and the Politics of Nationhood*;
Claude Lanzmann, *The Patagonian Hare: A Memoir;*
Sharon Portnoff, James A. Diamond, and Martiln D. Yaffe, eds., *Emil L. Fackenheim: Philosopher, Theologian, Jew*;
Michael L. Morgan, F*ackenheim's Jewish Philosophy: An Introduction*;
Peter Novick, *The Holocaust in American Life*;
Alvin Rosenfeld, T*hinking about the Holocaust after Half a Century*;
Gregory Baum, E*ssays in Critical Philosophy; Edward T. Linenthal, Preserving Memory: The*

参考文献（Principal Sources）

第１章　一般向けの教訓と個人としての教訓　**Chapter 1. Public and Personal Lessons**

Joan Shelley Rubin, *The Making of Middlebrow Culture;*
Arno Mayer, *Why Did the Heavens Not Darken;*
Walter Laqueur, *Best of Times, Worst of Times;*
Margaret MacMillan, *Dangerous Games: The Uses and Abuses of History;*
Alon Confino, *Foundational Pasts: The Holocaust as Historical Understanding;*
Robert Bothwell, *Laying the Foundation;*
George L. Mosse, Confronting History;
Jonathan Webber, *The Future of Auschwitz: Some Personal Reflections.*

第２章　歴史の教訓　**Chapter 2. Historical Lessons**

J.G.A. Pocock, "Historiography and Enlightenment: A View of Their Study,"*Modern Intellectual History* 5 (2008);
Michael Horowitz and Cynthia Palmer, eds., *Moksha: Aldous Huxley's Writings on Psychedelics and the Visionary Experience* (1931–1963);
Pierre Nora, "Between Memory and History: *Les Lieux de Mémoire*," *Representations* 26 (1989);
Henry Rousso, *The Haunting Past: History, Memory, and Justice in Contemporary France;*
Daniel Schacter, *The Seven Sins of Memory: How the Mind Forgets and Remembers*;
Tony Judt, *Postwar: A History of Europe since 1945*;
Murray G. Murphey, *Our Knowledge of the Historical Past*;
Arthur Schlesinger, Jr, review of Ernest R. May, "The Use and Misuse of History in American Foreign Policy," *Journal of American History 61* (1974);
Otto Friedrich, *Before the Deluge: A Portrait of Berlin in the 1920s*;
Geoffrey Elton, *Return to Essentials: Some Reflections on the Present State of Historical Study*;
idem, *The Practice of History;*
Jacques Ellul, *The Technological Society;*
Margaret MacMillan, *Dangerous Games: The Uses and Abuses of History*;
William Bain, "Are There Any Lessons of History? The English School and the Activity of Being an Historian," *International Politics 44* (2007);
Yuen Foong Khong, *Analogies at War: Korea, Munich, Dien Bien Phu, and the Vietnam Decisions of 1965;*
Bernard Lonergan, *Method in Theology*;

『全体主義の起源 *The Origins of Totalitarianism*』 32, 89
『第三帝国の興亡 *The Rise and Fall of the Third Reich*』 89
『第二次世界大戦に係るローマ教皇庁の法令および文書 *Actes et documents du Saint Siege relatifs a la Second guerre mondiale*』 42
『代表 *The Deputy*』 100
『同化の政治学 *The Politics of Assimilation*』 33, 232
『トレブリンカ *Treblinka*』 90
『ナチ・ドイツとユダヤ人、1939年から1945年 *Nazi German and the Jews, 1939-1945*』 124
『ナチズムに関する省察 *Reflections of Nazism*』 240
『望まれない人々――二十世紀のヨーロッパ難民 *The Unwanted: European Refugees in the Twentieth Century*』 112
『パタゴニアの野兎 *The Patagonian Hare*』 99
『八月の砲声 *The Guns of August*』 64-65
『普通のドイツ人とホロコースト――ヒトラーの自発的死刑執行人たち *Hitler's Willing Executioners*』 129-130
『普通の人々 *Ordinary Men*』 129
『文明の話 *The Story of Civilization*』 13-14
『ホロコーストの間のユダヤ人ゲットーの出現 *The Emergence of Jewish Ghettos during the Holocaust*』 240
『ホロコーストの終焉 *The End of the Holocaust*』 237
『誘惑する歴史 *Dangerous Games*』 24
『歪んだものを平らに *And the Crooked Shall Be Made Straight*』 94
『ユダヤ人に対する戦争 *War against the Jews*』 100
『ユダヤ人の遺棄――アメリカとホロコースト、1941年から1945年 *The Abandonment of the Jews: America and the Holocaust 1941-1945*』 111,155
『ユダヤ人は犠牲になった――自由世界外交とホロコースト *The Jews Were Expendable: Free World Diplomacy and the Holocaust*』 111
『ユダヤ人評議会 *Judenrat*』 96
『ヨーロッパ・ユダヤ人の絶滅 *The Destruction of the European Jews*』 8, 33, 87, 91, 124, 126-128
『夜 *Night*』 81, 90, 100
『ラッキー・ジム *Lucky Jim*』 233
『理性の生命 *The Life of Reason*』 51
『歴史の教訓 *The Lessons of History*』 13-14
『歴史のなかのホロコースト *The Holocaust in History*』 26
『六百万人が殺されていた頃 *While Six Million Died*』 90, 110
『私の約束の地 *My Promised Land*』 161

索引〈文献〉

『アウシュヴィッツは終わらない *Survival in Auschwitz*』 90

『アウシュヴィッツへの曲がりくねった道 *The Twisted Road to Auschwitz*』 85

『アメリカの生活におけるホロコースト *The Holocaust in American Life*』 199

『アメリカの難民政策とヨーロッパのユダヤ人、1933 年から 1945 年 *American Refugee Policy and Europe Jewry, 1933-1945*』 111

『アンネの日記』 158

『イギリスとヨーロッパのユダヤ人 *Britain and the Jews of Europe*』 111

『ヴィシー・フランス、古い体制と新しい秩序 *Vichy France, Old Guard and New Order*』 35

『ヴィシー・フランスとユダヤ人 *Vichy France and the Jew*』 35

『失われたときを求めて』 32

『イェルサレムのアイヒマン *Eichmann in Jerusalem*』 33, 91-92, 96, 101, 202, 204

『多すぎるということはない――カナダとヨーロッパのユダヤ人、1933 年から 1948 年 *None Is Too Many: Canada and the Jews of Europe 1933-1948*』 111

『溺れるものと救われるもの *The Drowned and the Saved*』 134

『外交から抵抗まで――ユダヤ人のパレスチナの歴史 *From Diplomacy to Resistance: A History of Jewish Palestine*』 150

『加害者、犠牲者、傍観者 *Perpetrators Victims Bystanders*』 127-128

『過去と未来の探求 *Quest for Past and Future*』 104

『悲しみと憐れみ *The Sorrow and Pity*』 97

『紙の壁――アメリカと難民危機、1938 年から 1941 年 *Paper Walls: America and the Refugee Crisis 1938-1941*』 111

『記憶の政治学 *The Politics of Memory*』 125

『救済の政治学――ルーズベルト政府とホロコースト 1938 年から 1945 年 *The Politics of Rescue: The Roosevelt Administration and the Holocaust 1938-1945*』 111

『近代性とホロコースト *Modernity and the Holocaust*』 206, 208

『愚行の世界史――トロイからベトナムまで *March of Folly: Troy to Vietnam*』 63-64

『国々の間の場所 *A Place among the Nations*』 149

『これが人間か *Se questo e un uomo(If This Is a Man)*』 80

『十五世紀スペインにおける異端審問の起源 *The Origins of the Inquisition in Fifteenth Century*』 191

『正義の最後 *Le dernier des justes*』 90

『精神という武器 *Weapons of the Spirit*』 39

『世界は沈黙し続ける *Un di velt hot geshvign*』 81

『世界を糺す *To Mend the World*』 109

『戦争におけるアナロジー *Analogies at War*』 60

〈ヤ〉

〈ラ〉

〈ワ〉

〈マ〉

〈カ〉

〈サ〉

索引〈人名〉

〈サ〉

〈タ〉

〈ナ〉

索引〈事項〉

〔著者紹介〕**マイケル・R・マラス**

1941年2月3日生まれのカナダ出身の歴史学者。ホロコースト、近代ヨーロッパ史（主にフランス史）およびユダヤ史、国際人道法を研究する。トロント大学卒業後、カリフォルニア大学バークレー校で学び1964年にM.A.、1968年にPh.D.を取得。2005年にはトロント大学で法学のM.A.取得。トロント大学歴史学部教授、学部長を務める。その間、パリでの調査研究を行い、さらにオックスフォード大学セント・アントニーズ·カレッジ、ヘブライ大学エルサレム校、ケープタウン大学等で研究員となる。アメリカ、ヨーロッパ、イスラエル等世界各地で行われたホロコーストに関する数々の国際会議や調査研究に参加。トロント大学ホロコースト研究チャンセラー・ローズ・アンド・レイ・ウルフ講座教授。

1981年に発表したロバート・パクストンとの共著 *Vichy France and the Jews* をはじめ、8冊の著書がある。*The Holocaust in History* は邦訳がある（『ホロコースト――歴史的考察』長田浩彰訳、時事通信社、1996年）。

〔訳者紹介〕**真壁 広道**（まかべ ひろみち）

1957年生まれ。1981年一橋大学社会学部卒業。翻訳者。

訳書:マーガレット·マクミラン『第一次世界大戦――平和に終止符を打った戦争』（滝田賢治監修、えにし書房、2016年）、同『誘惑する歴史――誤用・濫用・利用の実例』（えにし書房、2014年）、A.J.P. テイラー『トラブルメイカーズ――イギリス外交史に反対した人々』（法政大学出版局、2002年）他。

ホロコーストに教訓はあるか

ホロコースト研究の軌跡

2017年 5月 1日 初版第1刷発行

■著者　マイケル・R・マラス
■訳者　真壁広道
■発行者　塚田敬幸
■発行所　えにし書房株式会社
〒102-0073 東京都千代田区九段南 2-2-7 北の丸ビル 3F
TEL 03-6261-4369　FAX 03-6261-4379
ウェブサイト　http://www.enishishobo.co.jp
E-mail　info@enishishobo.co.jp

■印刷／製本　三松堂印刷株式会社
■装幀　又吉るみ子
■ DTP　板垣由佳

ISBN978-4-908073-38-0 C0022

周縁と機縁のえにし書房

誘惑する歴史　誤用・濫用・利用の実例

マーガレット・マクミラン 著／真壁広道 訳／四六判並製／2,000円+税

歴史にいかに向き合うべきか？　サミュエル・ジョンソン賞受賞の女性歴史学者の白熱講義！ 歴史と民族・アイデンティティ、戦争・紛争、9・11、領土問題、従軍慰安婦問題……。歴史がいかに誤用、濫用に陥りやすいかを豊富な実例からわかりやすく解説。安直な歴史利用を戒めた好著。978-4-908073-07-6 C0022

第一次世界大戦　平和に終止符を打った戦争

マーガレット・マクミラン 著／真壁広道 訳／A5判上製／8,000円+税

世界中で話題を呼んだ *The War That Ended Peace*: How Europe Abandoned Peace for the First World War の邦訳。第一次世界大戦以前にヨーロッパが経験していた大きな変容を描き、鍵となった人物に生命を吹き込み、なぜ大規模戦争に突入してしまったのか、外交史家の視点から歴史の教訓を探る。978-4-908073-24-3 C0022

アウシュヴィッツの手紙

内藤陽介 著／A5判並製／2,000円+税　978-4-908073-18-2 C0022

アウシュヴィッツ強制収容所の実態を主に収容者の手紙の解析を通して明らかにする郵便学の成果！　手紙以外にも様々なポスタルメディア（郵便資料）から、意外に知られていない収容所の歴史をわかりやすく解説。

朝鮮戦争　ポスタルメディアから読み解く現代コリア史の原点

内藤陽介 著／A5判並製／2,000円+税　978-4-908073-02-1 C0022

「韓国／北朝鮮」の出発点を正しく知る！　ハングルに訳された韓国現代史の著作もある著者が、朝鮮戦争の勃発─休戦までの経緯をポスタルメディア（郵便資料）という独自の切り口から詳細に解説。退屈な通史より面白く、わかりやすい、朝鮮戦争の基本図書ともなりうる充実の内容。

丸亀ドイツ兵捕虜収容所物語

髙橋輝和 編著／四六判上製／2,500円+税　978-4-908073-06-9 C0021

映画「バルトの楽園」の題材となり、脚光を浴びた板東収容所に先行し、模範的な捕虜収容の礎を築いた「丸亀収容所」に光をあて、その全容を明らかにする。公的記録や新聞記事、日記などの豊富な資料を駆使し、当事者達の肉声から収容所の歴史や生活を再現。貴重な写真・図版66点収載

西欧化されない日本　スイス国際法学者が見た明治期日本

オトフリート・ニッポルト 著／中井晶夫 編訳／四六判上製／2,500円+税

親日家で国際法の大家が描く明治期日本。日本躍進の核心は西欧化されない本質にあった！　こよなく愛する日本を旅した「日本逍遥記」、日本の発展を温かい眼差しで鋭く分析した「開国後50年の日本の発展」、驚くべき卓見で日本の本質を見抜き今後を予見した「西欧化されない日本を見る」の3篇。　978-4-908073-09-0 C0021